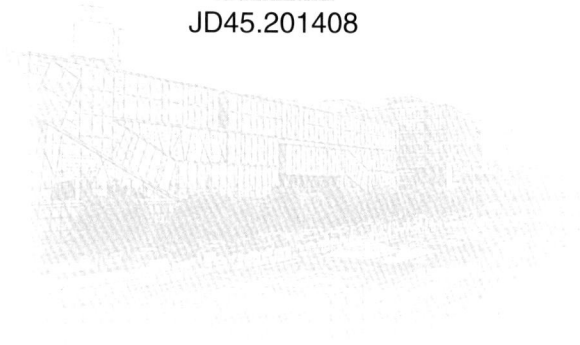

统筹与扁平化

宁波行政体制创新研究

TONGCHOU YU BIANPINGHUA

NINGBO XINGZHENG TIZHI CHAUNGXIN YANJIU

李宜春 著

浙江大学出版社
ZHEJIANG UNIVERSITY PRESS

图书在版编目(CIP)数据

统筹与扁平化:宁波行政体制创新研究 / 李宜春著.
—杭州:浙江大学出版社,2016.9
ISBN 978-7-308-16176-3

Ⅰ.①统… Ⅱ.①李… Ⅲ.①行政管理－研究－宁波
Ⅳ.①D675.53

中国版本图书馆 CIP 数据核字(2016)第 204128 号

统筹与扁平化:宁波行政体制创新研究

李宜春 著

责任编辑	吴伟伟 weiweiwu@zju.edu.cn	
责任校对	杨利军 仲亚萍	
封面设计	春天书装	
出版发行	浙江大学出版社	
	(杭州市天目山路 148 号 邮政编码 310007)	
	(网址:http://www.zjupress.com)	
排　版	浙江时代出版服务有限公司	
印　刷	杭州日报报业集团盛元印务有限公司	
开　本	710mm×1000mm　1/16	
印　张	15.25	
字　数	265 千	
版 印 次	2016 年 9 月第 1 版　2016 年 9 月第 1 次印刷	
书　号	ISBN 978-7-308-16176-3	
定　价	42.00 元	

序　言

党的十七大报告指出，推进各方面体制改革创新，加快重要领域和关键环节改革步伐，全面提高开放水平，着力构建充满活力、富有效率、更加开放、有利于科学发展的体制机制，为发展中国特色社会主义提供强大动力和体制保障。十八大报告指出，全面不失时机深化重要领域改革，坚决破除一切妨碍科学发展的思想观念和体制机制弊端，构建系统完备、科学规范、运行有效的制度体系，使各方面制度更加成熟、更加定型。

如何深刻理解科学发展观和国家治理理论的精髓，用来指导行政体制创新，并具体对宁波行政体制某些方面的创新进行思考，便是本专著的主要研究内容。

科学发展观和国家治理理论所包含的统筹理念、以人为本理念，对于目前行政体制改革具有重大的启发意义。

统筹理念不仅是我们党在长期实践中形成的重要历史经验，蕴含着丰富的方法论的启示意义，还具有古今中外的普适性，也符合现代管理思想，是有效管理的一个必需。统筹体制是对一般行政部门官僚化、利益化的矫正，是建立现代公共服务型政府的必需。这种体制发挥其高效、灵活、沟通等优势，对行政运行通常难免的僵化、低效等弊端能够起到预防、救济的作用。

以人为本理念也是一种带有普适性的、先进的组织和管理理念。它强调尊重人民主体地位，发挥人民首创精神，最充分地调动人民群众的积极性、创造性；由此，积极发挥基层民主，推进民主自治，发挥基层党员和干部、社会组织、基层自治组织以及基层政府这四者的积极性、创造性,也就是逻辑的必然。而这与学习型组织、扁平化组织、网络组织、有机—适应性组织、倒金字塔组织等新型组织理论对传统的、以等级制为主要特征的组织结构形式进行变革的主张是契合的,与这些新型组织理论的扁平化、放权、尊重个体与个性、团队、学习、沟通、协作、愿景等核心理念是契合的。

基于此,本专著以统筹和扁平化理念为指导,对各地行政体制创新的一些经验进行总结、探讨,主要侧重于上下级政府之间权责配置视角下的政府层级管理体制创新(包括行政审批制度、垂直管理体制、扩权强县强镇等);政府、社会、市场之间权责配置视角下的社会治理体制创新;资源和权责统筹配置视角下的区划体制与区域协作体制创新,以及行政机构内部权责配置视角下的行政权三分体制创新等。本专著借鉴这些经验,在总结宁波行政体制创新成就的基础上,对宁波如何深化行政体制改革进行思考。

本专著的逻辑框架是,第一章重点揭示统筹和扁平化理念的含义和启示,以及两个理念之间的关系、两个理念与行政体制创新的关系。第二章到第七章是侧重于从统筹和扁平化理念的角度,分别探讨行政审批制度创新、垂直管理体制创新、扩权强县与强镇改革、社会治理体制创新、行政区划体制与区域协作体制创新、行政三权协调体制创新问题。第八章是基于统筹和扁平化理念对宁波推进行政体制创新的总体性思考,包括解放思想对实现创新的重大意义,行政体制创新的主要内容,以及行政体制创新所遵循的一些原则等。

我近年来侧重于行政体制创新这一问题的研究,形成了一些科研成果。[①] 2013 年,我作为首席专家,申报宁波市社会科学研究基地——宁波基层社会治理研究基地。基地的首轮课题立项,包括一部专著:《统筹与扁平化:宁波行政体制创新研究》,由我负责;两个决策建议稿:《宁波社会治理体制创新研究》《宁波扩权强镇研究》,分别由宁波工程学院吴玉霞副教授、郭

---

① 如论文:《关于我国行政机关的"行政首长负责制"》《政府部门党组制度与行政首长负责制》《论分权背景下的中国垂直管理体制》(《经济社会体制比较》)、《机构改革与部委管理的国家局》《政府管理层级体制改革的实践与思考》《"扩权强县"与政府层级管理体制创新》《试论地方党政领导职数与分工问题》(《中国行政管理》)、《新型组织理论与组织、体制创新研究》《民间创新是社会创新体系的基础》《地方党政领导体制创新初探》(《中共青岛市委党校学报》),其中《地方党政领导体制创新初探》又被人大书报资料中心《中国政治》复印),《论中外中央决策(统筹)支持体制》(《当代世界与社会主义》)、《健全涉农工作统筹体制的经验与启示》(《新视野》)等;博士后出站研究报告:《安徽省行政管理体制创新研究》(2007 年)。

亚晖老师负责；四个调研报告：《统筹、扁平化理念与行政体制创新理论研究》《宁波行政审批制度改革研究》《宁波垂直管理体制创新研究》《宁波行政区划体制与区域协作体制创新研究》，分别由宁波市林业局局长许义平教授以及宁波工程学院高聪颖博士、尹辉博士、付智强老师负责。在首席专家的指导下，决策建议稿和调研报告顺利完成，并为专著提供了必要的材料和观点补充；作为专著负责人，我对此深表感谢。

国家行政学院政治学教研部原主任、北京大学政府管理学院博士研究生导师许耀桐教授，中央编译局翻译部主任、国家首批哲学社会科学领军人才入选者杨雪冬研究员，宁波市社科院（社科联）王海娟院长（主席）、宁波市社科院（社科联）副院长（副主席）陈利权教授，宁波市发展与改革委员会王光旭总经济师，中共青岛市委党校副校长王振海教授，宁波工程学院党委陈方猛副书记、宁波工程学院副院长陈炳教授，宁波市社科联秘书长俞建文研究员，浙江省公共管理学会副会长、浙江工业大学政治与公共管理学院周亚越教授，宁波市社科院（社科联）社会发展研究所所长史斌副研究员，中共宁波市委党校社会学教研部主任孙琼欢教授，以及浙江大学出版社责任编辑吴伟伟老师等，对专著的形成提出中肯的建议和意见，我在此深表感谢。

专著的完成，同时得益于宁波基层社会治理研究基地主任、宁波工程学院正校级巡视员、原校长高浩其教授，以及有关学校领导、部门的真诚支持；宁波市发展与改革委员会、市行政审批管理办公室（市公共资源交易工作管理委员会办公室）、市民政局、市交通局、慈溪市政府、中共象山县委组织部、江北区慈城镇、奉化市溪口镇、江东区百丈街道和划船社区，以及中共广东省深圳市委组织部、深圳市编制委员会办公室、佛山市编制委员会办公室等部门和单位，也对我们的调研工作给予了大力支持，我在此谨表感谢。

由于水平有限，书稿中有些领域的论述显得笼统、粗浅，这是在今后研究中要继续完善和不断努力的地方。

> 宁波市社会治理创新研究基地首席专家
> 宁波工程学院中国东海研究院常务副院长
> 李宜春教授
> 2016 年 8 月

目　　录

第一章　统筹、扁平化理念的重要启示

　　统筹理念与扁平化管理理念,既是科学发展观、国家治理理论的精髓,也具有当代管理学的先进意义。从这两个方面探讨统筹与扁平化管理理念的深刻含义、重要启示以及两个理念之间的关系,探讨行政体制创新的含义,探讨统筹理念与扁平化理念对促进行政体制创新的重要意义,是本章的主要内容。

一、体制与行政体制创新

　　本节重点探讨体制、创新、行政体制创新的含义。

(一)体制、制度、机制的含义

　　2005 年 7 月,"中国改革高层论坛"在北京召开,主题是"以政府行政管理体制改革为重点全面推进体制创新"。会议期间出现了有关"孔雀石绿"的报道。在河南、湖北等地的水产养殖业和水产品运输中,出现了孔雀石绿的影子。孔雀石绿既是杀真菌剂,又是染料,具有致癌、致畸、致突变等副作用。早在 2002 年政府已将它列入禁用药物清单,严禁使用。它的严禁不止,是行政管理体制弊病的一个反映。通常情况是:当农产品处于生产环节时,其主管部门是农业部门;进入流通环节后,多是由工商、质监、商业、药监、城管、出入境检验检疫部门负责;倘若进入再加工环节,比如在饮食行业,则又由卫生部门主管。

时任北京市市长的王岐山同志在发表演讲时,则举了北京市曾有过的两个生动的案例。一是绿化。当时北京城内的绿化主管部门为园林局,城外绿化管理权则归属于林业局。所以当绿化方面出现难题后,园林局和林业局两位局长总会同时坐到王岐山同志的面前,同出同入,经常被混淆。二是"多龙治水水不治"。长期以来,北京水资源管理处于分散状态,形成了地表水与地下水、城镇用水与农村用水、自备水井与自来水管网、净水与污水"多龙治水"的局面。水资源的管理牵涉水利、建设、国土资源、卫生、农业、林业、海洋、自来水公司等十余个部门,部门之间缺乏配合与协调,也影响了节约用水和地表水回灌、地表水与地下水联调等措施的落实。

上述的孔雀石绿问题、绿化问题和治水问题,都属于行政管理体制方面的问题。

体制,主要是指为使权力正常有效地运转而确定下来的有关组织形式、权限划分、工作方式等方面的规范;换言之,即指由管理、经营的主体、方式、内容等诸多因素形成的权责配置结构。简言之,体制即是权责结构。

体制与制度、机制既有关联,也有区别。制度有宏观、微观之分,宏观的制度是指国家政治、经济、法律、社会等各个方面基本的规定,如我国基本的政治制度,指的是中国共产党领导的多党合作和政治协商制度、民族区域自治制度以及基层群众自治制度。微观的制度是指微观的单位、机构制定的工作规范。以经济制度和经济体制的关系而言,经济制度是占统治地位的生产关系的总和,它规定着该社会生产、分配和交换的基本原则,规定着该社会生产关系的性质,是该社会的基本制度。我国现在的基本经济制度是以公有制为主体、多种所有制经济共同发展的制度。经济体制则是一定经济制度所采取的具体组织形式和管理体系,是生产关系的具体实现形式,反映社会经济在组织生产、交换、分配过程中采取的资源配置方式,是一个社会经济运行的基本特点和具体形态。

机制,主要指微观层面的单位、机构的工作运行模式。如 2005 年中共中央、国务院出台《关于深化文化体制改革的若干意见》,谈到文化体制改革的目标任务时说,"形成科学有效的宏观文化管理体制,完善文化法律法规体系,强化政府文化管理和服务职能,构建覆盖全社会的公共文化服务体系;形成富有效率的文化生产和服务的微观运行机制,增强文化事业单位的活力,提高文化企业的竞争力"。2003 年《中共中央宣传部、文化部、国家广电总局、新闻出版总署关于文化体制改革试点工作的意见》在"文化体制改革综合性试点地区的主要任务"一节中,第一点讲的是"健全文化管理体制"。第二点即是"健全微观运行机制",内容包括:公益性文化事业单位进一步推进劳动人事、分配和社会保障三项制度改革,实行全员聘用制度,建立竞争、激励和约束机制,健全财务管理。经营性文化产业要建立科学高效的决策管理机制,搞活经营,增强活力;建立资产经营责任制。

行政管理体制的内涵很多,主要包括行政机构的设置和行政权责配置,尤其是行政权责在机构之间、上下级之间的配置,在政府与社会、市场之间的配置。

以 2005 年中共中央、国务院《关于深化文化体制改革的若干意见》为例。《意见》提到了文化体制包括的主要内容。一是市场经营主体方面:包括经营主体的培育、重组、领域准入等,以及投资政策等。《意见》指出,根据现有文化事业单位的性质和功能,区别对待、分类指导,推进文化事业单位改革。规范国有文化事业单位转制。加大公益性文化事业投入,调整资源配置,逐步构建公共文化服务体系,完善鼓励捐赠和赞助等各项政策,引导社会资金以多种方式投入文化公益事业。重塑文化市场主体,按照现代企业制度的要求,加快推进国有文化企业的公司制改造,完善法人治理结构。加快文化领域结构调整,合理配置文化资源,盘活存量。提高文化产业规模化、集约化、专业化水平。重点培育发展一批实力雄厚、具有较强竞争力和影响力的大型文化企业和企业集团,支持和鼓励大型国有文化企业和企业集团实行跨地区、跨行业兼并重组。推进文化领域所有制结构调整,坚持以公有制为主体,鼓励和支持非公有资本以多种形式进入政策许可的文化产业领域。二是政府管理方面:包括政府管理方式、权限,中介组织发展,市场监管方式等。《意见》指出,改进文化领域宏观管理,加快转变政府职能。理顺文化行政管理部门与所属文化企事业单位的关系。建立健全市场中介机构和行业组织,提高文化产品和服务的市场化程度。加强文化市场监管,创造公开、公平、公正的市场竞争环境。

另外,《意见》还讲到有关文化的政府管理机构的变化,上下级政府之间、不同政府部门之间有关权责的配置等。

(二)创新与行政体制创新

创新是一个宽泛的概念。西方经济学中第一个系统完整地描述创新理论的是美籍奥地利经济学家、社会科学家约瑟夫·阿洛伊斯·熊彼特(Joseph A. Schumpeter,1883—1950)。熊彼特创新理论从生产函数出发,研究生产要素和生产条件变化实现的新组合。熊彼特所指的创新,包括产品创新、技术创新、组织创新和市场创新等。

在熊彼特看来,创新就是企业家把一种从来没有过的生产要素和生产条件实行新的组合,从而建立一种新的生产函数。他强调了实现创新的"新组合"是通过小步骤的不断调整从旧组合中产生的。企业家的行为和动机是理智的,企业家进行创新的直接原因是为了获取垄断利润和创新利润;但这并不是创新的唯一动机,企业家从事创新还有一个不能忽略的原因,那就是存在着一种梦想和意志,存在征服的意志,存在创造的欢乐,把事情办成的欢乐,或者只是施展个人的能力和智谋的欢乐,即现代管理所谓的"企业家精神"。正是这种企业家精神使得各种创新能够不断出现和发展,促进社会的进步。企业家的职能就是创新,企业家是从事创造性破坏的创新者。

美国新制度主义的代表人物之一道格拉斯·诺思(Douglass C. North,1920—2015)运用熊彼特的创新理论来考察制度变迁现象,首次提出了"制度创新"的概念,又建立了一个包括产权理论、国家理论和意识形态理论的系统的制度创新理论。

进入 21 世纪以来,创新已成为维护国家安全、增进民族凝聚力的纽带,成为国际竞争中影响成败的主导因素,成为决定一个国家或地区在未来世界竞争格局中的命运和前途的关键所在。创新是一个民族进步的灵魂,是国家兴旺发达的不竭动力。

我们党对体制和体制创新问题有着深刻的认识。

1980 年 8 月,邓小平同志在中央政治局扩大会议上所做的题为《党和国家领导制度的改革》的讲话中指出,领导制度、组织制度问题更带有根本性、全局性、稳定性和长期性。

2001 年,江泽民在《在庆祝中国共产党成立八十周年大会上的讲话中说:"解放思想、实事求是,是引导社会前进的强大力量。社会实践是不断发展的,我们的思想认识也应不断前进,应勇于和善于根据实践的要求进行创新。要坚持实践是检验真理的唯一标准,在党的基本理论指导下,一切从实际出发,自觉地把思想认识从那些不合时宜的观念、做法和体制中解放出来,从对马克思主义的错误的和教条式的理解中解放出来,从主观主义和形而上学的桎梏中解放出来。"

党的十六大报告中,一个"新"字出现 136 次,又有 33 次提到"创新"一词。报告对创新问题从崭新的高度做出全面而深刻的阐述,标志着我们党对创新问题的把握达到了一个新的境界。报告指出,创新是一个政党永葆生机的源泉。改革开放和现代化建设的伟大实践,迫切要求我们党在理论上不断扩展新视野,做出新概括,通过理论创新推动制度创新、科技创新、文化创新以及其他各方面的创新。要自觉地把思想认识从那些不合时宜的观念、做法和体制的束缚中解放出来。

党的十七大报告指出,当前,影响发展的体制机制障碍依然存在,改革攻坚面临深层次矛盾和问题;"深入贯彻落实科学发展观,要求我们继续深化改革开放。要把改革创新精神贯彻到治国理政各个环节,毫不动摇地坚持改革方向,提高改革决策的科学性,增强改革措施的协调性。要完善社会主义市场经济体制,推进各方面体制改革创新,加快重要领域和关键环节改革步伐,全面提高开放水平,着力构建充满活力、富有效率、更加开放、有利于科学发展的体制机制,为发展中国特色社会主义提供强大动力和体制保障"。2010年,胡锦涛总书记在省部级干部落实科学发展观研讨班上发表讲话时说,要"努力在重要领域和关键环节实现改革的新突破,着力构建充满活力、富有效率、更加开放、有利于科学发展的体制机制,形成有利于加快经济发展方式转变的制度安排"。

十八大报告指出,"解放思想、实事求是、与时俱进、求真务实,是科学发展观最鲜明的精神实质。实践发展永无止境,认识真理永无止境,理论创新永无止境。全党一定要勇于实践、勇于变革、勇于创新,把握时代发展要求,顺应人民共同愿望,不懈探索和把握中国特色社会主义规律,永葆党的生机活力,永葆国家发展动力"。报告把创新分为实践创新、理论创新、制度创新,又分为理论创新、制度创新、科技创新、文化创新以及其他各方面创新。

2013年5月4日,习近平总书记在同各界优秀青年代表座谈时的讲话中指出:"……广大青年一定要勇于创新创造。创新是民族进步的灵魂,是一个国家兴旺发达的不竭源泉,也是中华民族最深沉的民族禀赋,正所谓'苟日新,日日新,又日新'。生活从不眷顾因循守旧、满足现状者,从不等待不思进取、坐享其成者,而是将更多机遇留给善于和勇于创新的人们。青年是社会上最富活力、最具创造性的群体,理应走在创新创造前列。"

二、统 筹 理 念

统筹兼顾是我们党在长期实践中形成的重要历史经验,是我们处理各方面矛盾和问题必须坚持的重大战略方针,是正确处理经济社会发展中重大关系的方针原则,其含义有一个不断丰富、深化的过程。统筹兼顾作为科

学发展观和国家治理理论的一个根本方法，蕴含着丰富的方法论的启示
意义。

(一)统筹理念的深化历程与深刻含义

毛泽东同志在领导中国革命和建设的实践中，形成了丰富的统筹兼顾
思想。他主张必须对工作全面谋划，分清主次和轻重缓急，围绕解决主要矛
盾抓全局，要有"弹钢琴"的方法。

他在《党委会的工作方法》一文中指出："弹钢琴要十个指头都动作，不
能有的动，有的不动。但是，十个指头同时都按下去，那也不成调子。要产
生好的音乐，十个指头的动作要有节奏，要互相配合。党委要抓紧中心工
作，又要围绕中心工作而同时开展其他方面工作。……不能只注意一部分
问题而把别的丢掉。"在《关于领导方法的若干问题》一文中指出："领导人员
依照每一个具体地区的历史条件和环境条件，统筹全局，正确地决定每一时
期的工作重心和工作秩序，并把这种决定坚持地贯彻下去，务必得到一定的
结果，这是一种领导艺术。"①

1956年4月，毛泽东在中共中央政治局扩大会议上做《论十大关系》的
报告，初步总结了我国社会主义建设的经验，提出了探索适合我国国情的社
会主义建设道路的任务。他指出要处理好十大关系，包括：重工业和轻工
业、农业的关系，沿海工业和内地工业的关系，经济建设和国防建设的关系，
国家、生产单位和生产者个人的关系，中央和地方的关系，汉族和少数民族
的关系，党和非党的关系，革命和反革命的关系，是非关系，中国和外国的关
系。毛泽东对如何处理这些关系问题做了精辟论述，对每一个问题的论述
都体现出统筹的理念，并指出社会主义建设的基本方针就是"统筹兼顾，各
得其所"。1957年年初，毛泽东《在省市自治区党委书记会议上的讲话》中再
次指出："……统筹兼顾，各得其所。这是我们历来的方针。"

1980年1月，邓小平同志在《目前的形势和任务》的报告中也指出："现
代化建设的任务是多方面的，各个方面需要综合平衡，不能单打一。"他还曾
说，我们必须按照统筹兼顾的原则来调节各种利益的相互关系。

1995年9月，江泽民在《正确处理社会主义现代化建设中的若干重大关
系》的讲话中说："在推进社会主义现代化建设的过程中，必须处理好各种关
系，特别是若干带有全局性的重大关系。"2001年7月，他还在庆祝中国共产

---

① 毛泽东：《毛泽东著作选读》(下册)，人民出版社1986年版，第571—572、670页。

党成立八十周年大会上说:"我们所有的政策措施和工作,都应该正确反映并有利于妥善处理各种利益关系,都应认真考虑和兼顾不同阶层、不同方面群众的利益。"

2003年10月,《中共中央关于完善社会主义市场经济体制若干问题的决定》首次系统提出"五个统筹"的理论。《决定》说:"按照统筹城乡发展、统筹区域发展、统筹经济社会发展、统筹人与自然和谐发展、统筹国内发展和对外开放的要求,更大程度地发挥市场在资源配置中的基础性作用,增强企业活力和竞争力,健全国家宏观调控,完善政府社会管理和公共服务职能,为全面建设小康社会提供强有力的体制保障。"①

2003年10月,胡锦涛在党的十六届三中全会第二次全体会议上的讲话中说:"要根据全面建设小康社会的要求和进展,统筹安排和推进各项改革,既积极推进经济体制改革、促进经济持续快速健康发展,又努力实现经济体制改革和政治体制改革、文化体制改革相协调,经济领域改革和社会领域改革相协调,城市改革和农村改革相协调,努力促进社会主义物质文明、政治文明和精神文明协调发展。"2005年2月,他又指出,"要坚持在全国人民根本利益一致的基础上,妥善协调各种具体的利益关系和内部矛盾,正确处理个人利益和集体利益、局部利益和整体利益、当前利益和长远利益的关系"②。2005年10月,胡锦涛进一步指出:"要加强统筹协调,提高处理利益关系的能力。要深入分析研究改革发展中出现的利益关系和利益格局调整,正确处理中央和地方、地方和地方、部门和地方、部门和部门之间的关系,正确处理局部和全局、当前和长远的关系,正确处理不同群众之间的关系,全面把握和妥善解决来自各方面的利益诉求,把最广大人民群众的根本利益实现好、维护好、发展好,把各方面的积极性引导好、保护好、发挥好。"③

2007年10月,胡锦涛在党的十七大报告中关于科学发展观根本方法是统筹兼顾,以及统筹内涵的论述,标志着党中央关于统筹兼顾的思想认识达到了一个新的高度和深度。十七大报告指出:"科学发展观,第一要义是发展,核心是以人为本,基本要求是全面协调可持续,根本方法是统筹兼顾。"

---

① 《十六大以来重要文献选编》(上)第465页。

② 胡锦涛:《在省部级主要领导干部提高构建社会主义和谐社会能力专题研讨班上的讲话》。

③ 《十六大以来重要文献选编》(中)第1105页,《努力实现"十一五"时期发展目标,推动经济社会又快又好发展》。

"要正确认识和妥善处理中国特色社会主义事业中的重大关系,统筹城乡发展、区域发展、经济社会发展、人与自然和谐发展、国内发展和对外开放,统筹中央和地方关系,统筹个人利益和集体利益、局部利益和整体利益、当前利益和长远利益,充分调动各方面积极性。统筹国内国际两个大局,……既要总揽全局、统筹规划,又要抓住牵动全局的主要工作、事关群众利益的突出问题,着力推进、重点突破。"

2007年12月,胡锦涛在中央经济工作会议上的讲话中,明确指出要统筹经济建设、政治建设、文化建设、社会建设及其各个环节。他说:"统筹兼顾是科学发展观的根本方法。要正确领会和全面把握中国特色社会主义事业总体布局,善于在推进经济发展的同时兼顾各个方面的发展要求,把经济建设、政治建设、文化建设、社会建设及其各个环节统筹好、协调好,使之相互促进、相互支撑,实现良性互动。要正确处理中央和地方的关系,善于发挥两个积极性,既坚持全国一盘棋,保证中央政令畅通、令行禁止,又支持地方因地制宜、创造性地开展工作。要正确处理个人利益和集体利益、局部利益和整体利益、当前利益和长远利益的关系,善于从各方利益的结合点上考虑问题、谋划工作。""要正确处理重点和一般的关系,善于抓住牵动全局的主要工作、涉及群众利益的突出问题,着力在重要领域和关键环节取得突破,做到以点带面、协调推进。"

2012年党的十八大报告指出,"必须更加自觉地把统筹兼顾作为深入贯彻落实科学发展观的根本方法,坚持一切从实际出发,正确认识和妥善处理中国特色社会主义事业中的重大关系,统筹改革发展稳定、内政外交国防、治党治国治军各方面工作,统筹城乡发展、区域发展、经济社会发展、人与自然和谐发展、国内发展和对外开放,统筹各方面利益关系,充分调动各方面积极性,努力形成全体人民各尽其能、各得其所而又和谐相处的局面。"

2013年11月党的十八届三中全会通过的《中共中央关于全面深化改革若干重大问题的决定》,首次从国家治理的角度提及统筹问题。《决定》说,"全面深化改革的总目标是完善和发展中国特色社会主义制度,推进国家治理体系和治理能力现代化。必须更加注重改革的系统性、整体性、协同性,加快发展社会主义市场经济、民主政治、先进文化、和谐社会、生态文明"。

按照《决定》要求,中央成立全面深化改革领导小组,负责改革总体设计、统筹协调、整体推进、督促落实。2014年1月,习近平在主持召开中央全面深化改革领导小组第一次会议并发表重要讲话时指出,专项小组、中央改革办、牵头单位和参与单位,要建好工作机制,做到既各司其职、各负其责,又加强协作配合,形成工作合力。他指出一要抓统筹,二要抓方案,三要抓落实,四要抓调研。抓统筹,既抓住重点也抓好面上,既抓好当前也抓好长远,处理好重大关系,统筹考虑战略、战役、战斗层面的问题,做好政策统筹、方案统筹、力量统筹、进度统筹工作。

目前,统筹理念已体现在中央许多重大决策之中。如 2015 年年底召开了中央城市工作会议。会议指出,城市工作是一个系统工程。要在统筹上下功夫,在重点上求突破,着力提高城市发展持续性、宜居性。第一,尊重城市发展规律。第二,统筹空间、规模、产业三大结构,提高城市工作全局性。第三,统筹规划、建设、管理三大环节,提高城市工作的系统性。第四,统筹改革、科技、文化三大动力,提高城市发展持续性。第五,统筹生产、生活、生态三大布局,提高城市发展的宜居性。第六,统筹政府、社会、市民三大主体,提高各方推动城市发展的积极性。

(二)统筹理念的方法论启示

统筹兼顾作为科学发展观的根本方法和国家治理理论的精髓理念,蕴含着丰富的方法论的启示意义。

一是总揽全局,统筹规划。清朝学者陈澹然在《寤言二·迁都建藩议》中说:"惟自古不谋万世者,不足谋一时;不谋全局者,不足谋一域。"我们要把中国特色社会主义伟大事业和党的建设新的伟大工程作为一个整体,坚持以宽广的胸怀把握全局,审时度势、与时俱进;以辩证的思维分析全局,顺势而为、因势利导;以系统的方法谋划全局、统筹安排。妥善处理好全局与局部、发展与环境、经济效益与社会效益等诸多方面的关系,树立全局意识、系统意识、整体意识、有机意识,不能顾此失彼。

十八大报告说:"完善体制改革协调机制,统筹规划和协调重大改革。"十八届三中全会通过的《中共中央关于全面深化改革若干重大问题的决定》指出,必须更加注重改革的系统性、整体性、协同性。习近平《关于〈中共中央关于全面深化改革若干重大问题的决定〉的说明》说:"全面深化改革需要加强顶层设计和整体谋划,加强各项改革的关联性、系统性、可行性研究。我们讲胆子要大、步子要稳,其中步子要稳就是要统筹考虑、全面论证、科学决策。经济、政治、文化、社会、生态文明各领域改革和党的建设改革紧密联系、相互交融,任何一个领域的改革都会牵动其他领域,同时也需要其他领域改革密切配合。如果各领域改革不配套,各方面改革措施相互牵扯,全面深化改革就很难推进下去,即使勉强推进,效果也会大打折扣。"

二要全面推进,重点突破。要把党和国家各项工作看作辩证统一的整体,正确处理中心与全面、重点与非重点的关系,注重加强薄弱环节,善于抓住和解决牵动全局的主要工作、事关长远的重大问题,提高观察形势、分析问题的能力,善于在纷繁复杂的矛盾中抓住根本,在不断变化的形势中把握方向,找好工作的着力点、突破口,抓住主要矛盾和矛盾的主要方面,做到庖丁解牛、游刃有余,形成提纲挈领、纲举目张、势如破竹、风驰电掣、水到渠成的工作态势。

三要兼顾各方,综合平衡。把握经济社会发展中平衡与不平衡的辩证关系,既善于调动各方面发展的积极性,鼓励抓住机遇加快发展,又努力实现均衡发展,注重发展的协调性和稳定性。坚持因地制宜、因时制宜、因事制宜,不强求一律,不搞齐步走、一刀切,防止顾此失彼。正确认识和妥善处理重要利益关系,充分考虑不同地区、不同行业、不同群体的利益要求,善于把握各方利益的结合点,使各个方面的利益和发展要求得到兼顾。

四要立足当前,着眼长远。把当前发展和长远发展联系起来,既考虑现在发展需要,又考虑未来发展需要;既讲究经济社会效益,又讲究资源、生态环境效益。坚持实现阶段性目标和促进可持续发展的有机统一,满足人民物质文化需要和促进人的全面发展的有机统一。尤其是把改革的力度与可接受的程度、社会稳定度结合起来,既要积极进取,又要沉着稳健,准确把握时机,不可临机彷徨、懈怠延误。

(三)统筹体制古今中外的普适性

统筹体制具有古今中外的普适性,也符合当代管理思想,是有效管理的一个必需。

1. 中国古代中央统筹体制

中国古代多有中央统筹体制。西汉以后历代中央多有内辅机构的存在;一个发挥统筹作用的内辅机构的存在是行政运作的需要。内辅体制还有权力制衡、打造精英团队、克服官僚体系常见弊病等作用。

内辅机构的主要职责即是统筹,协助皇帝决策,具体为处枢机、掌机要、备咨询、初决策、代王言等,甚至对全国行政事务统筹管理。① 这样的内辅机构在西汉称为内朝或中朝,在东汉为尚书台,魏晋南北朝时期主要是中书省、门下省,唐朝是政事堂/中书门下,宋朝主要是中书门下,明代为内阁,清代为军机处。这样的内辅机构经常被称为"政府""政本""政源"等。

统筹性是内辅机构的一个重要特色,上述的内辅机构起到统筹政务的重要作用。

如西汉丞相萧望之说:"尚书,百官之本,国家枢机。"②在东汉,如《唐六典》所说:"及光武亲总吏职,天下事皆上尚书,与人主参决,乃下三府。"东汉大臣把尚书比为北斗:"斗斟酌元气,运平四时,尚书出纳王命,赋政四海。"③《通考·职官考》说东汉尚书"出纳王命,敷奏万机,盖政令之所由宣,……斯乃文昌天府,众务渊薮"。魏晋南北朝中书省、门下省的统筹作用也很明显,"魏晋,散骑常侍、侍郎与侍中、黄门侍郎共平尚书奏事"④。

受魏晋南北朝、隋朝旧制影响,唐前期的政事堂是地位高于尚书、中书、门下三省的全国军政要务总揽、统筹机构。玄宗以后的中书门下机构的职能则进一步演化为既是中枢决策辅助机关,又是百司之上的发号施令机关、国家最高行政管理机关,统筹职能更加明显。宋代司马光解释了这一体制的必要性,并进而指出宋朝沿袭此项制度的必然性:"唐初始合中书、门下之职,故有同中书门下三品、同中书门下平章事。其后又置政事堂,盖以中书出诏令,门下掌封驳,日有争论,纷纭不决,故使两省先于政事堂议定,然后奏闻。开元中,张说奏改政事堂为中书门下,自是相承。至于国朝,莫之能改。非不欲分也,理势不可复也。"⑤而一些人认为的"中书取旨、门下复奏、尚书施行"这种三省并重制是不存在的,唐朝没有真正实行过,因为三省体

---

① 著名历史学家许倬云著作《西周史》第七章"西周政府组织"第三节"西周政府的若干特点"中说:"中国历史上内朝与外朝的区分,列朝都有之。整个中国政府制度演变的趋势,常由内朝逐渐夺取了外朝的权力。"(生活·读书·新知三联书店,2012 年)另外,内辅又多有如下特征:较为方便接近皇帝;一般都有"本官",即在官僚体制中拥有官职、品秩,却被皇帝调离本官岗位;内辅机构常带有临时差遣的性质……与之并存的,则总有一个形态不尽相同的外朝,主要担负常规性的管理职能,或者职能被内辅侵夺甚至于虚设,如西汉中后期的丞相、御史大夫、诸卿,东汉的三公、诸卿,魏晋南北朝时期的诸公、诸卿等,宋的尚书省、监寺,明代的六部、监寺,清代的内阁、六部、监寺。

② 《汉书·萧望之传》。

③ 《后汉书·李固传》。

④ 《宋书·百官志》。

⑤ 《文献通考》卷 50《职官考》。

均,则容易出现相互争执、效率低下、推诿搪塞等官僚病。

从宋代三省并重实践的失败,以及中书门下对枢密院统筹的史实中,更能得到启发。

北宋前期,一些人认为权力过分集中于中书门下,尚书省被削弱,这是宋朝许多弊端的根本原因,主张实行三省并重制。神宗元丰改制,尚书省六曹二十四司成为职能单位,尚书省成为名义上的宰相机构。但改制初期,王安礼就表示异议说:"政畏多门,要当归于一。"①元祐元年(1086),宰相司马光与其他三位宰执共同商定一份奏稿,分析了三省制的源流以及具备统筹职能的内辅机构的必要性,认为这种机构历代多有,"乞合中书、门下两省为一",认为这样才能取得良好效果:"如此则政事归一,吏员不冗,文书不繁,行遣径直。"②虽然垂帘听政的太皇太后诏曰"不必更改",但实际运作中三省并重制很快发生变异,即"政柄尽归中书",又回归到有一个具备内辅、统筹职能机构的局面。南渡初年,宰相李纲上书言事说:"政出多门,纪纲紊乱,宜一归之于中书,则朝廷尊。"③建炎三年(1129),终于又"并合三省"。这次改制表明了一个具备内辅、统筹职能机构存在的必要性。

另外,本为分宰相之权而设的枢密院,在实际运行中也多服从于中书门下。宋初,"中书、枢密先后上所言,两不相知,以故多成疑贰"④。这种兵、政分隔虽然有利于权力制衡,但也难免有推诿塞责、意见分歧、除授重叠等问题。于是,宋朝同时赋予宰相"事无不统"的职权,宰相有权决策军政。事实上,在和平岁月里枢密院相对独立,一旦军情紧急,必有宰相参预,并实施对枢密院的领导。宋、夏战争中的庆历二年(1042),张方平上奏说:"自古为理,患在多门",主张"省枢密院,归于中书"⑤。仁宗没有废枢密院,但命宰相兼任枢密院职。北宋这样宰相兼任枢密院职的很多,比例接近40%,南宋更是高达80%。

宋代沿袭唐制,"凡户口、田产、钱谷、食货之政令,皆归于三司",号曰"计省"。但本为分宰相财政大权的三司,在实际运作中,常常纳入宰相的统筹范围。至和二年(1055),知谏院范镇言:"伏见周制,冢宰制国用,唐宰相

---

① 《续资治通鉴长编》卷327。
② 《资治通鉴长编》卷431。
③ 《宋史·李纲传》。
④ 《宋宰辅编年录》卷1引《南窗纪谈》。
⑤ 《乐全集》卷20。

兼盐铁转运，或判户部，或判度支，然则宰相制国用，从古然也。——欲乞使中书、枢密院通知兵民财利大计，与三司量其出入，制为国用。"①到神宗改制时，鉴于"三司之制非古"，便撤销三司，并三司于户部。

元朝是一省制，中书省成为最高决策和行政管理机构。明太祖猜忌中书省这样的统筹机构权力过大而废之，目的是"权不专于一司，事不留于壅蔽"②。又说："今我朝罢丞相，设五府、六部、都察院、通政司、大理寺等衙门，分理天下庶务，彼此颉颃，不敢相压，事皆朝廷总之，所以稳当。"③虽然明朝规定后来设置的内阁的职责主要是参谋、顾问，"六部分莅天下事，内阁不得侵"，"政归六部，权在人主，而内阁参谋，又不得专制处事"④，但事实上内阁事权有过很大的扩张，引起不少人指责内阁侵犯部院之权，而从另一个角度来看，内阁与六部、言官之间持久而激烈的矛盾，表明那时的行政运作的惯性需要一个能真正起到总揽、统筹作用的内辅机构的存在。

清代军机处也带有明显的统筹色彩。嘉庆帝说，军机处本为筹办军务，"而各直省寄信事件以及在京各衙门遇有应降谕旨，势不能纷令群工承缮，是以俱由军机处拟写、交发，令事有统汇，以昭划一"⑤。军机处号称"行政总汇"，"军国大计罔不总揽。……威命所寄不于内阁而于军机处，盖隐然执政之府矣"。⑥

类似中国古代内辅体制的统筹体制，在当代国外也是存在的。

如美国的总统办事机构体制。近几十年来，一些过去仅从事白宫内部事务管理的总统私人助手班子，发展成为代替内阁会议在美国最高层决策和发布命令的一种制度性机构，俗称为"白宫班子"，正式名称为总统办事机构、总统行政办公室、总统行政班子。它是一系列由总统直接任命、不须任何机构批准的高级顾问、决策机构的集合体。现在其成员单位主要分为两部分：白宫办公厅，一些委员会、办公室。前者包括白宫办公厅主任、总统国家安全事务助理及其他一切冠以总统助理、顾问等头衔的总统私人助手；后者则多是设在总统行政办公室的若干政策研究机构。肯尼迪和尼克松时

---

① 《续资治通鉴长编》卷 179。
② 《明太祖实录》卷 129。
③ 《皇明祖训·祖训首章》。
④ 《古今图书集成》卷 67"清康熙中敕撰"。
⑤ 梁章钜《枢垣记略》"嘉庆七年二月二十四日谕"。
⑥ 《清史稿》卷 167。

期,总统办事机构权限扩展到国家内政、外交一切领域。尼克松的国内事务委员会主任埃利希曼把主管国内事务的各行政部门置于自己领导之下。基辛格在外交领域饮誉世界时唯一的头衔只是总统国家安全事务助理,他自称忙于两种工作,既要协助总统决策,又要协助决策的执行。水门事件后,福特等几位总统对幕僚制度做了一些调整,如里根许诺要"推进部长为中心的政治",但其实他们最终倚重的仍是白宫班子。

还有日本的首相官邸主导体制。战后日本政坛曾长期存在"官高政低"的现象,日本的政策制定一直主要由庞大的官僚体系来承担。20世纪70年代以来,日本逐渐向"政高官低"转变,最高层努力主张"政出于首相及其官邸"的"自上而下"决策模式。为此,便加强首相官邸的作用。2001年首相森喜朗进行大规模改革,目的就是"从官僚主导到政治主导",由原总理府、经济企划厅和冲绳开发厅合并而成的内阁府成为首相身边的辅助机构,超越于各省厅之上,有权协调、统筹各省厅。安倍晋三上台后认为,必须建立以首相官邸为主导的领导体制,以选举产生的政治家为决策人。他重用"政策知识分子",控制政策制定的领导权,防止其落入自民党"族议员"和官厅官僚的手中。他新设美国式的国家安全会议,扩大首相助理、内阁官房副长官的人数。2009年上台的民主党首相鸠山由纪夫组建的"国家战略局",是新设的首相直属辅佐机构、政治主导的政策中枢,负责编制预算和外交安保基本方针等。他还以"阻碍以政治为主导进行决策"为名,废除了运行达123年之久的事务次官会议制度。

2. 统筹体制的合理性分析

除上面所述的统筹职能以及有利于权力制衡外,统筹体制的合理性还有以下三点。

第一,这是对一般行政部门官僚化、部门利益化的矫正,是建立现代公共服务型政府的必需。西方官僚制度自诞生时起就因其与生俱来的弊端而不断受到抨击。受多种利益关系限制,阁员难免出现"本位主义"的倾向,正如曾在哈定等三届政府中任职的查尔斯·丹尼斯所说,阁员是总统的天然敌人。总统代表利益的广泛性、综合性使幕僚在行使职权时较少受特殊利益的约束,处于较为超然、客观的立场。

目前,我们以部门为主导的公共政策制定过程,难免出现权力部门化、部门利益化、利益法定化的问题,部门利益容易导致公共政策的扭曲、变异,公共政策制定的成本很高,周期很长,效率也很低;部门利益的争夺、扯皮和推诿也使政府所代表的公平、正义的天平容易发生倾斜。因此,防止政府在公共政策制定中被部门"俘获",是值得我们高度重视的问题。

而设置一级政府层面的决策、统筹或其支持体系,对于解决上述问题具有极为重要的积极意义。事实上,建立决策权、执行权、监督权既相互制约又相互协调的体制,题中应有之义主要是就中央政府和一级地方政府而言的,而非就某一政府部门而言的。承担决策、统筹或其支持职能的,应该就是类似于上面介绍的那样超脱于各部门之上的机构。这将有利于提高政府决策、统筹的效能,提高政府的权威和公信力。

第二,只要建立起相应的制约机制,其存在的一些问题还是可以解决的。虽然有些统筹体制因为设立欠妥产生一些弊端,如美国等西方国家的这种体系有可能危害分权与制衡原则,造成总统(或首相、总理)个人专制,这种体制的严重膨胀可能丧失原有的效率优势,出现无所不包的"总统部"(或"首相部"、"总理部");而与内阁各部之间的职责不清可能会导致一个双层政府,造成管理混乱等,但这些问题是可以通过制度设计来有效克服的。如美国总统幕僚发挥作用的程度直接受到总统态度的限制,其权力的扩张也始终面临阁员的制衡。另外,总统在政治结构中所受到的权力制衡因素也同样会作用到幕僚身上,如政党、压力集团及新闻媒体等都会阻碍幕僚制的恶性发展。

第三,这种统筹体制是知识经济时代、信息时代管理的一种主流趋势。随着知识经济的到来、科技和信息的发展,传统的决策方式已不能适应。网络化组织理论主张减少管理层级,建立一个核心组织以统筹协调与其他组织间的关系,减少层级制带来的上下和横向沟通的障碍,增加相互之间的联系,尤其是横向联系,发挥个人更大的能动性和创造力。现在纷繁复杂的国家事务客观上要求在行政改革时应该借鉴网络化理论。这种体制能发挥其高效、灵活、沟通等优势,对官僚体制通常存在的僵化、低效等弊端能够起到预防、救济的作用,是新型组织理论中"核心组织"、"横向联系"、"开放"、"沟通"等精髓理念的充分体现。

三、扁平化管理理念

(一)以人为本、扁平化与当代组织理论

以人为本理念在我国具有悠久的历史渊源。著名学者张岱年主编的

《中国文化概论》一书，把以人为本、天人合一、刚健有为、贵和尚中并列为中国传统文化的四大要点。[①]

以人为本也是科学发展观、国家治理理论的核心理念之一。

2013 年 12 月，习近平在《切实把思想统一到党的十八届三中全会精神上来》一文中指出："……紧紧依靠人民推动改革。人民是历史的创造者，是我们的力量源泉。……全会决定归纳了改革开放积累的宝贵经验，其中很重要的一条就是强调必须坚持以人为本，尊重人民主体地位，发挥群众首创精神，紧紧依靠人民推动改革。""提高改革决策的科学性，很重要的一条就是要广泛听取群众意见和建议，及时总结群众创造的新鲜经验，充分调动群众推进改革的积极性、主动性、创造性，把最广大人民智慧和力量凝聚到改革上来，同人民一道把改革推向前进。"

由此，积极发挥基层民主，推进民主自治，发挥基层党员、干部，社会组织，基层自治组织，以及基层政府这四者的积极性、创造性，也就是逻辑的必然。

以人为本理念还是一种带有普适性的先进的组织理念、管理理念。

以人为本的管理理念，是适应知识经济、信息时代的一种基本的管理理念。它主张以人为出发点和中心，围绕着激发和调动人的主动性、积极性、创造性展开，实现人与组织共同发展；就是把人作为管理中最基本的要素，认为人是能动的，人与环境是一种交互作用，创造良好的环境可以同时促进人的发展和组织的发展，个人目标与组织目标是可以协调的，人的发展是组织企业发展和社会发展的前提。

近几十年来，知识经济等世界潮流的出现，使得以工业经济活动原则和特征为基础，以专业化、集中化、稳定性为基本原则，以计划和控制为核心职能的传统层级组织已不适应时代发展。知识社会产生了许多新的理念，如参与、共享、合作、分散、柔性、信任和学习等。与之相应的，学习型组织、扁平化组织、网络组织、有机—适应性组织、倒金字塔组织等新型组织理论，主张对传统的以等级制为主要特征的结构形式进行变革，对等级制组织存在的弊端进行一些补救、矫正，而且其观点的精髓大多有相似之处。

扁平化组织理论与新制度经济学渊源很深。1990 年，哈默和钱皮提出革命性企业再造的概念，主张对公司流程、组织结构、文化等进行彻底的、急剧的重塑，再造后的新组织具有网络化、扁平化、灵活化、多元化、全球化等

---

① 张岱年：《中国文化概论》，北京师范大学出版社 1994 年版。

特点。1981 年美国通用电气公司新总裁杰克·韦尔奇上任后，对员工、管理人员、部门臃肿的公司进行精简，又把管理层级从 9～10 层减为 4～5 层，这是世界上最著名的扁平化改革成功的案例之一。

1965 年，美国佛瑞斯特教授构想出未来企业组织的理想形态——层次扁平化、组织信息化、结构开放化，成员由从属关系变成工作伙伴关系，不断学习，不断调整结构关系。他的学生彼得·圣吉于 1990 年完成的著作《第五项修炼——学习型组织的艺术与实务》和随后的几部著作，标志着学习型组织理论的基本形成。

网络组织理论是源于神经生理学和计算机科学中的网络概念而形成的一个新理论。网络组织是由具有决策能力的活性结点的网络联结而成的组织系统，由信息流驱动运作，通过组织成员的协作创新实现目标，通过组织重组来适应外部环境。网络组织具有合作性、创造性、动态性、开放性和自学习性等特点。

有机—适应性组织理论由美国的沃伦·本尼斯博士提出。他主张在个人与组织，个性与金字塔结构，民主与集中，参与式与等级层次，自然与理性，非正式与正式，有机论与机械论，人际关系与科学管理，关心人与关心生产这样的诸多矛盾之中找出协调的解决方案。

倒金字塔组织管理办法最早诞生于瑞典的 SAS 公司，即北欧航空公司，也有人称为"倒三角"法。

上述新型组织理论的核心理念，包括扁平化、放权、弹性、柔性、尊重个体、尊重个性、团队、学习、核心组织、沟通、互补、协作、和谐、愿景等。这些理念都与以人为本密切相关。

这些新型组织理论普遍认为，为迅速应对外界日益复杂的情势，组织必须主要按照扁平化的理念对传统的以等级制为主要特征的结构形式进行变革。

从软的、无形的方面来说，一是尊重成员个体，充分调动其积极性和创造性。哈默与钱皮认为，流程再造应当坚持"以员工为中心"的指导思想，把员工的期望与组织的目标统一起来。新型组织理论普遍认为，要建立组织的共同愿景，组织中的每个人都是创新者，组织为此要创造一个让每个人都可以创新的环境和机制；员工不是在制度的约束下进行工作，而是自觉把工作视为人生发展的组成部分。网络组织理论认为，网络组织由多个工作团队组成，团队内部成员之间的关系是平等的，有更多的机会相互交流，个人目标容易与团队目标达成一致，团队成员志同道合；工作团队中的具体决策由团队成员共同完成,满足员工受尊重的需要。网络组织理论主张的组织文化特点包括团队精神、信任、开放、宽容、不断学习与创新。倒金字塔结构组织理论的主张者 SAS 公司总裁卡尔松说,"人人都希望被作为个体来对待","给予一些人以承担责任的自由,可以释放出隐藏在他们体内的能量"。

美国著名管理学家彼得·德鲁克指出:"由于现代企业组织由知识化专家组成,因此企业应该是由平等的人、同事们形成的组织。知识没有高低之分,每一个人的业绩都是由他对组织的贡献而不是由其地位高低来决定的。因此现代企业不应该是由老板和下属组成的,必须是由平等的团队组成的。"传统的领导者则被赋予新的角色,即设计师、服务者和教师。设计即对组织要素进行整合,不但设计组织的结构和组织政策、策略,更要设计组织发展的基本理念,培养组织目的、使命和核心价值观;创造共同的愿景,即对组织理想未来的设想,并使之得到成员的广泛理解。

二是组织由机械化向有机化转变。学习型组织理论认为,传统组织分工负责的方式将组织切割,成员不需要对全局负责,普遍欠缺系统思考的能力,无法有效学习。要做到成员在工作中学习,在学习中工作,学习成为工作新的形式。做到思考是系统、非线性、全面、整体的思考,熟悉系统的环境,避免陷入系统动力的旋涡。做到增强沟通、理解、协作,改变心智模式,克服人际、层际、部际(部门之间)的隔膜、冷漠,解决本位主义和自由主义等问题。还有在观念、制度、方法和管理等多方面实现创新。

从硬的、有形的方面来说,一是推行扁平化管理。减少中间的管理层次,将决策权向下层移动,减少管理成本,提高管理效率;让下级、基层拥有充分的自主权,并对结果负责,调动基层和个体的积极性、创造性,提高决策的速度和准确性。倒金字塔结构组织理论认为,最高管理阶层应该是最基层的普通员工,应该让每个员工在由公司管理者搭建的"V形"无限空间里自由发挥,充分释放热情、才干。扁平化组织内部不是以固定的职能为单位,而是形成众多动态的知识团队,进行自我管理;扁平化组织本质上可被视为是一种知识体系,为了知识、信息的整合、创造和管理,决策中心下移,团队代替了科层。

二是成员的团队化、自组织化。网络组织理论主张分解等级体系的层级结构,在组织内部形成一个相互沟通和联结的体系,建立起多节点间的网络关系;不同层次、不同职能的具有决策能力的活性节点间具有无障的、即时的信息沟通能力,由信息流驱动组织运转。节点的构成会随着网络组织运作进程、目标完成状况而变化。网络组织理论认为可以组建动态的、开放的、具有高度灵活性的核心组织。网络组织其实是一个超组织模式,其运作可以超越节点边界、时间和空间的限制,以具备环境适应能力,具备自组织、自学习与动态演进等特征。网络组织理论为组织成员的无限沟通、交流、组合、协作等提供了无穷的空间,有利于破除传统组织中常有的层级隔阂、部门隔阂、岗位隔阂、人际隔阂等问题,也为成员的团队化、自组织化即自主管理提供了理论依据。自主管理就是由组织成员根据工作需要,自己选择伙伴组成团队。如日本企业实行自主管理,员工不定期召开会议研究问题,管理者坐在后面以示支持,这使得组织成为一个自组织、自调节的有机整体,达到管理与被管理的高度融合。

对于新型组织来说,软的、无形的方面与硬的、有形的方面两者互为补充、完善,互为前提、依赖,缺一不可;学习型组织的"型",不仅是一种学习的习惯、规定,更是制度、组织、团队层面的系统性、整体性互动和改进。建设新型组织的关键之一,是重塑成员心智模式,重塑组织模式,重塑成员之间、成员与组织之间的关系模式,重塑管理模式,而其基本指导理念则包括扁平化、放权、弹性、柔性、尊重个体、尊重个性、团队、学习、核心组织、沟通、互补、协作、和谐、愿景等。

(二)扁平化管理理念的启示

包括扁平化在内的新型组织理论的核心理念,启示我们更好地设计政党的领导体制、领导方式,更好地设立行政体制,尊重下级和基层组织的主动性、创造性;尊重公民、基层党员的意志、权利以及主体性、创造性。

一是更好地设计政党、行政的领导体制、领导方式。

2004年十六届四中全会通过的《中共中央关于加强党的执政能力建设的决定》指出,要使党的执政体制更加健全、执政方式更加科学。执政体制,指执政党执掌运作政权所涉及的机构、机构职权的配置、权力运行模式,以及三者制度化的总和。要借鉴新型组织理论,精简机构,减少管理层级。政党的一个重要功能是整合各类资源。作为信息时代最重要资源的信息,具有分散、动态的特点,这就要求政党实行扁平化、网络化管理,提高组织的信息敏感度、对环境的适应性。要按照党总揽全局、协调各方的原则,改革和完善党的领导方式。统筹党委、政府和人大、政协机构设置;完善党委常委会的组成结构,适当扩大党政领导成员交叉任职,切实解决分工重叠、管理层次过多的问题;推行大部门制,规范党政机构设置,撤并党委和政府职能相同或相近的工作部门。而行政机构同样可以汲取新型组织理论的精髓进行重塑。

二是尊重下级和基层组织的主动性、创造性。

对于下级党组织、基层组织要充分信任、放权,大力提倡、鼓励其创新。这是发展的重要动力,往往是整个创新链的发端,是形成社会创新体系的基础。如1978年中共安徽省肥西县委、肥西县山南区委顶着政治压力尝试的"四定一奖",即定土地、定工本费、定工分、定上缴,超产全奖、减产全赔,与安徽省凤阳县小岗村18户村民率先自发地搞大包干一起,掀起了"文化大革命"后农村家庭联产承包责任制和中国农村改革的浪潮。而温州经济长期的快速健康发展,也得益于地方党组织的勇于创新,善于引导并升华当地具有自组织模式特征的民间创新。"春江水暖鸭先知"。下级、基层党组织对于理论、观念和体制中妨碍发展的那些不合时宜的东西最清楚,最渴望摆脱羁绊。所以,要尊重下级、基层党组织的创新精神、创新成果,因势利导地将其进行升华,形成整体性创新。

三是尊重党员的意志、权利以及主体性、创造性。

传统型的政党主要通过纪律来约束党员,通过传统方式的教育来影响党员。学习型政党则更加以人为本,尊重党员的意志、权利以及主体性、创造性,通过共同愿景来保持党员个人奋斗目标与党的奋斗目标的高度一致。

要为尊重和保障党员的主体地位以及民主权利提供必要的制度安排,如逐步扩大基层党组织领导班子成员直接选举的范围等。十六大报告指出,要以完善党的代表大会制度和党的委员会制度为重点,建立健全充分反映党员和党组织意愿的党内民主制度;扩大在市、县进行党的代表大会常任制的试点;积极探索党的代表大会闭会期间发挥代表作用的途径和形式。湖北省宜都市试点实行"五制",即党代表直选和委员候选人推选制、党代表任期制、党代会年会制、党代表评议制、重大事项决策票决制;组建两个专门委员会:市党代表大会监督委员会、决策协商与评估委员会,承担闭会期间党代会的相关职能。四川省雅安市雨城区、荥经县试点的突出特色是设立党代表大会的常设机构。荥经县设立的是党代表联络办公室,挂靠在县委组织部;雨城区党代表大会设立三个机构——监督委员会、代表工作委员会和决策咨询委员会。深圳市宝安区创设了"1+7"制度。"1"是指一项基本制度,即《中国共产党深圳市宝安区代表大会常任制度(试行)》。"7"是指配套的 7 个相关制度,①搭建起党代会常任制的基本制度框架,并设立区党代会常任制工作办公室。而在这其中,浙江省台州市椒江区和湖北省罗田县的取消区(县)委常委制、实行县委委员制,则最有力度。

十八大报告继承了这些积极探索党内民主的制度创新,指出"落实和完善党的代表大会代表任期制,试行乡镇党代会年会制,深化县(市、区)党代会常任制试点,实行党代会代表提案制。完善党内选举制度,规范差额提名、差额选举"。

这些都体现了充分尊重基层党员意志、权利以及主体性、创造性的先进理念,充分体现了新型组织理论的精髓。

四、统筹与扁平化两个理念的关系

处理好统筹与扁平化两个理念之间的关系,就要按照精简、统一、效能的原则,对不同机构之间的权责进行科学、合理的调整,对一些权责进行必要的上收或集中,对一些职责进行必要的下放或分散。统筹,是指一些权责适当上收或集中。扁平化管理,包括纵向与横向两种。纵向的,是指减少中间管理层次,将决策权向下层移动,减少管理成本,提高管理效率,让下级、基层拥有充分的自主权,并对结果负责,调动基层和个体的积极性、创造性,提高决策的速度和准确性;横向的,即加强跨部门、超部门的统筹协调,减少决策中的部门隔离导致的本位意识、协调不畅、推诿塞责等弊端。

可见,统筹理念贯穿于纵向扁平化与横向扁平化之中;对于统筹与扁平化理念,不可做简单化、隔离的理解,二者相辅相成、互为前提,形成一个权责在不同机构之间不断进行科学、合理调整的动态过程。

以广东省佛山市顺德区撤镇设街为例。2010 年,广东省提出选择部分地级以上市城区开展城市基层管理扁平化改革试点,形成"二级政府、三级管理"或"一级政府、两级管理"的新体制。此举是广东借鉴香港的管理经验。香港人口超过 700 万人,只有一级政府,设有 3 个司、12 个决策局和 60多个政府部门、机构,"一级政府,一管到底",很少存在层级结构"金字塔"管

---

①　即《党代表大会会议制度》《党代表大会闭会期间代表活动暂行办法》《党代表意见建议的提出和办理暂行办法》"两委"委员联系区党代表、区党代表联系党员暂行办法》《党代表大会代表提案制度》和《党代表大会代表评议工作暂行办法》等。

理层次重叠、冗员多、部门之间职责不明晰、互相推诿以及组织机构运转效率低下等弊端。

当时,佛山市顺德区辖 4 个街道(大良、容桂、伦教、勒流)、6 个镇(陈村、北滘、杏坛、均安、龙江、乐从)。2011 年 11 月,作为全省社会改革综合试点,顺德区提出在未来 3 到 5 年实施撤镇设街,建立"一级政府、两级管理、三级服务、社会参与"的扁平化管理模式。"一级政府"是指区政府;"两级管理"是区级政府负责决策,街道、事业单位和法定机构负责执行;"三级服务"是构建由区、街道、社区或村居服务站组成的三级服务体系;而"社会参与"则是集合社会组织、法定机构、公共决策咨询委员会等社会各方力量。改革之后,顺德区委、区政府将负责重大决策和综合性政策制定,区属大部门主要负责政策制定、完善和监督实施,而法定机构、事业单位和街道负责执行,两级错位分工、合理分权。

这是充分体现了统筹与扁平化原则并重、两者相辅相成的一次体制创新,也是纵向扁平化与统筹并重的一个案例。

又如 2007 年,浙江省富阳市(今杭州市富阳区)为淡化政府部门意识、打破行政壁垒、优化资源配置、增强整体合力,即在不涉及政府部门编制变革的前提下,设立计划统筹、规划统筹、公有资产管理运营、社会保障、环境保护、城乡统筹、现代服务业发展、运动休闲城市等 13 个"虚拟"的专业委员会,每个专委会由一名市委副书记、六名副市长分别担任主任,组成部门包括各个职能相关的部委办局。专委会具有了统筹协调职能,具有了重大事项的决策建议权和一般事项的决策权,把部门分散的决策权更多集中、上升到政府层面,有利于避免部门既决策又执行所带来的弊病,有利于部门沟通协调的顺畅、跨部门决策的迅速与科学,起到优化资源要素配置、实现整合部门力量的作用。专委会成为架设在政府各部门、各单位之间的"立交桥",构建起包括大计划、大财政、大三农、大工业、大建设、大交通、大环保、大社保等在内的工作格局。其中,工业经济委员会包括经贸、政府办、外经贸、发改、财政、国土、规划、开发区、国税、环保、工商、安监、质监、供电、科技、统计、人民银行等部门。城乡统筹委员会包括农办、建设、国土、"百千"办、新农村建设办等部门。

这也是充分体现了统筹与扁平化原则并重、两者相辅相成的一次体制创新,是横向扁平化与统筹并重的一个案例。

行政管理体制包括很多方面,从统筹与扁平化理念的角度进行思考,是一个新颖而有效的路径。本专著主要研究的上下级政府之间权责配置视角下的政府层级管理体制创新（包括行政审批制度、垂直管理体制、扩权强县强镇等），政府、社会、市场之间权责配置视角下的社会治理体制创新，资源和权责统筹配置视角下的行政区划体制与区域协作体制创新，以及行政机构内部权责配置视角下的行政三权协调体制创新等，都体现出基于统筹和扁平化理念的相辅相成，体现出权责在机构之间不断进行科学、合理调整的动态过程。

第二章　行政审批制度创新

从本章起,将以统筹、扁平化管理理念,探讨、总结行政体制创新的经验,包括行政审批制度、垂直管理体制、扩权强县强镇、社会治理体制、行政区划体制与区域协作体制,以及行政三权协调体制等,并对宁波行政体制相关领域存在的问题进行分析,对如何推进体制创新进行思考。

一、政府层级管理与行政审批制度改革

政府行政管理体制改革包括横向和纵向两个层面的内容。横向的是指对同一级政府各机构的设置、行政权力运行的关系进行调整;纵向的是指对不同层级政府的设置、行政权力运行的关系进行调整,即政府的层级管理体制改革。我国迄今进行过的几次行政管理体制改革,每次都成效显著,但多侧重于横向改革,即调整、精简机构和人员,调整同一级政府各机构之间行政权力运行的关系,而较少涉及管理层级。对不同层级政府之间行政权力运行关系进行调整,理顺其关系,使纵向改革与横向改革相互促进、相互协调,才能真正全面推进政府行政管理体制改革,为科学发展提供体制保障。

减少政府管理层级有两种方式,一种是直接减少政府层级的数量;另一种是虽不减少政府层级数量,但减少某些事项的管理层级,上级政府把某些管理权限下放到下级政府,比如以减少、下放权力为重点的行政审批制度改革、垂直管理体制创新,以及扩权强县强镇等。

（一）政府层级管理体制的现状

新中国成立后很长一段时间内，除直辖市外，我国地方政府层级结构主要是省（自治区）—专员公署（"文革"中改为地区革委会，后改为地区行政公署）—县（市）—乡（或镇，1958—1983 年改为公社）四级制。

另外，从新中国成立到 1954 年，我国设立了中南、东北、华北、华东、西北和西南六个大区，作为省以上的一级建制，设有人民政府或军政委员会（行政委员会）；同时还设有中共中央地方局，作为党中央的地方代表机关，代表中央领导某一区或数省党的工作。1954 年 4 月，中共中央做出撤销大区一级党政机构的决定，六大局撤销。1961 年后，一度恢复六个大区党的中央局，但没有成立大区政府。这两个时期的地方政府层级管理体制基本上是大区（局）—省（自治区）—专员公署—县（市）—乡（镇）五级制。

我国宪法一直没有关于"地级市"的规定。据 1954 年《宪法》，我国行政区域划分如下：（一）全国分为省、自治区、直辖市；（二）省、自治区分为自治州、县、自治县、市；（三）县、自治县分为乡、民族乡、镇。直辖市和较大的市分为区。自治州分为县、自治县、市。"（二）"中所说的"市"，既包括省会城市和青岛这样较大的城市、自贡这样特殊的市，也包括县级遵义市这样被专员公署代管的市。《宪法》没有规定市再分为县、乡，那时领导县的市不多。

从 1958 年开始，实行市领导县体制的范围迅速扩大，至 1958 年年底，已有 29 个市领导 118 个县、2 个自治县，代管 2 个县级市，几乎所有的直辖市、省会、大城市都属于这种情况。1959 年 9 月，全国人大常务委员会通过《关于直辖市和较大的市可以领导县、自治县的决定》，以法律的形式肯定了市领导县体制，指出实行市管县体制是为了"密切城市和农村的结合，促进工农业的相互支援，便于劳动力的调配"。到 1960 年年底，全国共有 48 个市领导 234 个县、自治县，代管 6 个县级市。20 世纪 60 年代初经济困难时期，市领导县体制进入低潮，1965 年年底仅剩 25 个市领导 78 个县、1 个自治县。70 年代后，市领导县体制又逐渐复苏，至 1981 年年底，共有 57 个市领导 147 个县、自治县。

1982 年，中共中央〔1982〕51 号文件提出要改革地区体制、实行市管县体制，即"在经济发达地区将省辖中等城市周围的地委行署与市委市政府合并，市管县、管企业"。1982 年新《宪法》虽然规定了"直辖市和较大的市分为区、县"，却没有说地级市问题。市管县体制改革当年先在江苏试点，1983 年开始在全国试行。到 1994 年年底，除海南省外，大陆各省、自治区、直辖市都试行了市管县体制,共有 196 个市领导 741 个县、31 个自治县和 9 个旗、2个特区,代管 240 个县级市。1983 年,国务院有关行政区划批复中开始正式使用"地级市"这一名称。1985 年,民政部在编辑《中华人民共和国县级以上行政区划沿革(1949—1983)》一书时,也对原来设置的市逐个予以认定,统一将市分为地级市和县级市。

20 世纪 80 年代实行市领导县体制后,直辖市以外的地方政府层级管理体制逐渐过渡为省(自治区)—市(盟)—县(市、区、旗)—乡(镇)四级制;直辖市则实行市—区(县)—乡(镇)三级制。

应该说,上述管理体制基本上是与当时的政治、经济、社会发展情势相适应的,也是适应于当时交通、科技、信息等技术发展情势的。但是,改革开放以来,随着国家经济社会情势以及现代交通、科技、信息等技术的飞速发展,尤其是随着经济体制改革和其他方面的行政体制改革的不断推进和深化,我国地方政府的层级管理体制存在的问题日益突出。最明显的是层级过多,增加了行政管理成本,降低了行政效率。

改革开放以来,我国对中央和地方、上级与下级的关系进行了一系列的调整,改革开放的过程,从某种角度来说也是政府职能转变、行政管理体制改革,逐步向下级政府、社会、企业转移权力,实施确权或放权、还权的过程。① 而行政审批制度改革则是其中一项主要的内容。

(二)行政审批制度改革的原则与意义

行政审批是指行政机关(包括有行政审批权的其他组织)根据自然人、法人或者其他组织提出的申请,经过依法审查,准予其从事特定活动、认可其资格资质、确认特定民事关系或者特定民事权利能力和行为能力的行为。

行政审批制度改革的主要内容包括:削减、合并审批事项,或调整给社会组织自律管理,或下放给下级政府。

2011 年 11 月,国务院召开深入推进行政审批制度改革工作电视电话会议。温家宝总理说,目前,包括行政审批制度在内的行政管理体制改革还滞后于经济社会发展,不适应发展社会主义市场经济的要求。政府职能转变

---

① 如中央于 1981 年、1982 年、1983 年先后批准在湖北沙市、江苏常州、四川重庆进行经济体制综合改革试点。以后陆续有更多城市被列入,到 1987 年年底中央和省两级批准的共有72 个。1992 年起国家体改委先后选择若干城市特别是区域性中心城市如常州市等作为新一轮综合配套改革试点城市,截至 1998 年全国发展到 55 个。这两类城市或被赋予更多的经济管理权限,或被允许在行政管理体制(包括政府层级管理体制方面)改革方面先行先试。

不到位,行政审批设定管理不严,监督机制还不健全。必须继续深化改革,进一步破除制约经济社会发展的体制机制障碍,激发全社会的活力和创造力。主要内容有:进一步清理、减少和调整行政审批事项。坚持市场优先和社会自治原则,凡市场机制能够有效调节的,公民、法人及其他组织能够自主决定的,行业组织能够自律管理的,政府就不要设定行政审批;凡可以采用事后监管和间接管理方式的,就不要再搞前置审批。突出三个重点领域:一是投资领域,进一步深化投资体制改革。二是社会事业领域,放宽限制,打破垄断,扩大开放,公平准入,鼓励竞争。三是非行政许可审批领域,清理一些部门和地方利用"红头文件"等对公民、企业和其他社会组织提出的限制性规定,没有法律法规依据、不按法定程序设定的登记、年检、监制、认定、审定以及准销证、准运证等,要一律取消。严格依法设定和实施审批事项。必须于法有据,严格遵循法定程序,进行合法性、必要性、合理性审查论证;没有法律法规依据,行政机关不得设定或变相设定行政审批事项。创新行政审批服务方式。依法进一步简化和规范审批程序,创新服务方式,优化流程,提高效能。加强政务中心建设。原则上实行一个部门、一级地方政府一个窗口对外。加强电子政务建设。进一步推进行政审批公开,实行网上公开申报、受理、咨询和办复。强化对权力运行的监督制约,建立健全行政审批责任制度。

党的十八大提出,要深化行政审批制度改革,继续简政放权,推动政府职能向创造良好发展环境、提供优质公共服务、维护社会公平正义转变。十八届三中全会《决定》指出,进一步简政放权,深化行政审批制度改革,最大限度减少中央政府对微观事务的管理,市场机制能有效调节的经济活动,一律取消审批,对保留的行政审批事项要规范管理、提高效率;直接面向基层、量大面广、由地方管理更方便有效的经济社会事项,一律下放地方和基层管理。

这是我们思考深化行政审批制度创新时所要遵循的一些基本原则。

当前,推进行政审批制度改革具有重要的意义。

行政审批制度创新是转变政府职能的重要突破口。

现行行政体制存在的最大问题是政府与市场、社会之间的职责和边界不清晰,政府角色定位不清,政府过多、过细干预市场行为。破解这一问题需要将政府角色定位于加强和改善宏观管理,创造更加公平高效的发展环境,更好地向公众提供公共服务和公共产品,实现政府从无限向有限,从管理向服务的转变;通过深化行政审批制度改革,大力简政放权,理顺政府与市场、社会之间的关系,进一步激发市场活力。

行政审批制度创新是提高行政效率的重要举措。

行政审批过程中,不同程度地存在时间过长、程序烦琐、费用过高等一系列问题,这些势必影响政府行政效率。深化行政审批制度改革意味着创新行政管理方式,减少行政管理层级,整合各部门之间以及部门内部的职能,改变原有的烦琐的审批程序,采用信息化管理手段和服务方式满足社会多样化和个性化需求,把政府服务以最快捷、最方便的方式传递给广大人民群众,最终有利于降低行政成本,提高行政效率。

行政审批制度创新是打造阳光政府的重要途径。

一些行政审批权力比较集中的部门和岗位成为腐败的重灾区。为有效地遏制腐败,打造阳光政府,就要深化行政审批制度改革,政府大胆进行“自我革命”,改变权力过于集中的现象,减少权力寻租的空间,消除腐败滋生的土壤。阳光是最好的防腐剂,通过公开权力清单,让权力在阳光下运行,保障群众的知情权和监督权,有助于增强政府权力运行可视化和透明化,增强政府公信力和执行力。

二、行政审批制度改革的总体历程

2000 年以来,中央和各级地方政府大力推行行政审批制度改革,取得显著成效,取得丰富经验,但这项工作也面临一些值得思考的问题。

(一)2012 年前的行政审批制度改革

国务院在 2002、2003、2004、2007、2010、2012 年先后六次取消和调整行政审批项目 2497 项,占各部门原有审批项目总数近 69.3%。其中,2004 年取消和调整 495 项行政审批项目,其中取消的 409 项;不再作为行政审批,由行业组织或中介机构自律管理的 39 项;下放管理层级的 47 项。2012 年取消和调整 314 项部门行政审批项目,其中取消 184 项、下放 117 项、合并 13 项。这次重点对投资领域、社会事业和非行政许可审批项目,特别是涉及实体经济、小微企业发展、民间投资等方面的审批项目进行了清理。

省、市、县各级政府也进行了大规模的行政审批权力的削减、合并、调整和下放,幅度占原有总数的一半以上。如到 2011 年,贵州省省直单位取消、下放、转变和合并行政许可事项、非行政许可审批事项分别占其总数的

59％、52％。

在这段时间里,昆明一度是全国行政审批事项最少的城市。

2007 年,昆明在全国 286 个地级以上城市中城市综合竞争力指标列第51 位,经济增长率在省会城市中倒数第一。经过认真反思,昆明市认识到,地方的竞争体现在四个方面:一是通过改革打时间差;二是通过开放打空间差;三是通过创新打信息差;四是通过治理打制度差。通过治理打制度差,尤为重要;没有落后的地区和落后的人,只有落后的规则和制度;制度治理的过程是培养市场引导力、组织社会参与力、运用法制约束力、发挥党政推动力的过程。昆明希望通过体制创新、制度治理把昆明打造成西部乃至全国“三最四低”的投资环境,即创业最宽松、社会最文明、人居最安全和低生产成本、低交易成本、低行政成本、低社会成本。

2008 年,昆明锐意进行各个方面的创新,一年内市级完成制度创新 198项,加上县(市)、区出台的新制度,昆明一年的制度创新超过千项,其中行政审批制度改革和审批环境优化工作更是重中之重。到 2008 年年底,以市政府公告对外公布的市级行政部门的行政审批项目(含行政许可项目和非行政许可项目)为 96 项,另有承接省级下放的审批项目 34 项,中央、省垂直管理部门行政审批项目 20 项,市级行政部门管理服务项目和内部审批项目112 项。这样,昆明市总计实际实施的行政审批、管理服务和内部审批项目为 262 项,相比 2007 年年底的 506 项减少了 244 项,精简幅度为 48％。

昆明市行政审批改革的原则为:对国务院第四批决定取消和调整的行政审批项目予以取消和调整;凡没有法律、行政法规、地方性法规、全国人大决定、中共中央和国务院决定及规范性文件为设立依据的行政审批项目,由各项目审批部门征求上一级主管部门意见后,原则上予以取消;市委、市政府规范性文件设立的行政审批项目,予以取消;法律、法规并未规定市级部门具有初审权,属于省属委办厅局要求市级部门进行初审的项目,予以取消;同一部门内管理内容相近、相似的行政审批项目予以合并;对可以由县(市)、区行政机关实施的行政审批项目,按照方便申请人、便于监管的原则下放;行政审批对象非公民、法人或其他组织,而是对其他行政机关或事业单位的、具有内部管理性质的行政审批项目,转为内部审批项目;对于法律依据不强,又是以服务为主的审批项目转为管理服务项目。此两类均不再作为行政审批项目对外公布;对虽有法定依据,但与现实管理要求不相适应,难以达到管理目的的行政审批项目,予以取消或调整;对能够通过市场机制、行业自律有效调节的行政审批项目,予以取消或者调整。

昆明在规范行政审批流程、压缩行政审批时限方面也大有成绩,法定行政审批时限压缩了 1/2 至 2/3 以上。到 2008 年 8 月,昆明市及各县(市)、区共建立 21 个行政审批服务中心、便民服务中心。昆明市要求相关部门组建行政审批专门处室,整建制地进入服务中心,保证所有审批服务项目进入服务中心,中心窗口成为部门实施行政审批的唯一窗口,并对窗口首席代表充分授权,实现相关部门"人进中心、公章进中心、值班领导进中心、所有手续进中心",服务中心由"接待型窗口"真正成为"审批服务窗口"。

包括行政审批体制改革在内的制度创新,让昆明市焕发出勃勃生机,2008 年实际利用外资是 2007 年的两倍。一位曾在昆明经商 20 多年的某省商会会长评价说,以前昆明不少办事部门就像一个车队,车有快有慢;如今就像一列高速列车,前面带着跑,后面推着走,根本慢不下来。近年来,昆明在行政审批制度改革方面,又不断取得许多新成就。

2008 年,四川省内江市大力推行行政审批制度改革。

一是实施"四合一服务工程":将市、市中区、东兴区的 3 个政务服务中心及市招投标中心并入同一大厅,实行"同址办公"。内江成为四川全省首个市和所辖区政务中心实行集约化办公的城市。

二是"同窗办件":内江政务中心创立"六大审批功能区",即企业准入审批区、基本建设项目审批区、投资项目审批区、社会事业审批区、交通运输审批区、国土交易办证区。其中"企业准入审批区"集中了工商、公安、质监、税务等部门,新办企业办理注册登记,只需在一个区域内办理。"审批功能区"的经验在四川全省推广。

三是"一章一表、并联审批":以前,有的项目立项注册要经过十几个部门,企业需带着资料依次到这些部门,并分别接受多次现场查勘,还要不断补充完善资料。内江市隆昌县进行改革,根据项目性质确定某一部门为主审机关,一个公章审批决定;其他有关部门并联审批,一表签章共同会审。具体来说,主审机关接到申请后,立即抄告其他部门,并由政务中心召集联席会初审;符合要求当场签字盖章,需补充则一次性告知企业。企业补充资料后,相关部门再次会审;需现场查勘,由政务中心统一组织一次完成,各部门不得单独查勘。其他部门签审完《审批事项联合审批表》后,由发改委终审签章。这一创举在内江全市试行推广。

四是事权削减与下放:市级 50 个审批事项下放到县(市)、区,行政审批事项压缩为 192 项,精简幅度位居四川省前列,是四川省行政审批事项最少的市之一。

全国首个行政审批局是成都市武侯区行政审批局。

2000年前后,设立"政务大厅""行政服务中心"实行一站式服务的做法开始在全国流行。一般的政务中心难以根除部门窗口受理不到位、多头受理、体外循环等问题,窗口审批人员权限不够,大部分审批件则要交回原单位审批,影响效率,一些政务中心被戏称为"收发室""绣花枕""只挂号,不看病"。

2008年,成都市武侯区成立全国首家行政审批局,作为区政府主管全区行政审批事项办理工作的政府工作部门,与区政府政务服务中心是"一个机构两块牌子",负责规范全区行政审批工作,建立和完善相应的工作机制;负责全区各部门政务服务窗口和各街道办事处社会事务服务中心的指导监督工作;负责办理相关职能部门的行政审批事项,并对审批行为的后果承担法律责任等。该局有7个内设机构:办公室、政策法规科、社会类事项审批科、经济类事项审批科、建设类事项审批科、协调管理科、指导监督科。武侯区把区发改局等22个区政府部门54%的行政审批事项共计79项(其中行政许可审批事项占90%)职能划转至行政审批局,由其集中行使行政审批权,原职能部门则主要承担相应的监督和管理职能,实行审批与管理监督相分离的行政管理体制。

这是武侯区依据有关法规进行的有益探索。《中华人民共和国行政许可法》第二十五条规定,"经国务院批准,省、自治区、直辖市人民政府根据精简、统一、效能的原则,可以决定一个行政机关行使有关行政机关的行政许可权";2004年国务院颁布的《全面推进依法行政实施纲要》提出,"积极探索相对集中行政许可权,推进综合执法试点"。

四川省绵阳市力争西部同类城市中行政审批项目最少。

2011年9月起,绵阳市组织开展了新一轮行政审批事项清理规范工作,努力实现西部同类城市行政审批项目最少、审批流程最优、审批时限最短。经过清理,市级部门取消行政审批项目共25项,下放的行政审批项目和公共服务项目共15项,调整为日常监管的项目共31项;市级部门保留的行政审批项目为211项,公共服务项目为93项,市级部门初审报省级以上部门审批的项目32项,行政审批事项较2009年年初减少34.67%。同时,绵阳市着力简化审批流程,清理减少申请材料281项,减少办事环节107项。经过清理规范,进驻绵阳市行政服务中心的项目审批时限平均提速75.2%。

到2012年4月,河南省许昌市把10年前的行政审批事项2035项减少至193项,成为河南行政审批项目最少、行政审批办理时限最短的地级市。

湖北省级行政审批体制改革不断刷新"全国纪录",稳坐"全国省级行政审批事项最少省份"交椅。到 2012 年 5 月,湖北省行政审批事项为 319 项,成为最少的省份。

到 2012 年 4 月,湖北省襄阳市参照 2012 年全国行政审批事项最少的昆明市,将原有 475 项行政审批事项减至 89 项市本级行政审批项目、11 项中央省垂直管理部门的行政审批项目和 155 项管理服务项目,共 255 项。《襄阳市政府审批、监管、服务、监督创新实施方案》指出,目的是着力营造高效率、低成本、无障碍的开放环境,实现项目最少、流程最优、办得最快、服务最好,确保做到行政审批事项在全国同类城市最少。

到 2012 年 7 月,广东省肇庆市市级保留的行政许可事项 121 项、非行政许可事项 30 项、一般业务管理事项 24 项,成为珠三角九市中行政审批事项数量最少的城市。

2012 年 5 月,广东省政府向国务院呈报了关于深化行政审批制度改革先行试点的请示,请求国务院授权该省停止实施和调整由法律、行政法规、国务院及部门文件规定的部分行政审批。8 月,国务院批准广东省"十二五"期间在行政审批制度改革方面先行先试。11 月,广东省对 100 项行政审批事项做出调整,其中 66 项行政审批事项被停止实施,34 项被下放。取消或向社会转移了一部分对经营活动、设立相关企业的审批和机构、人员资质资格核准、认定及证书核发事项;软件产品登记、资产评估机构年检、旅游饭店星级评定等 32 项职能逐步向社会转移,由符合条件的行业协会实行自律管理。下放至省级以下政府管理层次的审批事项主要包括能源、交通、原材料、机械制造等投资项目核准,区域性、地方性企业设立、经营活动立项审批等。

广东省要求改革试点的行政审批中共有 25 项是由法律规定的。为此,2012 年 12 月召开的全国人大常委会第三十次会议决定,授权国务院在广东省暂时调整部分法律规定的行政审批,在三年内试行,对实践证明可行的,应当修改完善有关法律;对实践证明不宜调整的,恢复施行有关法律规定。这 25 项由法律规定的行政审批中,有 20 项暂时停止实施,通过行政许可、合同备案、核定经营范围、交由行业协会自律管理等方式监管;另外 5 项,主

要是调整实施机关,将审批权进一步下放。^①由全国最高立法机关授权国务
院批准省级地方政府停止实施和调整法律规定的行政审批,这传递出一个
非常明确的信号,显示出坚定不移地推进行政审批制度改革的决心。

　　2012年12月,《广东省"十二五"时期深化行政审批制度改革先行先试
方案》出台,提出到2015年,广东将力争成为中国行政审批项目最少、行政
效率最高、行政成本最低、行政过程最透明的先行区。《方案》称,到2015
年,广东各级行政审批事项压减40%以上,办结时限总体缩短一半左右;实
现各级行政审批事项网上办理率达90%以上,社会事务网上办理率达80%
以上。

　　《方案》用"一律取消"的措辞,全面废止没有法律法规依据、不按法定程
序设定的登记、年检、年审、监制、认定、审定等管理措施,以及企业登记前置
行政许可和非行政许可审批和以强制备案、事前备案等名义实施行政审批。

　　《方案》明确全面推进大部门制改革:在广东省29个县(市、区)已完成
大部门制改革试点的基础上,2012年在全省推广深圳、顺德等地试点经验;
2013年全面完成县级大部门制改革,并探索推进市级大部门制改革。

　　同时,《广东省行政审批事项目录管理办法》公布,要求行政审批的实

---

　　① 　比如,政府采购代理机构乙级资格认定和延续申请批准,工程建设项目招标代理机
构乙级和暂定级资格认定,城乡规划编制单位乙级和丙级资质认定,遗传病诊断、产前诊断
的母婴保健技术人员合格证核发,建设项目职业病危害预评价报告审核,职业卫生技术服务
机构资质认可,非煤矿山、危险化学品生产经营单位、烟花爆竹经营单位主要负责人和安全
生产管理人员任职资格认定,安全生产中介机构资质认定,工程监理企业专业乙级和丙级资
质认定,二级注册建筑师、二级勘察设计注册工程师、二级注册建造师资格注册核准,文物保
护工程勘察设计乙级以下(含乙级)、施工二级以下(含二级)和监理乙级以下(含乙级)资质
审批,人工影响天气作业组织资格认定,调整为暂时停止实施该项行政审批,交由具备条件
的行业协会实行自律管理。从事加工贸易业务审批和加工贸易保税进口料件或者制成品转
内销审批,调整为暂停行政审批,通过海关、外经贸主管部门现有其他监管措施进行管理。
营业性射击场立项审批,调整为暂停行政审批,保留设立营业性射击场的行政许可对营业性
射击场的安全进行监管。中外合作经营企业委托经营管理合同审批,调整为暂停行政审批,
由外经贸主管部门对委托经营管理合同实行备案管理。转制为企业法人并领取营业执照的
媒体单位广告经营登记,调整为暂停行政审批,由工商部门通过核定营业执照经营范围对其
广告经营活动进行管理。地热、矿泉水采矿许可证颁发、延续、变更与注销登记,行政审批实
施机关由国务院地质矿产主管部门调整为省级、设区的市级人民政府地质矿产主管部门。
跨省引进乳用、种用动物及其精液、胚胎、种蛋检疫审批,行政审批实施机关由省人民政府动
物卫生监督机构调整为设区的市级人民政府动物卫生监督机构。一定数额以下的延期缴纳
税款审批,行政审批实施机关由省国税局、地税局调整为设区的市级国税局、地税局。

施、监督和公开等以广东省各级政府保留的行政审批事项均应当纳入本级行政审批事项目录为依据,未纳入《目录》的不得实施。

(二)新一届政府的行政审批制度创新

本届政府成立伊始,李克强总理在 2013 年 3 月十二届全国人大一次会议举行的记者会上表示,现在国务院各部门行政审批事项还有 1700 多项,本届政府下决心要再削减 1/3 以上。国务院将行政审批制度改革作为"先手棋",推进简政放权,释放市场活力和社会创造力。本届政府加大力度,不断推进行政审批制度改革,从取消和下放一批行政审批事项到建立政府权力清单制度,从规范行政审批中介服务到取消非行政许可审批,从放管结合、加强事中事后的监管到破除中间梗阻、打通最后一公里,无不彰显政府改革的决心和勇气。

截止到 2015 年 5 月中旬,新一届国务院有关行政审批制度改革的重要举措进程详见表 2-1。

表 2-1　新一届国务院行政审批制度创新重要举措进程表(2013.4—2015.12)

时间	主要措施
2013 年 4 月	第一批先行取消和下放 71 项行政审批项目等事项,重点是投资和生产经营活动项目。即使对于仍由国务院相关部门审批的项目,也简化程序、限时办结
2013 年 5 月	印发《关于取消和下放一批行政审批项目等事项的决定》(国发〔2013〕19号),取消和下放一批行政审批项目等共计 117 项:取消行政审批项目 71项(其中 13 项由业务主管部门备案),下放省级及以下业务主管部门管理的行政审批项目 20 项,取消评比达标表彰项目 10 项(其中取消 7 项,转由社会组织举办的 2 项,并入其他项目评选的 1 项),取消行政事业性收费项目 3 项,取消或下放管理层级的机关内部事项和涉密事项 13 项。另有 16 项拟取消或下放的行政审批项目是依据有关法律设立的,国务院将依照法定程序提请全国人大常委会修订相关法律规定
2013 年 6 月	决定再取消和下放 32 项行政审批等事项
2013 年 7 月	印发《国务院关于取消和下放 50 项行政审批项目等事项的决定》(国发〔2013〕27 号),决定再取消和下放一批行政审批项目等共计 50 项:取消和下放 29 项,部分取消和下放 13 项,取消和下放评比达标项目 3 项,取消涉密事项 1 项(按规定另行通知);有 4 项拟取消和下放的行政审批项目是依据有关法律设立的,国务院将依照法定程序提请全国人大常委会修订相关法律规定
2013 年 9 月	修订政府核准投资项目目录;决定再取消和下放 95 项行政审批事项

续表

时间	主要措施
2013 年 11 月	印发《国务院关于取消和下放一批行政审批项目的决定》(国发〔2013〕44号),决定取消和下放 68 项行政审批项目(其中有 2 项保密项目按规定另行通知)。另建议取消和下放 7 项依据有关法律设立的行政审批项目,国务院将依照法定程序提请全国人大常委会修订相关法律规定
2013 年 12 月	对取消和下放的 125 项行政审批项目涉及的行政法规进行了清理,决定对 16 部行政法规的部分条款予以修改
2014 年 1 月	决定推出进一步深化行政审批制度改革三项措施。一是公开国务院各部门全部行政审批事项清单,推进进一步取消和下放,接受社会监督,切实防止边减边增、明减暗增,做到审批清单之外的事项,均由社会主体依法自行决定。二是清理并逐步取消各部门非行政许可审批事项。三是重点围绕生产经营领域,再取消和下放一批审批事项。发布《国务院关于取消和下放一批行政审批项目的决定》(国发〔2014〕5 号),再取消和下放 64 项行政审批项目和 18 个子项
2014 年 3 月	确定政府工作报告重点工作部门分工,并将简政放权、财税金融、国有企业、发展混合所有制经济、有序放宽市场准入五项改革作为今年改革的重点领域和关键环节
2014 年 4 月	印发《国务院关于清理国务院部门非行政许可审批事项的通知》(国发〔2014〕16 号),要求决定对各部门现有非行政许可审批事项进行清理,该取消的一律取消,该调整的坚决调整,最终将面向公民、法人或其他组织的非行政许可审批事项取消或依法调整为行政许可,将面向地方政府等方面的非行政许可审批事项取消或调整为政府内部审批事项,不再保留"非行政许可审批"这一审批类别。地方各级政府组织开展本级政府部门非行政许可审批事项清理工作
2014 年 6 月	确定进一步简政放权措施促进创业就业;取消和下放新一批共 52 项行政审批事情项
2014 年 8 月	为便利企业投资经营,再取消和下放 87 项"含金量"高的审批事项,其中取消 68 项
2014 年 12 月 12 日	确定新一批简政放权放管结合措施;部署推广上海自贸试验区试点经验加快制定完善负面清单
2015 年 3 月	提出加大简政放权、放管结合改革力度;再取消和下放一批行政审批事项,全部取消非行政许可审批,建立规范行政审批的管理制度。深化商事制度改革,进一步简化注册资本登记,逐步实现"三证合一",清理规范中介服务。制定市场准入负面清单,公布省级政府权力清单、责任清单,切实做到法无授权不可为、法定职责必须为。指出简政放权是政府的自我革命,削权是要触动利益的,它不是剪指甲,是割腕,忍痛也得下刀

续表

时间	主要措施
2015 年 5 月	公布《2015 年推进简政放权放管结合转变政府职能工作方案》,推进简政放权、放管结合和转变政府职能工作,从重数量向提高含金量转变,从"给群众端菜"向"让群众点菜"转变,从分头分级推进向纵横联动、协同并进转变,从减少审批向放权、监管、服务并重转变,统筹推进行政审批、投资审批、职业资格、收费管理、商事制度、教科文卫体等领域改革,着力解决跨领域、跨部门、跨层级的重大问题。继续取消含金量高的行政审批事项,彻底取消非行政许可审批类别,大力简化投资审批,实现"三证合一""一照一码",全面清理并取消一批收费项目和资质资格认定,出台一批规范行政权力运行、提高行政审批效率的制度和措施,推出一批创新监管、改进服务的举措
2015 年 5 月	决定在前期大幅减少部门非行政许可审批事项的基础上,再取消 49 项非行政许可审批事项,将 84 项非行政许可审批事项调整为政府内部审批事项。今后不再保留"非行政许可审批"这一审批类别(国发〔2015〕27 号)
2015 年 10 月	出台第一批清理规范的国务院部门行政审批中介服务事项目录共计 89 项,不再作为行政审批的受理条件(国发〔2015〕58 号)
2015 年 10 月	为深化商事制度改革,提出关于"先照后证"改革后加强事中事后监管的意见(国发〔2015〕62 号)
2015 年 11 月	召开常务会议,确定改进公共服务措施,以持续简政放权便利群众办事创业。一是全面梳理和公开各地区、各部门及相关中介、国有企事业单位公共服务目录清单,并动态调整。对服务事项逐项编制指南,列明流程、示范文本和时限等。二是简化办事程序,探索将部门分设的办事窗口整合为综合窗口,变"多头受理"为"一口受理"。三是加快推进各级政府间、部门间及国有企事业单位间涉及公共服务事项的信息互通共享、校验核对。依托"互联网+",促进办事部门相互衔接,变"群众来回跑"为"部门协同办",从源头避免"循环证明",最大限度便利群众。同时,在首批清理 2001 年到 2013 年国务院文件的基础上,对与现行法律法规不一致、已被新规定涵盖或替代、已过时的 489 件文件宣布失效

各地政府积极响应国务院有关行政审批改革的部署,取得显著成绩。

如山东省青岛市,到 2013 年 9 月,行政审批事项从 2008 年以来实施的 468 项减少了 158 项,市级审批事项保留 272 项,承接国家省下放审批事项 38 项,精简程度在全国同类城市处于领先水平。

浙江通过省级先动、省市县三级联动、纵横双向撬动,把审批制度改革推向深入。2013 年,浙江省省长李强指出,深化审批制度改革首先要省级先动。审批权限和时限要再清理、再压缩,打造全国审批事项最少、速度最快的效能政府;审批程序要再简化,推广合并审批、并联审批,全面清理前置审批、规范中介机构评估服务;服务要再强化,凡是重点项目都要实行全程代理制。其次,要实行三级联动,在省级取消、下放一批审批事项、管理权限的同时,市县一级也要取消一批、下放一批;审批制度改革不能仅仅停留在效能提升上,而是要纵向撬动政府职能转变,横向撬动经济社会等各领域的改革。政府要把主要精力放到充分激发民间活力、积极培育新的增长点、创造公平的竞争环境等方面。经济社会领域的体制改革,重点是推进要素配置市场化改革,打破城乡二元结构,促进社会公平。还要推进科技体制改革。通过各项改革,为全省经济转型升级提供强大的制度保障。

2013 年,北京市政府决定再取消和下放行政审批事项 246 项。其中,取消的 99 项审批事项,主要包括五类:一是投资项目的审批事项;二是涉及企事业单位、社会组织生产经营和业务活动的事项;三是涉及单位和个人资质资格许可认定的事项;四是评比达标事项;五是行政事业性收费事项。下放至区县政府及其部门的审批事项 147 项,主要是为了更好发挥区县政府积极性以及区县政府贴近基层、就近管理的优势。

(三)行政审批制度改革需要注意的问题

行政审批制度改革,要注意"明放暗不放"、避重就轻和官办协会担当"二政府"这三个问题。

"明放暗不放",即把审批制改为备案制、核准制等,实质上等同于变相的审批。避重就轻即把不太重要、不太关键的审批权下放,不放一些项目审批、投资审批、资质审批等关键审批权。"二政府"即把审批权转移给一些没有独立性的、依附于政府的协会手中,让没有独立性的官办协会发挥"二政府"作用,审批权"遥控"在政府手上。

李克强总理在 2013 年 11 月《在地方政府职能转变和机构改革会上的讲话》中指出,地方政府改革是整个政府改革的大头。在简政放权、取消和下放行政审批事项问题上,如果上动下不动、头转身不转,政府职能转变和机构改革就可能变成"假改""虚晃一枪";但受地方和部门利益影响,2013 年各地出现了一些"错放、空放、乱放"等现象。有的只下放复杂的、管理责任大的,"含金量"较高的仍然留在手中;有的放权有水分,动辄上百项,但"干货"不多。在改革过程中,各地不能打"小算盘""小九九",更不允许"走过场""变戏法",确保简政放权真正到位、见效。

他指出,地方政府职能转变要抓好"接、放、管"。接,就是把中央放给市场的权力接转放开,把中央下放给地方的职能接好管好;放,就是把本级该放的权力切实放下去、放到位;管,就是把地方该管的事情管起来、管到位。为了使地方政府更有力有效、就近就便进行经济社会管理,中央要把相应的权力下放给地方。放给省一级的,省里要接好管好;放给市县的,省一级要及时下放,不截留,不梗阻,市县一级也要接好管好。下放给市场、社会的权力,要放就要真正放到位。现在有一些社会组织还是政府管理的机构,如果把权力放给这些行政化的社会组织,就可能还是在政府内部"转圈",要切实防止这种现象。

另外,取消和下放行政审批事项,不光要看数量,还要看质量。今后省一级原则上不得新设行政审批事项。市县一级政府本来就不能设定行政审批,但存在不少以"红头文件"设定的管理事项,包括登记、备案、审定、年检、认证、监制、检查、鉴定以及这个证、那个证等。这些虽然不叫行政审批,但对企业来说都是"门槛",与审批没什么区别,而且多数是收费的。要实行最严格的行政审批"准入制",对于不符合法律规定、利用"红头文件"设定的管理、收费、罚款项目,要一律取消。

经济学家胡释之对行政审批制度改革问题,曾有一番至理名言,对我们很有启发意义。他说,一个真正成熟的社会,不会把老百姓当小孩,一定是相信每个人都是对自己利益的最好判断者,而不是别人,更不是政府。这也是施蒂格勒总结的所谓的芝加哥学派的信条:一个真正国力强大的国家、正常的市场经济国家,从来都是政府弱,社会强,而不是反的。而且你会发现经常有这么一种效应,就是你老把小孩当小孩看,那小孩永远都长不大,永远都很弱。

谈及2012年黑龙江气象局曾要对风能、太阳能的开发进行审批时,胡释之说,气象局本来是清水衙门,没有行政审批,没有租,他就自己来造租,在以前无须审批的领域来搞审批。审批权到底由谁来定,不是说行政部门自己想增加审批就增加,想减少审批就减少,而是得有另外的机构来对这种行为进行约束。首先人大要对行政部门提出的立法有严格的审批,甚至部门是不是有立法提出权也是存疑的。曾一度闹得很厉害的预算法修订就是个例子,本来预算法是要对财政部限权的,但因为是财政部在主导修订,修法反倒变成财政部扩权了。即便是人大批准了,法院也得行使起司法审查权。减少审批是真正的刺激经济的好方式。政府得认识到在发展经济方面政府的能力是很有限的,官员要自卑起来。把现在剩下的这1000多项含金量高的审批给废除掉,给取消掉,会对减少腐败、刺激经济有极大的作用。取消审批跟减少腐败的关系也是很明了的。腐败有时候真不是个道德问题。取消审批是从根源上遏制腐败。

三、宁波行政审批制度改革的成就与存在问题

（一）行政审批制度改革现状

宁波自 1999 年开始行政审批制度改革至 2015 年 5 月,大致经历了四个阶段。

一是削减审批事项、规范政府行为时期（1999—2006 年）。削减审批事项 825 项,近 64％。

二是深化服务型政府建设时期（2006—2010 年）。坚持"批管分离"的目标,推出行政审批职能归并改革,各行政审批职能部门按照"两集中、两到位"的要求,将审批职能向一个处室集中,并统一入驻行政审批服务中心。

三是标准化建设时期（2011—2013 年）。2010 年 5 月,宁波市政府下发了《推进行政审批服务标准化建设的实施意见》,宁波市级 42 个有审批职能的部门根据《行政审批事项办理指南编制规则》,编制完成并发布了 564 个行政审批事项、1028 个子项（除不经常发生暂时冻结的事项外）的办理指南。同时,文化娱乐业、汽车修理业、餐饮业、再生资源业、洗浴业、宾馆业等 6 个关系民生的行业联合审批标准也编制完成并发布。

四是进一步深化行政审批制度改革时期（2013 年起）。2013 年,国务院不断推进行政审批制度改革,浙江省也积极推进以"三张清单一张网"（政府权力清单、企业投资项目负面清单、财政专项资金管理清单和浙江政务服务网）工程为抓手的新一轮行政审批制度改革。宁波市下发了《宁波市人民政府关于深化行政审批制度改革的实施意见》,于 2014 年启动了新一轮的行政审批制度改革。到 2014 年 10 月,宁波市在网上公布首份权力清单,涉及 44 个市级部门 4189 项权力,分为行政许可、行政处罚、行政征收、行政裁决、行政奖励、非行政许可审批、行政强制、行政给付、行政确认及其他行政权力十大类别。到 2015 年 5 月,宁波市行政审批事项已经从 1999 年的 1289 项减少到 667 项。

（二）行政审批制度改革存在的问题

一是行政审批事项的调整、削减和下放仍有较大空间。

2014 年,中国行政体制改革研究会"行政改革蓝皮书"课题组发布了一项问卷调查结果,结果显示,有 58.92％的人认为行政审批制度改革的阻力

来自政府的"部门利益"。"权力部门化,部门特权化,特权利益化"这一链条难以破解,"触及利益比触及灵魂还难"是一个真实而清醒的判断,破除这种狭隘的部门利益观,遏制部门本位主义是当前深化行政审批制度改革需要啃的"硬骨头"。2015年4月,在李克强总理主持召开的经济形势座谈会上,著名财经作家吴晓波谈到"宁波企业家一半时间用来做生意,一半时间用来与政府部门打交道"。一些部门自觉不自觉地从本部门利益出发,存在着权力虚放的问题,表现为"放小不放大"、"放责不放权"、"放虚不放实、放内不放外"、下放的权力"含金量"不高等。

一些部门在调整、削减和下放行政审批权力的过程中,一边"瘦身",一边"增肥",利用"红头文件"以登记、备案、年检、监制、认定、审定以及准销证、准运证等形式变相设置审批事项。有的部门将权限下放一段时间后,又以审核、备案的形式将下放的权限变相收回。一些"暂行办法"在许可和处罚设定上缺少立法依据。一些部门通过设立扶持项目、评奖评优项目、命名挂牌项目等进行公共资源的政策性分配,而这类评选项目的设定实际上是隐性审批设定。

二是行政审批中心与各局委之间的关系有待厘清。

在行政审批制度改革中,凡具有审批职能的部门均按照"两集中、两到位"的要求入驻审批服务中心。行政审批服务中心通过一系列的制度设计规范审批事项的时限,提高审批人员的专业性和服务意识,在集中审批权限、方便公众等方面发挥了巨大作用。

要处理好行政审批中心与各局委之间的关系。将政府部门的行政审批事项从原部门剥离出来,集中到中心,中心成为执行审批的独立机构,各局委的职能如何体现,这个问题值得深入关注。在审批权力集中的过程中,要厘清入驻行政审批中心的处室、科室与所在局委的权责。

三是如何处理好审批与监管并重的问题。

目前,宁波市行政审批制度改革中重审批、轻监管的问题依然存在,往往前置审批后,后续监管与之脱节。简政放权不是一放了之,在放权的同时,要有配套的监管措施跟进。比如在交通运输领域,过去监管方式和手段单一,监管力量不足,尤其是在水路运输企业监管方面,配套规章制度仍未出台。随着"负面清单"制度建立,"非禁即入"的市场准入制度和"削减资质认定项目,由先证后照改为先照后证"的资质认定改革,给交通运输行业管理带来新的挑战,尤其给其监管职能带来压力。因此,在行政审批制度改革中,需要创新监管方式,强化事中、事后监管能力。

四、对宁波推进行政审批制度改革的思考

宁波行政审批制度改革已进入"深水区",当前要着重抓好以下几项工作。

(一)加大行政审批事项的调整、削减和下放力度

一方面,宁波市要承接落实好中央和浙江省下放的审批事项;另一方面,要最大程度依法、合理地加大行政审批事项的调整、削减和下放力度。

在承接审批权限方面,作为享有省一级经济管理权限的计划单列市,宁波市要梳理、落实好国家和浙江省下放的行政审批事项,确保权限下放配套到位。另外,要积极争取更多的省级审批管理权限,为宁波市经济社会发展赢得更大的统筹能力和调控空间。

在这方面,湖北省的经验值得借鉴。2011 年,湖北省为将武汉打造成为全国投资环境最好的城市,决定授予武汉市省一级的管理决策权限,对其释放所有省级政策空间,最终要实现湖北省和武汉市在政策机制和管理权限上的"省市一体"。湖北省指出,授权工作将由省委、省政府亲自负责,部门说了不算;相应的,武汉也不能按照全省的平均标准要求自己,要创造几何级数的发展,努力建设"国家中心城市"。

在"权力清单"梳理之前,宁波市把行政审批事项主要分为三类:行政许可审批、非行政许可审批和服务类事项。权力清单梳理后,又主要分为行政许可、行政处罚、非行政许可、行政确认等十大类别。为更好认识宁波市行政审批改革的现状,我们将宁波市权力清单与其他几个计划单列市与省会杭州市做了一个简单比较。情况见表 2-2。

表 2-2　一些城市政府行政权力(截至 2015 年 5 月底)　　(单位:项)

城市	行政审批	行政处罚	行政强制	行政征收	行政给付	行政裁决	行政确认	行政奖励	行政监督	其他行政权力	市级行政权力事项	行政指导
深圳	293	2725	504	57	33	8	166	—	304	1173	5326	63
宁波	402(行政许可 337、非行政许可 65)	1894	120	30	24	13	122	64	—	807	3327	—

续表

城市	行政审批	行政处罚	行政强制	行政征收	行政给付	行政裁决	行政确认	行政奖励	行政监督	其他行政权力	市级行政权力事项	行政指导
青岛	483(行政许可373、非行政许可110)	2214	147	35	69	7	196	33	380	385	3949	—
杭州	319(行政许可305、非行政许可14)	2224	121	36	11	12	75	12	—	623	3215	—

可见,单就目前所保留的行政审批事项数量而言,宁波要少于青岛而多于深圳、杭州。

在非行政许可审批制度改革方面,宁波还需继续努力。天津市政府通过的 2014 年版《天津市行政许可事项目录》,废止了 54 项非行政许可审批事项,彻底消除了非行政许可审批这个"灰色地带"。按照国务院要求,宁波要对各部门现有非行政许可审批事项进行清理,该取消的一律取消,该调整的坚决调整,最终将面向公民、法人或其他组织的非行政许可审批事项取消或依法调整为行政许可,将面向地方政府等方面的非行政许可审批事项取消或调整为政府内部审批事项,最终不再保留"非行政许可审批"。

宁波市要加大向区(县、市)下放行政审批权力的力度。在这方面,浙江省嘉兴市和温州市的做法值得借鉴。

2013 年 11 月,嘉兴市出台《行政审批层级一体化改革实施方案》,努力打造审批事项和层级最少、审批集中度和效率最高、审批流程和服务最优的地区。提出要推进行政审批层级一体化改革,全面下放市级审批权,减少审批层级,缩短审批链,探索建立市县(市、区)两级扁平化、一体化的新型审批制度。主要任务是市县一体、全面放权、转变职能、加强监管、优化流程、高效审批。当时,嘉兴市级审批事项共有 594 项,其中 93 项实现市县同权,而在此次改革中,除全市确需保留的需统筹协调、综合平衡的审批事项外,其他 457 项全部下放。嘉兴市同步出台了 7 个试行的配套制度,分别对行政审批事项下放运行、行政审批专用章使用管理、行政审批事项动态管理、过错责任追究、中介服务机构管理、保障改革试点顺利推进、改革后政府职能转变等予以规范明确。

《方案》指出,要按照"权责一致、重心下移、减少层级"的原则,凡是能够直接下放的审批事项直接下放县(市、区);凡是能够委托下放县(市、区)的审批事项就委托下放;凡是省级部门委托市级部门实施的审批事项,经省政府同意后由省级部门直接委托下放给县(市、区)。行政许可事项,对于明确规定由县级以上人民政府实施的必须下放。对于法律法规明确授权给县(市、区)的必须下放。依照法律、法规、规章的规定可以委托给县(市、区)的必须下放,由县(市、区)机关以委托机关的名义行使许可权。对于法律、法规、规章没有具体明确分级审批规定的必须下放。对于委托设区市实施的行政许可事项提请上级部门同意后,直接委托给县(市、区)实施。法律、法规、规章明确不能授权和委托的行政许可事项,可采用延伸机构、前移服务窗口的方式在县(市、区)设立专门的受理点(窗口),办理市级机关许可事项;条件暂不具备的,可以采用受理审核权与批准权分离、受理审核权下放的方式,并使用统一审批系统,实现网上审批,实施部门要提出事项审批的流转程序和方法,明确划分二级审批机关的审批时限,审批时限总和不得超过审批承诺时限,更不得要求申请人上下奔波和重复递件。非行政许可事项,原则上一律下放。市级机关认为确实无法下放的,必须提出充分理由,经批准后,可参照行政许可事项采用延伸机构、延伸服务窗口或审核权与批准权分离、审核权下放、网上审批的方式,方便企业和群众办事。市级部门委托下放的审批事项,可使用行政审批专用号章或套章打印等办法办理审批事项,要防止以备案、核准等名义进行变相审批。

在放权、承接的同时,市级部门和各县(市、区)要优化政府职能配置,在人员、机构、编制总量不增加的前提下,结合事权划分,加大职能归并整合力度,推进政府职能转变。尤其对规划、环保、公共安全等工作要进一步加大行政管理力度。按照权责一致原则,进一步明确权利、义务和监管责任,对下放的审批事项,各县(市、区)审批后要向市级部门备案,市级部门要进一步改进管理和服务方式,对市场主体从事前审批,转变为事中事后监管。另外,建立"超量叫停"县(市、区)审批制度,对能耗、污染物排放、建设用地等事项的审批,实行约束性指标总量调控下的放权,由市级部门根据全市约束性指标控制任务,限定各县(市、区)约束性指标控制总量,在控制总量范围内,由各县(市、区)自行审批和管理。

全面推进"两集中、两到位"(即审批事项向一个科室集中,审批科室向"中心"集中;审批部门进驻"中心"的人员到位,授权到位)改革,确保在中心既受理又能办理的审批事项达到90%。努力提高即办率。对于涉及多个部门审批的项目,统一编制包括政府审批、中介服务、法律公示的"全流程"审批事项运行图,在流程再造中优化审批程序,实现跨部门、跨层级"一窗受理、内部流转、并联审批"。

同时,注重管理重心下移,结合镇级管理需求和承接能力向镇级放权。

2014 年 12 月,温州市人民政府办公室印发《关于推行市县同权扁平化管理改革试点方案的通知》,决定为深化行政审批制度改革工作,加快推进政府简政放权,释放改革红利,优化发展环境,在永嘉县和温州高新区先行开展市县同权扁平化管理改革工作试点,在总结试点工作的基础上,再向全市推行。下放的事权范围是:市级政府及其具有行政审批职能的部门(含省属部门)目前所行使的行政审批事权均列入下放行政审批事权范围。下放的事权内容是:除需全市统筹协调和综合平衡的审批事项外,目前市级有审批权而县级没有的,均应下放给县级行使。2014 年 12 月,温州市向瓯江口产业集聚区(瓯江口新区)下放行政审批和管理事项 8 项,向浙南沿海先进装备产业集聚区(温州经济技术开发区)下放行政审批和管理事项 10 项;向市县同权扁平化改革试点区(永嘉县、温州高新区)下放行政审批和管理事项 21 项。

在进行行政审批制度改革时,要破除这样一个误区:审批制度改革就是下放权限,并规定下放权限硬性数量指标。下放审批权不能只注重数量减少,还要对为什么要下放、下放到什么程度、怎么下放进行深入研究。比如如何处理市与区(县市)之间的关系、如何处理市、区(县市)、强镇之间的关系,是当下行政审批制度改革的关键问题之一。在调研过程中,我们发现因人力、物力等不足,一些扩权的强镇深感承接能力有限,而一些热盼的行政管理权限尚没有下放。因此,建议要在下放权限之前,深入基层调研,以契合下级经济社会发展的实际需求。

(二)加强部门协调,推进整体性政府建设

美国的拉塞尔·M.林登在通用电气执行总裁杰克·韦尔奇"无界限组织"(boundary-less organization)这一概念的基础上提出"无缝隙政府"(seamless government)的概念。

无界限组织是对组织内部各部门之间原有界限的弱化,而非完全取消。它的优点是基于计算机网络化以更有效的形式使信息和资源在模糊的边界之间能够扩散,强调组织的速度、弹性、整合与创新。林登认为"无缝隙"要比"无界限"更能揭示新型组织的本质。无缝隙组织以一种新的思维方式和组织形式向传统的官僚制进行着改革。

整体性治理理论产生于 20 世纪 90 年代，目的是摆脱碎片化的困境，以期达到善治的效果。整体性治理在英国被称为"协同型政府"(joined-up government)或跨部门议题(cross-cutting issues)，在北美、欧洲被表达为"服务整合"(service integration)，在美国被表述为"合作政府"(collaboration government)，在澳大利亚被称为"整体政府"(whole of government)，在加拿大被称为"水平政府"(horizontal government)等。

整体性治理的主要思想是重新整合，包括逆部门化和碎片化、大部门式治理、重新政府化、压缩行政成本、重塑服务提供链、集中采购和专业化等。这在一些国家得到成功实践。英国的协同型政府很好地解决了英国政府"空心化"的局面。如今在英国的国家健康服务等公共服务中，协同、协调、整合的方法得到了普遍适用，克服了公共服务碎片化的弊端。澳大利亚政府的中央链接(centrelink)将来自 8 个联邦政府部门和各个州与地区政府的社会服务集结在同一个屋檐下，目的是向公民提供跨越各种服务的"一站式"服务。美国在联邦和州级安全防御领域展开联合行动，信息共享和机构合作能够更好地抵御恐怖分子的袭击和威胁。

无缝隙治理和整体性治理理念，对于我们思考行政审批制度创新具有重要的启发意义。

首先是克服部门壁垒。

行政审批过程不仅表现在同一部门内部的审批流转上，更多表现在多部门的审批流转。传统行政模式下，各行政部门在各自职能范围内追求最大的权力、最多的利益，这样容易造成部门碎片化，部门利益至上。即使削减、下放了行政许可项目，出于部门利益考虑，有时难免又会衍生出不少变相的审批权力，诞生出一批"红顶中介"；或者部门互为前置，难免出现政府自己审批自己的怪象。

为此，要借鉴无缝隙治理和整体性治理理念，建立制度化的部门协调、合作机制，打破部门之间、上下级之间的壁垒，真正实现审批的无缝隙连接，打造整体性政府。

在这方面，厦门市做了有益的探索。2014 年 11 月，国家发改委、国土部、环保部和住建部四部委联合下发《关于开展市县"多规合一"试点工作的通知》，提出在全国 28 个市县开展"多规合一"试点。其目的是强化政府空间管控能力，实现国土空间集约、高效、可持续利用，改革政府规划体制，建立统一衔接、功能互补、相互协调的空间规划体系。作为全国开展"多规合一"试点的 28 个市县之一的厦门市，开展"美丽厦门"战略规划，市区之间、各部门之间,充分沟通协调,化解分歧,把国民经济与社会发展规划、城乡建设规划、土地利用规划等合到一张图上,形成全新的、统一的城市空间格局。厦门市充分发挥"多规合一"统筹功能,通过应用平台建设,推进部门的规划信息资源共享和业务协同管理,各审批部门实现网上并联协同审批,审批信息实时共享,大幅缩减审批时间;审批事项申请实现了从现场报审、串联审批的"跑部门模式"到一表报审、并联审批的"走网路模式"的转变。这推动行政审批制度改革实现了重大突破,有助于消除部门各自为政,避免各种行政审批依据的混乱,优化了审批流程,提高了审批效率。

宁波市可以借鉴这一经验,加强部门协调,加大市级统筹力度,形成深化行政审批制度改革的整体合力。

其次是加强行政审批服务中心的职能定位。

目前,行政审批服务中心存在一定的问题:虽然它集中了许多政府工作机构,但多少都存在"人到权不到"的情况,离真正审批权限的集中还有一定的距离。比如一些重大事项的审批,相关部门的窗口人员依然向本部门领导汇报,层层审批,多头办理。在我们的调研过程中,一些区(县、市)行政服务中心负责人抱怨说手中无权,要求那些有权的部门放权。

因此,要进一步明确、加强各级行政服务中心的职能定位,坚持职责与职权相对等,理顺行政服务中心与进驻各部门之间的关系,通过审批权限的授权到位,提高入驻部门窗口现场办结率,打造最快审批速度。

(三)全面提升行政审批服务水平

一是实行"三个清单"管理模式。

通过实行权力清单制度,将政府行使的职能、权限,通过清单的方式列出来,明确政府权力的边界。在建立权力清单、公开审批事项目录的基础上,探索"负面清单"管理。十八届三中全会指出,实行统一的市场准入制度,在制定负面清单基础上,各类市场主体可依法平等进入清单之外的领域。"负面清单"管理模式体现了双向思维,凡是列入清单内的,要经过政府部门授权、审批后才能作为;负面清单之外的领域,各类市场主体都可以依法自由进入,体现了"法不禁止即自由、法无授权即禁止"的理念。责任清单坚持权责一致原则,明确部门必须承担哪些责任,划定部门之间的职责边界,有助于完善事中事后监管。通过建立三个清单,打造更加公开、公正、透明的政府与市场互动平台,通过制度的约束来管理好政府手中的权力,以法治的方式划定政府职能边界。

二是完善行政审批监管机制。

如何避免"一管就死、一放就乱"的尴尬，是行政审批制度改革必须面对的问题。不少职能部门认为，比严格审批更重要的是对市场的监管到位。行政审批制度改革中简政放权和强化监管是相辅相成的，在权限下放过程中，审批的分量逐渐减少，监管的压力逐步加大。因此，要强化政府责任意识，加强监管。政府部门要从重事前审批向重事中、事后监管转变，同时创新监管机制，由单一环节监管向全过程监管转变，将市场监管与日常管理结合起来，充分发挥政府、市场和公众个人在监管中的不同作用，特别要引导公众的参与，建立多元化的监管体系，加强审批程序控制和制度化监管。

三是进一步创新审批方式。

审批方式创新牵涉到各部门之间的利益协调，尤其是需要多部门、多环节审批的项目。要改变传统的以审批部门为中心的方式；要从申请人的角度出发，根据审批事项的特点，创新审批方式，尽可能简化政府部门内部的审批环节和层次，实现审批机制和流程的优化。具体而言，关注审批事项之间的相关性，梳理出不同审批事项之间的业务、权力和法律逻辑关系，加强各部门之间的信息资源共享，把分散于各相关审批单位的所有审批项目信息拢到一起，形成一个按项目成长过程和生命周期排列的比较完整的"项目档案"，对各要素进行合理的布局和安排，同时打破中间的梗阻和障碍，最终建立一个责任明晰、运作协调高效的审批机制。

2012年，深圳市进行行政审批制度改革，搭建了一个跨部门协同办理平台，即"太阳花"结构图，每一片花瓣代表一个审批部门，它既要向花中心的协同办理平台传递本部门的审批信息，同时也可从协同系统接收分办信息，并共享到其他部门的相关审批信息。各审批部门将各自的信息系统都接入到这个统一平台上。这样，所有信息聚集在此，涉及部门利益的核心数据也实现了公开与共享，较大程度地避免了部门之间相互隔离和掣肘问题，打通此前各部门之间的系统壁垒，真正实现了信息整合和共享，保证了审批链条系统数据与信息的流转顺畅，实现了审批链条整体效能的优化和提升。这一经验值得我们借鉴。

四是提升行政审批标准化、信息化水平。

行政审批标准化建设是提升审批效率和透明度的重要举措。宁波市行政审批标准化工作已经走在全国前列，今后要继续推进行政审批标准化体系建设。以浙江省政务服务网统一审批系统为载体，充分运用信息化手段，进行网上审批。同时结合联合审批等创新型审批方式，实行信息数据实时交换、共享,实现市级各部门之间以及市、县、镇三级网上联动审批,最大限度提高审批效率。切实发挥电子监察的作用,对网上审批全过程进行实时监管。

五是积极促进社会组织发展,使其有效承接政府转移事项。

行政审批制度改革的目的在于处理好政府—市场—社会之间的关系,发挥各自在公共治理中的应有作用。市场在资源配置中要起到决定性作用,政府的职责在于事中和事后的监管,社会要承接政府转移出来的职能。因此,政府要注重与社会组织的合作,积极培育社会组织,为社会组织的健康发展创造良好环境,避免出现社会组织无力承接政府转移职能的尴尬局面。

一些行政审批中的第三方即社会组织,仍与政府部门有着千丝万缕的联系,服务质量较差,收费较高,垄断性强。2013 年,浙江省人大财经委曾对2000 多家企业进行投资环境问卷调查。结果显示,企业感到最耗时的是中介服务,耗时程度由高到低依次为环评报告、消防审核、施工图设计、项目申请报告和施工图审查等,其中十多个项目的服务时限为 2 个月以上。据测算,中介服务时间约占项目全部审批服务时间的 60%～70%。因此,要规范行政审批第三方中介服务,摸清审批前置中介服务项目数量,清理没有法定依据的项目,对保留下来的项目实施目录化管理;打破部分中介机构的垄断经营,通过信用等级评价和动态考核等方式加强管理,引导中介服务机构健康有序发展。

第三章 垂直管理体制创新

　　党的十六大报告指出,要依法规范中央和地方的职能和权限,正确处理中央垂直管理部门和地方政府的关系。垂直管理是我国上下级管理体制中的一个重要现象,攸关上下级权限、责任之分,攸关如何既维护中央、上级权威,令行禁止,同时又调动地方、下级积极性这一重要问题。目前的垂直管理体制中还存在一些问题,如在一些领域地方保护主义问题较为突出,中央、上级权威受到影响,同时在一些领域中央、上级权力过于集中,不利于地方、下级充分发挥积极性。因此,垂直管理体制尚待完善,有给予充分关注的必要。

一、垂直管理体制概述

本节重点是介绍我国垂直管理体制的概况,以及对其总体评价。

(一)垂直管理体制介绍

　　我国目前垂直管理的类型较多。从垂直的主体来看,有政府与党委之分。从垂直的层级来看,有中央垂直管理、省垂直管理、市垂直管理之分。从垂直的组织形式来看,有实体性垂直管理、督办性垂直管理之分。从垂直的力度来看,有垂直管理与双重管理之分。

　　从党组织的层级系统来说,按照党章规定的党的民主集中制的基本原则,应该是下级组织服从上级组织,全党各个组织服从党的全国代表大会和中央委员会。各级地方党委既服从上级党委和党中央领导,又领导下级地方党委,以及同级和下级政府。

从行政的层级系统来说,我国是单一制国家,地方各级人民政府对本级人大和上一级政府负责并报告工作。全国地方各级人民政府都受国务院统一领导,国务院对全国地方政府是领导关系,地方政府对其下级政府是领导关系。另外,各级人民政府的各工作部门受人民政府统一领导,依照法律或者行政法规的规定,省级人民政府各工作部门受国务院主管部门的业务指导或者领导,县级人民政府的各工作部门受上级人民政府主管部门的业务指导或者领导。①

可见,各级地方政府工作部门,与其下级政府对应工作部门的关系大致分为两种情况:或是业务指导,或是领导。属于前者的,基本属于属地管理范畴;属于后者的,基本属于垂直管理或双重管理范畴。属地化管理即政府部门受地方党委、政府直接领导。而实行垂直管理的部门,则是直接由省级或者中央业务主管部门统筹管理其人、财、物、事的全部或某项。目前我国有 30 多个中央部门(包括部委管理的国家局)设有垂直管理机构,比例超过 1/3。

从垂直的层级来看,分为中央垂直管理、省垂直管理、市垂直管理等。

海关、国税、外汇、粮食、煤矿安全监察、地震、气象、测绘、出入境检验检疫、烟草、邮政、物资储备、海事、银行、证监、保监、银监、电监等工作是中央垂直管理;地税等工作则是省垂直管理。还有一些地方在一些工作领域推行市以下垂直管理。如 2004 年陕西第一个在全省范围基本推行市以下环保机构垂直管理,各县(市)环保局成为市环保局的直属机构,各市辖区环保局成为市环保局的派出机构;在干部管理方面,实行市环保局和县级政府双重管理并以市环保局为主;经费由市环保局统一管理。这一做法后来许多省效仿。还有一类垂直管理,即市级政府一些部门对所辖的区级政府对应部门的垂直管理。与市辖县相比较,市辖区常常有更多的工作领域被市级垂直管理,一般包括公安、规划、环保等部门,都成为市局的分局。

从垂直的组织形式来看,分为实体性垂直管理、督办性垂直管理。

实体性垂直管理基本特征是上下级设有对应机构。而审计署驻各地特派办、财政部驻各地财政监察专员办等,则是一些特殊的带有较强实体性垂直管理色彩的管理方式。近年来我国在一些领域推行督察制度,中央通过

---

① 《中华人民共和国地方各级人大和地方人民政府组织法》第四章。

巡视、检查来督察政令落实情况,这就产生了督办性垂直管理。2004 年国家对土地管理工作实行省以下垂直管理,将省以下的土地审批权限、人事权限统一集中到省级国土部门,希望对各级地方政府乱批土地、土地闲置等问题进行有力遏制。2006 年,为加大力度,国务院决定设立土地总督查办公室,并向地方派驻 9 个土地督查局,专司土地管理、督查、执法工作。这样,土地工作实行了实体性垂直与督办性垂直并存的管理模式。针对环保执法的困境,2006 年国家环保总局组建华东、华南、西北、西南、东北 5 个环境保护督察中心和上海、广东、四川、北方、东北、西北 6 个核与辐射安全监督站共 11 个地方派出执法监督机构,受国家环保总局直接管理,这也属于督办性垂直管理。

从垂直的力度来看,有垂直管理与双重管理之分。

双重管理又称半垂直,指的是既受上级业务部门管理,又受地方党委、政府管理,有主管、协管之分。目前实行双重管理的政府工作领域主要有公安、国家安全、监察等。关于双重管理部门干部的管理问题,1995 年《党政领导干部选拔任用工作暂行条例》规定:其考察,由主管方会同协管方进行;其任免,主管方须事先征求协管方的意见,进行酝酿。双方意见不一致时,正职的任免报上级党委组织部门协调;副职的任免由主管方决定。

对双重管理的认定,有时又不可单纯以干部的双重管理为标准,业务上同时受地方和上级部门乃至政府直接领导的,事实上也应该算是双重管理部门,如编制等。

现以公安、纪检监察、检察、统计、审计、编制等部门为例,介绍双重管理的情况。

公安工作:目前公安工作实行"统一领导、分级管理、条块结合、以块为主"的双重管理体制。根据 1995 年《人民警察法》,上下级公安机关在执法监督方面是领导指挥关系。而 2006 年《公安机关组织管理条例》规定:公安部在国务院领导下,主管全国的公安工作,是全国公安工作的领导、指挥机关。县级以上地方人民政府公安机关在本级人民政府领导下,负责本行政区域的公安工作,是本行政区域公安工作的领导、指挥机关。这是首次通过国家立法形式明确了上级公安机关对下级公安机关全面的领导指挥关系,即不仅是业务的,还包括队伍建设等。《条例》规定:县级以上地方人民政府公安机关正职领导职务的提名,应当事先征得上一级公安机关的同意。县级以上地方人民政府公安机关副职领导职务的任免,应当事先征求上一级公安机关的意见。这样,各级地方公安机关既受本级政府领导,又受上级公安机关和公安部的领导。

纪检监察工作:根据党章规定,党的地方各级纪委在同级党委和上级纪委双重领导下进行工作。各级纪委要把处理特别重要或复杂的案件中的问题和处理的结果,向同级党委报告;同时向上级纪委报告。上级纪委有权检查下级纪委的工作,并且有权批准和改变下级纪委对于案件所做的决定。如果决定已经得到它的同级党委的批准,这种改变必须经过它的上一级党的委员会批准。地方各级纪委如果对同级党委处理案件的决定有不同意见,可以请求上一级纪委予以复查。

检察工作:1978年《宪法》规定:最高人民检察院监督地方各级人民检察院的检察工作,上级人民检察院监督下级人民检察院的检察工作。这时的检查工作主要是受同级地方党委的领导,即带有属地管理的性质。1979年《人民检察院组织法》规定:地方各级人民检察院对本级人大和本级人大常务委员会负责并报告工作。最高人民检察院领导各级人民检察院的工作,上级人民检察院领导下级人民检察院的工作。这样,检察工作开始实行双重领导体制。地方各级检察机关的人事任免基本上由本级地方党委提名经本级人大及其常委会决定,但地方各级的检察长还需上一级检察机关的检察长提请该级人大常委会批准。

统计工作则既有调查队的中央垂直管理,又有统计行政部门的双重管理,还有一些工作的"下管一级"制度。

统计工作原来实行"统一领导、分级管理",各地统计行政部门归地方政府领导,国家统计局则对其业务进行领导,而调查队则委托地方统计行政部门管理。这时调查队、统计行政部门都属于双重管理。在2005年的两会上,国家统计局负责人曝光2004年各省区市上报的全年GDP与国家统计局公布的增速相比高出3.9%,引起强烈反响。为加强中央统计工作的权威性,确保统计数据真实可信,提高国民经济核算水平,实现集中管理、统筹调配力量,2005年国家改革统计管理体制:国家统计局直属的三支正司级调查总队升格为副部级的调查总队,组建国家统计局省(自治区、直辖市)调查总队31个,在副省级城市、市(地、州、盟)、县(市、区、旗)分别设立调查队15、318、887个。各地调查队的称谓也体现出中央垂直管理的意味,是国家统计局的派出机构,如四川的称"国家统计局四川调查总队",而不是"国家统计局四川省调查总队",而各级统计行政机关仍然是双重管理。各级调查队与同级统计局在业务上均受国家统计局领导,职能分工,各负其责,互相配合,信息共享。各级调查队独立组织完成国家统计局布置的调查任务,并向国家统计局独立上报结果。另外，根据规定，各省对一些重要经济数据如GDP、农业总产值、工业增加值、固定资产投资额、社会消费品零售总额、城镇居民可支配收入、农民收入、常住人口等统计指标实行下管一级，即各市上报的这些主要统计指标经省统计局审定反馈后，各市才能对外公布使用。[①]

审计工作：根据《中华人民共和国地方各级人大和地方人民政府组织法》，地方各级审计机关既对本级人民政府负责，又对上一级审计机关负责；可见审计工作带有双重管理的性质。另外，审计署驻各地特派办制度也体现出很强的双重管理的意味。

编制工作：目前实行"统一领导、分级管理"和下管一级的领导体制。2007年《地方各级人民政府机构设置和编制管理条例》规定：地方各级人民政府的机构编制工作，实行中央统一领导、地方分级管理的体制；地方各级人民政府行政机构的设立、撤销、合并或者变更规格、名称，由本级人民政府提出方案，经上一级人民政府机构编制管理机关审核后，报上一级人民政府批准；地方各级人民政府的行政编制总额，由省、自治区、直辖市人民政府提出，经国务院机构编制管理机关审核后，报国务院批准。

还有一些特殊的人事任免方面的双重管理。

一是县委书记实行省委任免管理与市委日常管理的双重管理体制。1983年我国实行干部分级管理、下管一级后，绝大多数省份将县委书记的选拔任用权下放到地市级党委（直辖市和海南省除外）。而到2009年，又有半数省把此项权力收归省委，以加强管理。2009年4月，中组部出台《关于加强县委书记队伍建设的若干规定》明确，县委书记的选拔任用，应按程序报经省级党委常委会议审议，各地要在上半年建立制度落实规定。同时明确要注意发挥市级党委在县委书记日常管理中的作用。中共中央组织部负责人指出，改革发展的关键时期，县一级的地位和作用日益重要，对县委书记的要求和管理，不能按一般的处级干部来对待。与此同时，对于县长也采取了类似的双重管理。

二是组织人事部门领导任免的特殊规定。鉴于组织人事部门工作的特殊重要性，许多地方对其领导干部的任免实行带有较强的双重管理色彩的

---

① 《国务院办公厅转发国家统计局关于改进地区GDP核算工作意见的通知》（国办发〔2004〕82号）、《国家统计局关于进一步改进地区GDP核算工作的规定（试行）》（国统字〔2005〕14号）。

"下管一级"制度,即下级党委组织部门、政府人事部门的领导任免,要分别征得上级对应部门的同意。

另外,2011年,广东省委组织部和省高级人民法院联合下发《关于加强和改进全省法院系统党建工作的意见》,在全国法院系统率先提出了法院党建"双重管理体系"的构想,即上级法院要加强对下级法院领导班子和党员队伍建设的领导和指导,在坚持党建工作以地方党委领导为主的基础上,加强法院系统自上而下的党建工作领导和指导,建立健全法院系统党建工作的双重管理体制,形成条块结合、上下联动、整体推进的法院党建工作格局。这是法院系统的首次双重管理体制,最高人民法院向全国法院转发了此《意见》,并要求各地法院借鉴广东法院的做法。后来,吉林、重庆等多个省市参照了广东这一模式。

(二)对垂直管理体制的整体评价

垂直管理体制是包括我国在内的当代许多国家广泛采用的一种组织形式。垂直管理作为我国上下级管理体制中的一个重要现象,攸关调动上级与下级两个积极性的重要问题。

新中国成立以来,国家一直探索中央与地方、上级与下级关系这一问题。1956年毛泽东在《论十大关系》的讲话中指出:"中央和地方的关系也是一个矛盾。解决这个矛盾,目前要注意的是,应当在巩固中央统一领导的前提下,扩大一点地方的权力,给地方更多的独立性,让地方办更多的事情。这对我们建设强大的社会主义国家比较有利。我们的国家这样大,人口这样多,情况这样复杂,有中央和地方两个积极性,比只有一个积极性好得多。""中央要注意发挥省市的积极性,省市也要注意发挥地、县、区、乡的积极性,都不能够框得太死。当然,也要告诉下面的同志哪些事必须统一,不能乱来。"①1958 年在成都会议上,毛泽东又指出:"向地方分权,有统一有分散,发展地方个性。"在 1966 年 3 月的一次谈话中他讲道:"中央只管虚,只管政策方针,不管实,或少管些实。"

垂直管理是上级加强统筹管理、宏观调控的重要决策手段,是上级应对地方保护主义、维护上级政府权威的必要措施。

近年来,垂直管理作为中央对地方、上级对下级进行调控的重要手段有不断被强化的趋势,履行经济管理和市场监管职能的部门常常纳入其中。因为随着改革开放不断深入,地方经济自主权不断增加,地方保护主义成为不容忽视的问题,地区分割、各自为政、中间梗阻,发生了一些中央的政策被不同程度地消解的问题。加强宏观调控,破除地方保护,是垂直管理最直接的目标。

1998、1999 年国家先后实行省以下工商行政管理部门、质量技术监督系

---

① 《论十大关系》还说:"要发展社会主义建设,就必须发挥地方的积极性。中央要巩固,就要注意地方的利益。""现在几十只手插到地方,使地方的事情不好办。立了一个部就要革命,要革命就要下命令。各部不好向省委、省人民委员会下命令,就同省、市的厅局联成一线,天天给厅局下命令。这些命令虽然党中央不知道,国务院不知道,但都说是中央来的,给地方压力很大。表报之多,闹得泛滥成灾。这种情况,必须纠正。""我们要提倡同地方商量办事的作风。党中央办事,总是同地方商量,不同地方商量从来不冒下命令。在这方面,希望中央各部好好注意,凡是同地方有关的事情,都要先同地方商量,商量好了再下命令。""中央的部门可以分成两类。有一类,它们的领导可以一直管到企业,它们设在地方的管理机构和企业由地方进行监督;有一类,它们的任务是提出指导方针,制定工作规划,事情要靠地方办,要由地方去处理。""处理好中央和地方的关系,这对于我们这样的大国大党是一个十分重要的问题。这个问题,有些资本主义国家也是很注意的。它们的制度和我们的制度根本不同,但是它们发展的经验,还是值得我们研究。拿我们自己的经验说,我们建国初期实行的那种大区制度,当时有必要,但是也有缺点,后来的高饶反党联盟,就多少利用了这个缺点。以后决定取消大区,各省直属中央,也是正确的。但是由此走到取消地方的必要的独立性,结果也不那么好。我们的宪法规定,立法权集中在中央。但是在不违背中央方针的条件下,按照情况和工作需要,地方可以搞章程、条例、办法,宪法并没有约束。我们要统一,也要特殊。为了建设一个强大的社会主义国家,必须有中央的强有力的统一领导,必须有全国的统一计划和统一纪律,破坏这种必要的统一,是不允许的。同时,又必须充分发挥地方的积极性,各地都要有适合当地情况的特殊。这种特殊不是高岗的那种特殊,而是为了整体利益,为了加强全国统一所必要的特殊。""总之,可以和应当统一的,必须统一,不可以和不应当统一的,不能强求统一。正当的独立性,正当的权利,省、市、地、县、区、乡都应当有,都应当争。这种从全国整体利益出发的争权,不是从本位利益出发的争权,不能叫做地方主义,不能叫做闹独立性。"

统的垂直管理,这对打破地方保护、形成全国统一市场、促进社会主义市场经济健康发展起到积极作用。地方对"土地财政"的过度依赖,会导致过度消耗耕地资源、经济结构失衡等诸多威胁,于是,2004年国家实行省以下土地垂直管理体制。鉴于土地违法屡禁不止,2006年国家又实行土地督察制度,建立中央一级的土地督察式垂直管理体系。2004年陕西率先实行市以下环保工作的垂直管理,起因是2001年陕西旬阳县多个小铅锌选矿厂违法排污,废水严重污染汉江水域,旬阳县政府袒护违法企业、县环保局执法不力等问题被揭露。为冲破地方保护主义的干扰,确保环保部门独立行使执法权,陕西省才厉行此制。

另一方面,在推行垂直管理的同时,还要进行政府层级管理体制改革,注重放权,体现了收放结合的整体思路。

目前的垂直管理,也产生一个值得关注的问题:在某种程度上使得下级、基层政府职能残缺不全,权责不对称,创造性、积极性受到压制,地方政府统筹协调能力削弱,常出现"条块"关系紧张的现象,行政效率降低。有的地方官员抱怨,垂直管理使得下级政府像个收发室,人权、事权、财权缺失,权责不对称,"中央点菜、地方埋单",也显示出对下级政府的不信任。

为解决政府管理层级过多的体制性问题,减少行政成本,提高行政效率,一是要减少政府层级数量,二是要减少某些事项的管理层级。后者就是上级政府把某些管理权限下放到下级政府,方式多种多样,如举办经济特区、各类开放城市、开放区和开发区;确定全国经济体制改革试点城市与综合配套改革试点城市;确定计划单列市、副省级城市、较大的市;赋予设区的市地方立法权;行政区划调整:建立新的省(直辖市)、地级市直辖乡镇(街道)、撤县(市)设区等;扩权强县、省直管县和扩权强镇;而实施一系列作为国家战略的区域规划(意见)、兴办新区和各种试验区等,都有赋予更多的经济管理权限、减少管理层级、允许在行政管理体制(包括政府层级管理体制)改革方面先行先试的内容。

还有,近年来中央和各级政府进行的行政审批制度改革,其中就有行政审批权力的下放。可见,在推行垂直管理的同时,还要进行政府自身的简政、向下级的放权、向社会的还权或曰让权,体现出收放结合的整体思路。

二、完善垂直管理体制应遵循的原则

为进一步规范垂直管理工作,规范上下级关系,需要做一些深入思考。

(一)设置合理的垂直管理体系

首先要合理划分上下级权限,调动两个积极性。

关于如何处理好上下级关系,新中国成立后我国进行了积极探索。邓小平指出:"权力要下放,解决中央和地方的关系,同时地方各级也都有一个权力下放问题。"同时,他反复强调要维护中央的权威。他说:"中央必须保证某些集中。""宏观管理要体现在中央说话能够算数。……过去我们是穷管,现在不同了,……现在中央说话,中央行使权力是在大的问题上,在方向问题上。"江泽民指出:"要建立健全宏观调控体系,合理划分中央与地方的职责权限,……该下放的权力一定要下放,该加强的职能一定要加强,真正做到微观放开放活,宏观管住管好,这才是转变职能的完整内涵。"

关于中央与地方、上级政府与下级政府之间的事权划分问题,发达国家多以法律的形式予以确定,详细规定了地方政府权限,使其行政行为有法可依,中央与地方的权限也有相对固定的法律界限。我国也应该推进有关中央与地方关系的立法进程,按照功能互补、互惠合作的原则,实现中央与地方权限划分的具体化、法制化,构建和谐、良性的府际关系。

在合理划分上下级权限的基础上,要设置合理的垂直管理体系,加强对垂直部门的管理。根据政府间职能划分,需要中央政府在各级实行统筹管理的职能,实行垂直管理;基本属于地方政府的职能,则由地方政府治理:以此合理设置垂直管理体系。为此,首先要建立全国性的公共财政体系,理顺政府间的收支关系,建立和健全转移支付制度。

目前,我国有些不该垂直管理的领域实行了垂直管理,有些该垂直管理的领域却没有实行。在国际上,单一制国家的政府事务大多数属于共管事务,政府垂直管理大多是督办性的;我国则相反,如工商、质监等工作,应属各级政府的共管事务,可考虑由现在的省级以下实体性垂直管理改为分级管理与督办性垂直管理相结合的体制。还有,一些政府部门职能范围较宽,可考虑将执行性、监督性的机构从部门中分解出来,单独设立垂直管理的执法、监管体系。

以目前的养老保险、医疗保险来说，实现省级乃至全国统筹，实行中央直接管理是符合广大群众利益的。目前，各地都在朝着统筹医保的方向努力。2012年年底，广东决定推广深圳、东莞、中山等市做法，全面建立统筹城乡的基本医疗保险制度，将职工医保、居民医保和新农合"三网合一"，实现医疗保障公共服务均等化，所有人平等参保缴费，享受同等医保待遇，实现医保关系顺畅转移和异地就医即时结算，这属于业务领域的全省垂直管理和全省统筹。

随着2015年10月上海市宣布将于2016年实施《上海市城乡居民基本医疗保险办法》，宣布城乡居民医保并轨的省区市已达八个，即天津、青海、山东、重庆、广东、宁夏、浙江和上海，另外还有新疆建设兵团。其他省（区、市）的部分县市也展开了这样的实践。如江西南昌市将从2016年起基本实行"保障范围和项目统一、筹资标准统一、待遇水平统一、经办流程统一、基金管理统一、网络信息系统统一"的城乡居民基本医疗保险制度。制度并轨后，不属于城镇职工基本医疗保险参保范围的城乡居民，包括农村居民、城镇非农业居民等，均可参加居民基本医疗保险，统筹地区内实行统一的城乡居民医保政策，实现统一的管理部门、筹资标准和信息系统。2015年12月，中央全面深化改革领导小组第十九次会议审议通过了《关于整合城乡居民基本医疗保险制度的意见》，指出，城镇居民基本医疗保险和新型农村合作医疗两项制度要从统一覆盖范围、统一筹资政策、统一保障待遇、统一医保目录、统一定点管理、统一基金管理等方面进行整合。

陕西省较早实行全省养老保险经办机构垂直管理，是一项很有意义的探索。为保证养老保险政策的统一性，从2000年11月开始，陕西省在全国率先对各级养老保险经办机构实行省级垂直管理，做到六个统一：统一政策，统一费率，统一统筹项目，统一缴拨方式，统一调剂使用基金，经办机构统一垂直管理；提出确保发放的"三不承诺"：不欠一分，不拖一天，不漏一人。2003年，陕西省政府颁发《关于加强基本养老保险费征缴工作的通知》，规定：基本养老保险费征缴、清欠实行各级政府负责制。省财政、劳动、地税部门拟定征收、清欠计划，由省政府下达给各级政府，与各市政府负责人签订目标责任书，与各地政府主要领导人工作成绩、奖励晋升挂钩，未完成任务的地方通过转移支付方式从地方财政扣减。2010年7月，陕西省政府又建立省、市、县各级政府基本养老保险责任分担机制，将基本养老保险基金征缴和清欠任务完成情况纳入市、县政府责任目标考核，实行奖惩。

"陕西模式"取得了显著成绩。陕西在短时间内完善了省级统筹制度，形成了"两级管理、三级服务、市级直发、省级负责"的运行新机制，提高了工作效率和透明度。省级统筹使养老保险关系在全省的可携带性成为现实；劳动者流动时只转劳动保险关系，不转基金，关系接续方便，这就为打破区域壁垒，统筹城乡发展，构建全省统一的人力资源市场，促使人力资源合理流动创造了良好的条件。省级统筹，基金统收统支、收支两条线，还使基金调度使用功能和保障作用得到了最大限度的发挥，解决了市、县（区市）的基金结构矛盾，解决了差额缴拨、协议缴费、随意减免养老保险费等违规、违纪问题，改变了以前属地管理时的条块分割、政出多门、职责不清、工作推诿、基金调剂无力的状况。陕西省养老保险基金收支赤字也逐渐缩小，2010年基金收入首次突破百亿元大关，创历史新高，得到劳动和社会保障部的充分肯定。

同时要加强对垂直部门的管理监督。一方面，一些垂直管理部门在业务工作、后勤保障等方面仍有赖于地方，地方党委、政府又多对其工作有"协调"的权力，这使得垂直部门有时仍易受地方左右。但另一方面，许多垂直管理部门自成体系，封闭运行，外部监督难以介入，上级监督不能到位，滥用权力和腐败案件时常发生。如2007年国家药监局原局长郑筱萸因为贪污受贿被处极刑；2012年国家药监局再曝腐败"窝案"，被称为国家药监局的"第二次地震"。为此，要积极探索对垂直部门实行有效管理监督的方式。

（二）设置科学的干部考评体系

要转变政府职能，实施科学的干部考评体系。

切实转变政府职能是规范垂直管理工作的基本前提。要以科学发展观为指导，创新政府管理，履行好政府经济调节、市场监管、社会管理、公共服务的基本职能。加快推进政企分开、政资分开、政事分开、政府与市场中介组织分开，更好发挥市场在资源配置中的基础性作用，发挥社会组织、社区组织的管理作用；减少和规范行政审批，减少政府对微观经济运行的干预。

许多垂直管理是针对地方保护主义而来的。但地方保护主义产生的一个主要原因，就是地方干部考评体系还没有完全符合科学发展观的要求，仍然过分看重GDP等政绩。2007年由国家环保总局和国家统计局联合组成的绿色GDP项目研究组宣布，2005年度国家绿色GDP报告的发布将无限期推迟。绿色GDP即扣除环境资源成本，这是直接给政绩指标GDP做减法，绿色GDP没有获得地方政府的普遍支持，不少省份提出退出统计。而只有把绿色 GDP 或"正向生产总值"、NDP(即扣除生产资本的消耗后得到的净国内生产总值)等纳入干部考核,构建科学的考评体系,才能促进发展方式转变,实现经济社会可持续发展。

可见,就环境保护而言,构建科学的干部考评体系应该远比实行环保部门的垂直管理效果更好。

(三)扁平化与扩大下级、基层自主权

我们要把垂直管理与权力下放统筹考虑,不可偏废,当收则收,当放则放。要在积极推行扩权强县、省直管县、扩权强镇的工作过程中,合理调整上下级政府权责关系,进行垂直管理体制创新。同时,积极推进行政审批制度改革,坚持加大行政审批权力削减、调整和下放的力度,确立合理分权、权责相应的原则,凡是下级(或再下级)政府能够自主决定、自行审批,有利于促进发展的行政审批权限,能下放的就应该下放。上级部门要转变职能,主要承担对下级部门指导、监督和服务的责任。

2011 年,国务院调整省级以下工商质监行政管理体制。指出,工商、质监部门是食品安全监管的重要部门,两部门实行省级以下垂直管理体制以来,在打破市场封锁、建立和完善现代市场体系、加强食品安全监管等方面发挥了重要作用。随着形势的发展变化,特别是 2009 年《食品安全法》公布实施以及食品药品监管机构由省级以下垂直管理调整为分级管理后,工商、质监部门仍实行省级以下垂直管理,已不能适应新形势下市、县政府统一领导本行政区域食品安全监管工作的需要。为此,有必要对现行工商、质监省级以下垂直管理体制进行调整。这对于进一步理顺权责关系,保障地方各级政府依照食品安全法律法规履行监管职责,从体制上解决目前食品安全监管中存在的突出问题,具有重要意义。调整工商、质监行政管理体制的总体要求是:按照精简、统一、效能的原则,强化地方政府责任,理顺权责关系,完善监管体制,提高监管水平。主要内容是:将工商、质监省级以下垂直管理改为地方政府分级管理体制。业务接受上级工商、质监部门的指导和监督。领导干部实行双重管理、以地方管理为主。其行政编制分别纳入市、县行政编制总额,所属技术机构的人员编制、领导职数,由市、县两级机构编制部门管理。①

---

① 《关于调整省级以下工商质监行政管理体制加强食品安全监管有关问题的通知》(国办发〔2011〕48 号)。

　　十八届三中全会《中共中央关于全面深化改革若干重大问题的决定》，有许多有关垂直管理的内容。

　　一是关于行政执法权责。《决定》说："深化行政执法体制改革。整合执法主体，相对集中执法权，推进综合执法，着力解决权责交叉、多头执法问题，建立权责统一、权威高效的行政执法体制。减少行政执法层级，加强食品药品、安全生产、环境保护、劳动保障、海域海岛等重点领域基层执法力量。"

　　二是司法体制改革。《决定》说："确保依法独立公正行使审判权检察权。改革司法管理体制，推动省以下地方法院、检察院人财物统一管理，探索建立与行政区划适当分离的司法管辖制度，保证国家法律统一正确实施。"

　　三是纪检工作。《决定》说："推动党的纪律检查工作双重领导体制具体化、程序化、制度化，强化上级纪委对下级纪委的领导。查办腐败案件以上级纪委领导为主，线索处置和案件查办在向同级党委报告的同时必须向上级纪委报告。各级纪委书记、副书记的提名和考察以上级纪委会同组织部门为主。"

　　这些都是结合新的形势对垂直管理体制变革进行的探索。

三、宁波垂直管理体制的现状与问题

(一)垂直管理体制的现状

　　宁波市是副省级市、计划单列市和较大的市。

　　较大的市的渊源有二。一是经国务院专门批准的"较大的市"，曾共有19个，即 1984 年批准唐山、大同、包头、大连、鞍山、抚顺、吉林、齐齐哈尔、青岛、无锡、淮南、洛阳、重庆市，1988 年批准宁波市，1992 年批准淄博、邯郸、本溪市，1993 年批准苏州、徐州市。二是《立法法》规定，"较大的市"包括省(自治区)人民政府所在地的市、经济特区所在地的市、经国务院批准的"较大的市"；目前共有 49 个：省会城市 27 个、经济特区城市 4 个、国务院先后四次批准的 18 个(重庆于 1997 年 3 月升格为直辖市)。"较大的市"人大及其常委会可以制定地方性法规，本级政府可以制定地方性规章，这就意味着被赋予更多、更大的管理权限。

　　我国对省辖大城市的计划单列,在 20 世纪五六十年代曾实行过两次,都是不久便取消。1983 年中央批准重庆实行计划单列,后来推及广州、深圳、沈阳、南京、武汉、哈尔滨、西安、大连、青岛、厦门、宁波、成都、长春。中央赋予其省一级的经济管理权力,财政计划单列;同时仍是省辖市,继续接受省的行政领导。

　　1994 年,中央将上述计划单列市和杭州、济南确定为副省级市,其中深圳、大连、青岛、厦门、宁波、重庆继续计划单列;其他原来实行计划单列而被取消的,原来赋予的权限原则上暂不改变;杭州、济南市权限需要调整变动的,由所在省和中央有关部门协商后确定。1997 年重庆直辖后,计划单列市变成 5 个,即深圳、大连、青岛、厦门、宁波;副省级城市变成 15 个,即深圳、大连、青岛、厦门、宁波、广州、沈阳、南京、武汉、哈尔滨、西安、成都、长春、杭州、济南。

　　值得一提的是,还有一些县级市被批准为计划单列市。如贵州省遵义市于 1949 年设市,后由遵义专区(地区行政公署)代管,1984 年省政府批准为经济计划单列市。1997 年地级遵义市成立,计划单列的县级遵义市变成遵义市的中心城区——红花岗区,不再计划单列。

　　目前,列入宁波市级政府工作部门的有 40 个(含市政府办公厅,挂市政府研究室牌子),其中公安局、监察局(与纪律检查委员会机关合署办公,列入政府部门序列,不计政府机构个数)、国土资源局、环境保护局、统计局、市场监督管理局(挂工商行政管理局、食品药品监督管理局、食品安全委员会办公室牌子)、质量技术监督局等,都因领导干部任用权限、业务工作等因素带有不同程度的垂直管理的色彩,而市级政府工作部门之外的海关、国税、民航、外汇、气象、测绘、出入境检验检疫、烟草、邮政、物资储备、海事、银行、证监、保监、银监、电监等工作机构,则是属于垂直管理。可见,市级工作机构中垂直管理和双重管理或带有不同程度垂直管理色彩的,比重较大。至于区级,因为公安、规划等不少部门都成了市级部门的分局,所以,区级工作部门中,属于垂直管理、双重管理或带有垂直管理色彩的,比重则更大。县(市)级工作部门中,属于垂直管理、双重管理或带有垂直管理色彩的,比重比区级小些,但比市级也要大。

　　宁波垂直管理部门基本上都在地方经济社会发展中发挥着某一方面的重要作用,处于举足轻重的地位。垂直部门的领域大致可分为这样几类:第一类是上下业务性较强、需要宁波市统一安排管理的领域,以及根据政企分开原则,完全属于企业自主经营性质的部门单位,如海关、邮政等;第二类是具有双重性质即既有企业自主经营性质、又保留了政府调控管理职能的部门单位,如烟草、金融系统等;第三类是原实行"以块为主、条块结合"的部门单位,后来归上级条条垂直管理,如国税等;第四类是双重管理或上级政府的直属、分设机构。可以把它们统称为广泛意义上的垂直机构或带有垂直管理色彩的机构。

宁波垂直管理部门大多能以服务当地经济社会发展为己任,围绕区域经济社会发展大局,在依法行政和服务企业、服务社会等方面做出积极贡献。

(二)垂直管理体制存在的问题

首先,垂直管理部门与地方政府两者之间工作的协调性有待加强。一些地方政府有时偏重于从地方发展的角度思考问题。如 2004 年宁波国土资源垂直管理的改革工作中,区(县市)地方政府将失去批地的权力,于是区(县市)趁垂直管理之前纷纷不遗余力推地,让土地出让的收入全部流入区县财政,导致改革前期房地产开发用地的推出速度比以往快了三四倍,有关工业性建设用地也进行放量供应。还有,垂直管理部门的工作人员在子女上学、土地、水电等方面也离不开当地政府,要想在当地顺利开展工作,没有地方政府的支持,几乎寸步难行。尽管实行了垂直管理,也不敢过于得罪地方,在具体的执法行为上对地方政府有一定的顾忌,有些问题容易"大事化小、小事化了"。一些垂直部门的工作有时也出现与地方行政体制改革、经济社会发展大局不合拍、不协调的现象。

其次,垂直管理部门的服务意识有待加强。一些垂直部门把实行垂直管理的目的简单理解为集中统一、加强控制、严格管理。在实际工作中,强化了统一,忽略了效率;强化了控制,忽略了发展;强化了管理,忽略了服务。如企业和群众反映的"门好进了、脸好看了、事情仍然难办"的情况依然存在。一些垂直管理部门由于长期以来的"强势"地位,少数工作人员养成了"骄气""官气",服务意识不强。一些企业反映不能及时准确掌握垂直管理单位的政策变化,许多企业因为非主观违规而受到处罚。垂直部门的行政审批制度改革尚需加大力度,个别收费项目存在不透明或收费过高等现象。行政审批的电子化程度、网上审批监管力度等尚需加强。

最后,垂直管理部门监督机制有待于进一步创新。目前,对一些区(县市)分局的监管主要由市政府其主管部门负责。但是,由于分局的工作主要在区(县市),市政府主管部门的监督难免鞭长莫及,流于形式。而地方政府对垂直部门的经常性权力监督的效力往往存在不足。这导致区(县市)垂直部门、分局机构违法违纪的现象频发。

四、对宁波垂直管理体制创新的思考

(一)收放结合,设置合理的垂直管理体系

垂直管理的一个副产品,是下级地方政府不再是完整意义上的一级政府,职能削弱,也影响其积极性和责任心。如在前些年的安徽"阜阳毒奶粉事件"中,曾有地方政府官员指出,负有食品安全监管职责的食监、质监、工商等部门都实行垂直管理,一旦出现问题,地方政府却要负总责,这对地方政府是不公平的。

要从行政职权划分的角度,合理界定哪些属于上级事务、哪些属于下级事务,要推进有关中央与地方、上级与下级关系的立法进程,按照功能互补、互惠合作的原则,实现中央与地方、上级与下级关系权限划分的具体化、法制化,构建和谐、良性的府际关系。在此基础上,合理设置垂直管理体系,推行扁平化治理,扩大下级、基层政府的自主权。

在这方面,国外的一些经验值得借鉴。美国、德国、法国、英国、日本等设立的垂直管理机构职能明确,并与地方政府形成分工协作关系,法制化程度较高,多以法律的形式确定中央与地方、上级政府与下级政府之间的事权划分,详细规定地方政府权限,如:英国的《地方政府法》(1972),法国的《关于市镇、省和大区的权利和自由法》(1982)、《关于市镇、省、大区和国家权限划分法》(1983)《地方政府服务法》(1984),西班牙的《地方政府法》(1985),葡萄牙的《地方政府法》(1977),丹麦的《地方政府法》(1968年制定、1995年修改)以及瑞典的《地方政府法》(1992)、芬兰的《地方政府法》(1995)等。

(二)借鉴外地经验,积极探索创新

在垂直管理体制创新这一问题上,地方各级政府也不应完全被动,可以积极尝试创新。在垂直管理体制创新中,不少地方卓有成效,主要的特征是垂直部门的属地化,具体包括领导干部的地方主管甚至协管、加大地方协调力度、不得把垂直管理自行延伸、党的关系属地化、考评属地化,以至彻底属地化等。

早在2002年,安徽省就积极探索完善省以下垂直管理部门地方党委协管机制。省垂直管理部门在县级延伸机构领导干部的任免上,应当事先征

求地方党委、政府的意见,进行充分酝酿;明确垂直管理部门要加强与所在地的协调、配合。

2006年,湖北省规定,党中央、国务院或中央部门规定仅对省一级党委和政府部门实行干部双重管理,而未对省以下做出明确规定的,省级部门原则上不得延伸到市(州)、县(市、区),已延伸的一般应予取消。对于实行垂直管理的部门,凡中央没有明确规定的,其党的关系都应实行属地管理。

2009年,山东省规定,省垂直管理部门在县级延伸机构统一纳入县级党委政府的评议考核范围。

2009年,广东省出台《富县强镇事权改革的指导意见》,规定按照"权责一致、重心下移、减少层次"的原则,依法将部分经济社会管理权下放给县级。对于"条块关系",《意见》指出,要健全垂直管理部门地方监督考评机制,对垂直管理部门领导班子及其成员的考核评价,所在县的意见应作为重要依据;对垂直管理部门领导班子成员的任免,上级主管部门党组要事先征求所在县党委的意见。上级主管部门向垂直管理部门下达工作指标任务时,应加强与县级政府的协调。积极推动将部分垂直管理部门委托或改为县级管理。

同年9月,广东省佛山市顺德区推行以党政联动为主要特征的大部门体制改革,统筹区委、区政府机构设置,对职能相同、相近、相关部门的机构进行整合,全区原有的41个党政机构精简为16个。同时,顺德区对原属省、市垂直管理的工商、地税等9个部门进行属地化改革。具体为:省垂直管理机构中,区食品药品监督管理局、工商行政管理局、质量技术监督管理局整合相关职责划入区市场安全监管局;区地方税务局整合入区财税局。市垂直管理机构中,市规划局顺德分局整合入区发展规划和统计局;市公安局顺德分局更名为顺德区公安局;市社会保障基金管理局顺德分局更名为顺德区社会保险基金管理局,由区人力资源和社会保障局归口联系;市国土资源局顺德分局整合入区国土城建和水利局。后来,佛山市其他四区(禅城区、南海区、三水区、高明区)的机构改革也基本采取了顺德模式:市垂直管理的国土、规划、社保基金等机构纳入区大部门制改革;只是省垂直管理的地税、工商、质监等部门暂时维持现体制不变;另有区公安分局维持分局体制和名称不变,单独设置,仍是市公安局的派出机构。2010年,广东在全省25个县(市、区)推广这一佛山模式;2012年又在全省推广。

2010年,广东省佛山市顺德区的10个镇(街)获得县级管理权限,首要任务是建立完善区、镇(街)两级的责权划分体制。其中,原由区垂直管理的镇

(街)规划管理所业务窗口、国土城建管理所、司法所调整为镇政府(街道办事处)管理,编制和人员纳入镇(街)管理。区环境运输和城市管理局镇(街)分局、区市场安全监管局镇(街)分局实行双重管理体制,以镇(街)领导为主。

2011 年,安徽省确定选择宣城市广德县和安庆市宿松县开展省直管县体制改革试点,也提出"垂直部门属地化管理",工商、地税、质监等部门设在试点县的管理机构,由当时的省以下垂直管理调整为由试点县党委、政府管理,业务上接受省级主管部门的指导;国土资源部门的干部改由县委管理。

浙江省和宁波市在这方面也有积极的探索。

2007 年,浙江省政府下发《关于加快推进中心镇培育工程的若干意见》,指出要理顺中心镇条块关系,垂直部门派驻中心镇机构的主要领导干部的考核纳入中心镇考核体系,主要领导干部任免须事先征求当地党委意见。2010 年年底,浙江省发布《浙江省人民政府办公厅关于开展小城市培育试点的通知》,在保持镇级建制不变、符合法律法规的前提下,赋予全省 27 个试点镇与县(市)级政府基本相同的经济管理权限,包括土地使用权、财政支配权、行政审批权和公共事务管理权,打破试点镇在管理权限上的桎梏。明确县(市、区)政府部门派驻试点镇的机构,业务上接受上级职能部门的指导,日常管理以试点镇为主,其负责人的任用、调整及工作人员的调动,应书面征得试点镇党委的同意。

上述案例对于我们思考如何进一步开展宁波垂直管理体制创新,很有启发意义。宁波市在总结自身经验的基础上,可以借鉴外地经验,在垂直管理体制创新方面做出新的积极探索。

(三)加强对垂直部门的权力监督

加强对垂直管理部门的权力制约与监督,可以从强化政府权力系统内部的纵向监督、垂直管理部门运行的外部保障机制,以及政府权力系统外部的社会监督三方面着手。

一是加强垂直管理系统内部上级对下级的纵向监督。施行好内部监督,首先要垂直管理部门排除部门利益的狭隘观念。其次,要进行全过程、全方位的监督。事前要明确职权范围,保证权责分明,以避免执法过程中权责不清,推诿扯皮;事中可采用定期检查、不定期突击检查和专项抽查等方式进行动态跟踪监督;事后要将执法结果与预期效应做对比,在对比中发现缺点与不足,检讨是否存在与法律等相违背的不正当行为。

二是加强垂直管理部门运行的外部横向监督。具体指的是垂直管理部门所在的地方人大等的监督。加强对垂直管理部门监督是地方人大的法定职责。人大可以通过审议、质询、询问、视察、评议等各种形式,严密监控直管部门的政策制定、工作进展等权力行使行为,把握其运行状态,通过法定程序及时制止其违规违法行为。2010 年 8 月,宁波市人大常委会通过《宁波日报》向社会公布,首次监督垂直管理部门。人大可以完善相应的法规,密切垂直部门与地方的联系,促使其自觉、积极地接受人大监督,使这种监督规范化、制度化、经常化。

　　三是强化社会监督。群众是垂直管理部门执法活动的直接体验者,因此群众的监督更加具有现实性和直观性;群众监督与政府内部的监督相比,具有一定独立性,这样的监督具有不可替代性。垂直管理部门要切实保障群众的知情权,增加其权力运作的透明度,推进"阳光工程",深化政务公开。另外,新闻舆论也可以成为对垂直管理部门监督的一个强有力武器。随着互联网的迅速普及,可以有意识地利用网络,把垂直管理部门工作情况纳入网络舆论监督之中。

第四章　扩权强县与强镇改革

扩权强县、强镇,就是把原由上级部门行使的经济社会管理权限下放给县级政府部门和乡镇。这既是行政审批制度改革的重要内容之一,又具有新的内涵。

一、扩权强县

市(直辖市、计划单列市等除外)管县体制存在许多弊端,降低了管理效率,提高了管理成本。市管县体制影响信息传递的速度和效率,使县级政府缺乏有效治理所必需的权限,影响县级政府职能的正常发挥。扩权强县是减少政府管理层次、降低管理成本、提高行政效率、发挥基层政府创新积极性的必由之路。

20多年来,各省(自治区、直辖市)、地级市等,都本着统筹与扁平化并重的原则,合理调整上下级权责,直接对下级政府下放了权力。宁波是计划单列市,享受省级经济管理权限,借鉴各地扩权强县的经验,合理调整市与各区(县市)之间的权责,适当扩大各区(县市)权力,十分必要。

(一)扩权强县概况

20世纪90年代初,浙江省最早开展扩权强县工作。近十几年来,全国绝大多数的省、自治区、直辖市都开展了扩权强县工作。

2009年中央一号文件指出,要推进省直接管理县(市)财政体制改革;稳步推进扩权强县改革试点,鼓励有条件的省份率先减少行政层次,依法探索省直接管理县(市)的体制。这就从中央的高度对这项工作做出明确要求。同年,财政部《关于推进省直接管理县财政改革的意见》指出,理顺省以下政府间财政分配关系;2012 年年底前,力争全国除民族自治地区外全面推进省直接管理县财政改革,近期首先将粮食、油料、棉花、生猪生产大县全部纳入改革范围。

　　实行省直接管理县财政改革,就是在政府间收支划分、转移支付、资金往来、预决算、年终结算等方面,省财政与市、县财政直接联系,开展相关业务工作。具体包括:(1)收支划分。确定市、县财政各自的支出范围,市、县不得要求对方分担应属自身事权范围内的支出责任。合理划分省与市、县的收入范围。(2)转移支付。转移支付、税收返还、所得税返还等由省直接核定并补助到市、县;专项拨款补助,由各市、县直接向省级财政等有关部门申请,由省级财政部门直接下达至市、县。(3)财政预决算。市、县统一按照省级财政部门有关要求,各自编制本级财政收支预算和年终决算。(4)资金往来。建立省与市、县之间的财政资金直接往来关系,取消市与县之间日常的资金往来关系。省级财政直接确定各市、县的资金留解比例。各市、县金库按规定直接向省级金库报解财政库款。(5)财政结算。年终各类结算事项一律由省级财政与各市、县财政直接办理,市、县之间如有结算事项,必须通过省级财政办理。各市、县举借国际金融组织贷款、外国政府贷款、国债转贷资金等,直接向省级财政部门申请转贷及承诺偿还等。

　　许多省将扩权强县工作作为深化行政审批制度改革、发展县域经济、统筹城乡发展、提升区域竞争力的一项重大的战略部署。20 多年来,浙江成为中国县域创造力最强盛、县域经济最发达的省份,扩权强县是其发展的"真经"。2009 年广东省 GDP 超 100 亿元的乡镇有 27 个,本级可支配财政收入超 2 亿元的乡镇达 60 个,可谓"富可敌市"。而同期广东省县级财力积弱明显。67 个县中 GDP 低于 100 亿元的县有 46 个,财政收入低于 2 亿元的县有 37 个。2009 年年底,广东省出台《富县强镇事权改革的指导意见》,指出事权改革的原因是:县镇是国民经济发展、社会安定团结、人民安居乐业的重要基础。广东省区域发展极不平衡,一些欠发达县(区)镇经济实力不强,社会管理基础薄弱,公共事业建设滞后,特别是在经济社会管理体制方面,县(区)镇事权配置不够合理,有责无权,权责不一,服务弱化,效能不高,制约了县(区)镇经济社会的发展。

　　各地开展扩权强县的频率、强度和覆盖面不一。

有的省仅有一次这样的安排部署,有的省则稳步推进,不断引向深入。如浙江先后于 1992 年、1997 年、2002 年、2006 年、2008 年进行了五次扩权强县。1992 年,浙江出台扩大萧山、余杭、鄞县等 13 个市(县)部分经济管理权限的政策,主要包括扩大固定资产投资项目审批权、外商投资项目审批权等 4 项。1997 年,浙江同意萧山、余杭试行享受地级市一部分经济管理权限,主要有固定资产投资审批管理权限等 11 项。2002 年,浙江将 313 项本属地级市经济管理的权限下放至萧山、义乌等 20 个县(市、区),涵盖外经贸、国土资源、交通、建设等 12 大类扩权事项。

2006 年 11 月,浙江确定将金华市代管的县级义乌市作为改革试点,规定除规划管理、重要资源配置、重大社会事务管理等经济社会管理事项外,赋予义乌市与设区市同等的经济社会管理权限,并下放 472 项省级部门经济社会管理权限。允许义乌市根据发展需要调整和完善有关管理体制和机构设置。支持和帮助义乌市设立海关、出入境检验检疫、外汇管理、股份制商业银行等相关分支机构,协调赋予其设区市或相当于设区市的职能。

2008 年年底,浙江出台全国首部推进"扩权强县"的省级政府规章——《浙江省加强县级人民政府行政管理职能若干规定》,并向县一级人民政府(除宁波外)一次性下放经济社会审批权限 443 项。

浙江的一些做法一直为其他地方所借鉴。如到 2008 年,吉林省扩权强县采取三大类共七种方式。一是取消和暂停执行。取消就是省直部门不再行使该项行政审批权限;暂停是指对暂时不宜取消的权限实行暂停执行。二是下放和改变管理方式。下放是指将原由省直部门行使的权力下放到县里,县里承担相应法律责任;改变管理方式是指将原由省直部门审批的权限交由社会中介机构或行业组织进行自主管理。三是委托、授权和分级管理。委托是指将省直部门行使的权限委托县(市)以省直部门名义行使,县市承担相应法律责任,省直部门进行监督;授权是指将法律法规规定由省直部门行使的权限授予县(市)行使,县市承担相应法律责任,行使权限同时向上级备案;分级管理是指将原由省直部门全部行使的权限,分别由省、市、县分别行使。

有的是覆盖省内的全部县,如安徽省首批放权时就是如此;有的是分类进行,依据一定的原则选择若干县作为试点,待取得经验后再扩展。如河南选择偃师等 30 个县(市),赋予其部分的市级经济管理权限。河北的辛集市等 22 个县(市)则被赋予与设区市相同的部分经济和社会管理权限。

许多省还选择了一些县,赋予其地级市一级全部的经济管理权限。如河南赋予巩义、固始、永城、邓州、项城 5 个县(市)与省辖市相同的经济管理权限和部分社会管理权限,同时又将其规划为该省 5 个区域性中心城市,目标就是使它们在区域竞争中立于不败之地。湖南省也选择了若干经济强县(市),赋予其相当于省辖市的经济社会管理权限。

各地扩权的业务内容不尽相同。据 2005 年内蒙古自治区发展和改革委员会、政府调研室、法制办、经济社会发展研究中心组成的联合调研组形成的《关于河南、河北两省扩大部分县(市)管理权限的调研报告》,两省扩权的主要内容归纳为 11 项,即计划直接上报、财政直接结算、经费直接安排、税权部分调整、项目直接申报、用地直接报批、证照直接发放、部分价格管理权限下放、统计直接发布、政策直接享有、信息直接获得等。大致内容如下。

计划直接上报。扩权县(市)的国民经济和社会发展年度计划、中长期规划、专项规划以及各业务部门的专业计划,由县(市)有关部门直接向省有关部门上报、衔接,同时抄报该县(市)所在设区市有关部门。省有关部门对扩权县(市)的有关指标直接进行平衡,并在其所在设区市名下以"其中"形式列出。

财政直接结算。扩权县(市)财政体系直接对省有关财政部门。涉及扩权县(市)体制上解(补助)基数、体制改革收支基数的核定、税收返还、转移支付、财政补助、资金调度等事项,由省财政直接对扩权县(市)办理。设区市不再分享扩权县(市)收入,扩权县(市)收入除按现行财政体制上缴中央、省部分外,其余全部缴入本级金库。扩权县(市)的财政报表在上报省有关财政部门时,同时上报所在设区市。

经费直接安排。省有关部门向设区市划拨各类事业费、交通规费及其他建设资金、预算外返还资金、福利救济资金、科技计划项目经费等资金时,凡按规定扩权县(市)应当享有的,一律在所在设区市名下以"其中"形式直接向扩权县(市)划拨。部分收费由扩权县(市)组织征收,直接上缴省级国库,部分资金由扩权县(市)直接向省有关部门申请。

项目直接申报。凡不需要国家、省、设区市出资或平衡建设条件的政府投资项目(不含党政机关办公楼和培训中心),均由扩权县(市)投资主管部门按照建设程序自行审批;需报送国家和省投资主管部门审批的政府投资项目,由扩权县(市)投资主管部门按照建设程序直接向省投资主管部门申报,并抄报所在设区市投资主管部门。

用地直接报批。扩权县(市)国土规划、土地利用总体规划的编制、修编和调整,由扩权县(市)政府直接报省政府审批,报省有关部门备案,同时抄报所在设区市有关部门。

证照直接发放。扩权县(市)有关部门直接核发所在设区市权限内的各类证照(国家法律、法规明确规定由设区市发放的证照除外)。属于省有关部门发放的证照和批准的事项,一律由扩权县(市)有关部门直接向省有关部门报批核准,抄报所在设区市备案。

统计直接发布。发布分地区统计资料时,将扩权县(市)的主要统计数据在所在设区市名下以"其中"形式列出。

政策直接享有。今后省政府及其有关部门依据法律、法规和行政管理的实际需要,委托设区市政府及其有关部门代行的管理权限,扩权县(市)原则上同时享有。国家和省在经济社会发展和国民经济管理方面新制定的各项政策,包括经济管理体制改革中新确定的管理权限划分,凡所在设区市享有的,扩权县(市)原则上均直接享有。

信息直接获得。省政府召开的综合性会议、省政府各部门召开的专业性会议、发放的各类文件、指导工作的各类信息,凡是所在设区市参加或享有的,均扩大到扩权县(市)。

另外还有部分价格管理权限下放、税权部分调整。①

其他地方扩权方面业务内容有许多与之相同之处。

扩权强县提高了工作效率,降低了行政成本,还可以克服"漏斗效应"。

如2003年,除武汉市外湖北全省各市州以截留等方式从县市"集中"资金几亿元;越是贫困的地级市,此类情况越严重。2004年以来,除武汉市和恩施土家族苗族自治州,湖北对52个县市逐步推行财政省直管,加之各项扩权政策,极大激发出县域经济发展活力。以2008年为例,湖北县域多项指标增速首次超过全省平均水平,对全省GDP增长的贡献率接近60%。

实行扩权强县后,2006年吉林省的县域经济增长速度也首次超过了全省经济增长速度,2007年县域GDP总量达到2500亿元,占全省经济总量首

---

① 包括授权扩权县(市)制定县以下电厂非上网电量的电价,县域内省价格主管部门管理之外的游览参观点门票价格,城市供水价格、污水处理费收费标准,廉租住房租金、公有住房租金,经济适用房价格、公有住房出售价格、房屋重置价格、城市房屋拆迁补偿价格,建制镇环境卫生及垃圾清运服务价格,建制镇集中供热价格,有线电视安装费、收视费,殡葬服务价格,出租车运价,运输企业集约经营服务费,车站、旅游景点及各类暂扣车辆停放服务费等。河南省规定,50万元以下营业税减免,由扩权县(市)直接审批。河北省规定,营业税、资源税、土地增值税等政策性减免事项,比照所在设区市的管理权限由扩权县(市)审批。两省都规定,100万元以下所得税的减免由扩权县(市)审批等。

次超过 50%。

(二)扩权强县典型案例介绍

2007 年 7 月,四川省富顺、盐边、泸县等 27 个试点县(市)获得与市相同的部分经济管理权限,包括计划直接上报、财政审计直接管理、税收管理权部分调整、项目直接申报、用地直接报批等 8 个方面的管理权限。

2009 年 3 月,四川再授权 32 个县(市)试点扩权强县(市)。新增试点县(市)主要包括全省粮油生产和生猪调出大县中发展较快的县、百万人口大县、县级市和 2008 年县域经济先进县等。它们可享受省发改委、省经委等 18 个省级部门授予的约 60 类 210 项权限和特殊待遇,核心内容包括与市一级相同的部分经济管理权限,包括计划直接上报、财政审计直接管理、税收管理权部分调整、项目直接申报、用地直接报批、资质直接认证、部分价格管理权限下放、统计直接监测发布等。

2007 年,陕西省选择试点 15 个扩权县(市),赋予扩权县(市)与设区市相同的部分经济和社会管理权限,具体包括计划和统计管理、项目管理、资金管理、税收管理、用地和矿权管理、证照管理、价格管理 7 个方面。2009 年 3 月,陕西又确定第二批试点县 6 个。

2009 年,云南省选择 8 个县(区)进行试点扩权强县,时间是 2009 年至 2012 年。2012 年 7 月,云南召开全省县域经济推进大会,决定进一步将省和州(市)的部分管理和审批权限下放到县级,并将选择有条件的县开展"省直管县"试点工作;同时,选择部分人口多、经济发展较快、发展潜力大的重点镇开展"扩权强镇"试点,赋予试点镇部分县级行政管理审批权限。

2011 年 3 月,广西围绕理顺自治区、市、县三级政府权责关系,着力提高县级政府自主决策和统筹协调能力,减少行政审批环节,提高行政效率,促进县域经济和城镇化发展的目标,按照"减放并举、能放都放、权责一致、提高效能、重心下移"的原则,开展扩权强县工作,将原属自治区和设区市管理的 721 项管理权限下放或委托县级政府管理,占到了自治区、设区市管理事项的 54.8%。其中行政许可 353 项,非行政许可 368 项;下放县级政府管理 565 项,委托县级政府管理 156 项,并且是面向全自治区所有县(市、区)一步到位、全面覆盖。幅度之大、力度之强,为广西史上未有。

贵州省于 2012 年推进的扩权强县工作,在当时的西部地区力度最大,最富有系统性。这次扩大县(市、特区)经济管理权限事项包括四项内容。

一是直接下放管理事项。2011 年省人民政府决定下放的 185 项行政许可和 20 项非行政许可审批事项,涉及经济管理方面的权限一律下放到县(市、特区),法律法规另有规定的除外。按权限目前由省级主管部门审批、核准、备案、许可、审核等 53 项经济管理事项,改由县(市、特区)自行履行审批、核准等手续,并按照权责一致的原则承担相应责任,同时抄报省、市(州)主管部门。技术改造项目及工业和信息化固定资产投资项目的审批、核准、备案等经济管理权限采取县(市、特区)分批的方式下放。

二是减少管理层级事项。除需要市(州)出资或协调外部建设条件的县级审批、核准、备案、许可、认定等经济管理事项和跨县(市、区、特区)项目,以及国家法律法规、国务院有关部门文件和省明确规定由市(州)审批和审核的经济管理事项,继续按现行程序报批外,其余事项按下列方式办理。国家法律法规有明确规定由省级主管部门审批、核准、备案、许可、认定等 79 项经济管理事项,由县级主管部门按照程序初审后,直接报省级主管部门履行审批、核准等手续,同时抄报市(州)主管部门。按规定由省人民政府或国家有关部委审批、核准、备案、许可、认定等事项,由县级主管部门按照程序初审后,直接报省级主管部门。

三是简化项目前期工作程序。涉及建设用地、环境评价、城市规划和节能等的项目审核权限、程序与投资主管部门审批、核准、备案的项目审核权限、程序相统一,由同级国土资源、环境保护和城乡规划等部门直接审批、核准等,并报省级主管部门备案。

四是资金申报和投资计划下达。申请省级资金补助、国家部委资金补助,不使用市(州)人民政府资金的县(市、特区)属项目,由县级主管部门分别直接向省级主管部门申报、直接报送省级主管部门初审后转报国家相关部委。省级资金补助、国家部委资金补助的县(市、特区)属项目投资计划,由省级主管部门直接下达到县级主管部门。

下面则是一些直辖市对区(县)、省对地级市、地级市对区县的放权,对于宁波调整与各区(县、市)权责关系,更是有直接的启发意义。

2006 年,重庆市政府开展以市级联动、区(县)扩权和乡镇转型为主要内容的政府管理创新"三级改革试点"工作,其中最主要的是区(县)扩权改革,对万州区等 6 大区域性中心城市进行扩权试点,下放 92 项行政权项;对全市所有区(县)下放 89 项行政权项。下放的权力可分为四类,即人事编制权、税费征收权、行政处罚权和行政许可审批权。

2007 年,重庆市政府将原来给予 6 大区域性中心城市的 92 项行政权项中的 80 项,赋予除重庆市主城区以外的其他区(县)。包括重点建制镇(含工业点)总体规划审批权、经济适用住房项目行政确认权、出租汽车新增运力指标审批权等 17 项行政权项,目的是增强区(县)政府统筹本地经济社会发展的能力。

这一过程同时也是市与区(县)权力调整的过程,市级的定位是宏观调控、市场监管、统筹协调、提供服务,而区(县)政府则是市场监管、社会管理、公共服务等。这也体现了行政体制改革中统筹与扁平化并重的原则。

2007 年,四川对地级市绵阳下放部分省级经济管理权限:除国家法律法规明文规定不得从省直部门下放的权限和省内跨行政区域需省协调平衡的投资项目外,其余省直部门的各项投资项目审批、核准和经济管理权限原则上下放给绵阳。下放的经济管理权限共 19 条,涉及投资项目管理权限、项目确认和办理、资质认定和发证、项目计划管理、税收管理等 5 个方面,其中,投资总额 1 亿美元以下的外商投资项目可由科技城管委会核准,科技城可直接核发省市权限内的各类证照以及对外商投资企业税收减免方面的政策。

2012 年 9 月,陕西渭南市赋予县(市、区)、高新区及经开区更大的经济社会管理权限。包括:(一)法律、法规、规章和其他规范性文件规定由市级行使的行政审批权,除需全市统筹协调和综合平衡的以外,一律下放到县(市、区)、高新区及经开区。(二)法律、法规规定由省级行使的行政审批权,省级已直接放权给市级行使的,县(市、区)能够办理的,下放给县(市、区)、高新区及经开区。(三)法律、法规、规章规定由县级以上地方政府及其所属部门行使的行政审批权,但法律、法规、规章没有具体明确分级审批权限,没有明确规定必须由省级、市级行使的行政审批权,下放给县(市、区)、高新区、经开区行使。(四)对由省级审批,市级初审、转报的事权,市级各部门要在三个工作日内予以转报。对暂时无法下放的行政审批事权,根据就近服务和便于管理的原则,可将受理环节前移到县级。垂直管理机构向县级下属机构放权,采取内部调整权限方式,承接单位以行政审批事权所属管理机构名义实施。

2013 年年初,福州市委、市政府下发了关于简政放权、扩权强区(县、市)的意见以及实施细则,将在保留 287 项行政审批项目(含国家、省级 97 项)的基础上,取消行政审批事项 101 项、下放 117 项,将 179 项行政审批事项调整合并减至 64 项,共涉及 28 个部门。意见的出台以减少行政管理层级和环节、提高行政运作效率为重点,明确简政放权、扩权强区(县、市)事项,扩大其经济社会管理权限,增强其自主发展能力,提升其经济社会发展和管理服务水平,促进城乡、区域统筹发展、融合发展,加快建设闽江口发展区,着力构建福州大都市区。

(三)扩权强县面临的问题分析

扩权强县涉及省、市、县政府和部门权力的重新划分,固有体制和惯性的梗阻是存在的。在扩权的同时,要注意以下几个问题。

一是扩权强县与垂直管理的问题。这需要中央和省级统筹安排、总揽全局,系统性、科学性地涉及垂直管理体系,处理好不同层级政府管理权责分配的关系。

二是合法性问题。目前扩权强县强镇的方式主要是授权、委托、交办和机构延伸。从行政法方面看,如果是授权,原则上被授权组织应具有独立的法律主体资格,可作为行政诉讼的被告;如果是委托,被委托组织并不具有独立的法律主体资格,责任承担者是委托者。扩权事项中,涉及行政许可、行政处罚的权限是通过委托形式下放行使,但《行政许可法》和《行政处罚法》规定,行政机关只能在其法定职权范围内,依照法律、法规、规章的规定,方可委托其他行政机关实施行政许可和行政处罚。因此,这些行政许可和行政处罚权的下放尚缺乏充足的法律依据。如此一来,大量以"委托"方式下放的权力会遇到"权责不统一"的尴尬:权力已下放给县里,但一旦引发诉讼,仍以原机关为行政诉讼的被告。行政复议中也存在这个问题。这就需要上升到立法角度来思考这个问题。

三是省级部门直接对应县,工作幅度大大加宽,业务量大为增加,原来机构编制管理中的"三定"(定机构、定编制、定职能)内容势必要有所变动,甚至省级政府的地位、职能都需要中央层面的重新设计。另外,受到部门利益驱使,一些省级部门实质性权力下放还不够,这就需要省级政府加大统筹促进力度。

四是市、县级关系的重塑。扩权强县的深入会逐步突破市管县体制的束缚,而现行的行政层级体制和资源配置模式已将地级市政府的权力结构和利益结构制度化甚至法律化。地市级对县(市)的经济发展、行政事务、人事任免等管理权力仍然存在。在一些需要配套的政策、资金方面,市有时又以"省管县"为由拒绝配套。扩权的县(市)既要与省一级部门沟通,还要维护与市里的关系,有时难免出现"两个婆婆"之间难为媳的尴尬局面。

目前,各地采取了一些变通方式,尽力做到市、县协调。如坚持统一的行政区划,明确扩权不是行政区域的分割,是在维护地级市统一行政管理的前提下的扩权,不是分家,也不是并立;扩权县(市)所有报表在报省的同时仍要抄报地级市,统计仍要纳入地级市的范畴。跨区域的基础设施建设仍要地级市统一规划,如交通、水利等,不能人为造成新的分割;明确地级市仍要继续对扩权县(市)给予支持,加强对扩权县(市)经济社会发展的领导,不能厚此薄彼。

五是扩权强县与行政区划体制改革。要理顺各级政府之间的职能和权限。既要通过扩大县级政府管理权限来促进县域经济发展提升;又要顺应区域经济发展的基本态势,通过撤县建区等途径,培育和壮大区域中心城市,切实增强地级中心城市的综合竞争能力和辐射带动能力,促进生产力布局的优化和区域协调发展。扩权强县的深入,势必要涉及全国行政区划体制的整体性、系统性调整。

目前,绝大多数国家地方政府层级设置是两级制、三级制。我国行政区划体制改革的一个主要趋势,应该是逐渐废除"市管县"体制,市与县分设、分治、平行,各直属于省(自治区)。

(四)特殊的扩权强县——省直管县

十八届三中全会《决定》指出,要优化行政区划设置,有条件的地方探索推进省直接管理县(市)体制改革。省直管县体制,是指县(市)不仅财政方面的,还有行政管理方面的全面或大部分事务都由省直管。

四大直辖市目前都是直管所辖区域的县(市)。新疆维吾尔自治区的石河子市(与兵团第八师师部合一)、阿拉尔市(归兵团第一师管辖)、铁门关(归兵团第二师管辖)、图木舒克市(归兵团第三师管辖)、五家渠市(与兵团第六师师部合一)、北屯市(新疆生产建设兵团第十师师部)等,也都由自治区直管。较早的省直管县,还有湖北的天门、仙桃和潜江市,以及河南的济源市,原本是县级市,分别由湖北荆州、河南焦作代管,后来先后升格为副地级的省直管市,管理权限与地级省辖市相同,市级正职领导为副厅级,副职领导为正处级,部门与下属街道、乡镇正职领导为副处级,副职领导为正科级。

2006年11月,浙江启动第四轮强县扩权试点,这一次扩权仅针对金华市代管的义乌市,在不改变其由金华市领导的管理体制的前提下,以社会管理权限为重点,除规划管理、重要资源配置、重大社会事务管理等经济社会管理事项外,赋予义乌与地级市同等的经济社会管理权限。义乌获得了"11+1"的待遇,即义乌是浙江省除了11个地级市以外唯一的计划单列的县,浙江一些重要经济计划指标的分配,如土地、金融指标等,都得到单列,浙江省召开地市级的经济工作会议,出席单位也是"11+1"。

较为集中开展省直管县这项工作的是近几年。

2009 年 9 月,广东省人大常委会表决通过《广东省人大常委会关于促进和保障佛山市顺德区综合改革试验工作的决定》,从法律层面赋予顺德地级市的管理权限。2011 年年初,广东省委、省政府下发《关于进一步完善和深化顺德行政体制改革的意见》,确定顺德为广东省省直管县的唯一试点。《意见》指出,顺德除党委、纪检、监察、法院、检察院系统和市现有的规划、统计管理模式,社保基金、住房公积金等各项市级统筹基金及东平新城维持现有管理体制外,其他经济、社会、文化等事务由省直接管理,可行使由地级市行使的有关职权。而佛山市层面,市委对顺德区领导班子和领导干部的管理权限维持不变,改革后新增设的处级职务委托给顺德区委管理。

2011 年广东省决定,21 个地级以上市每个都设立一个省直管试点县,试点包括行政体制综合改革和财政管理体制改革。行政管理体制综合改革包括两个方面:一方面是地方"大部制"改革,另一方面是简政放权。广东顺德"大部制"改革后,党政机构共 16 个"大部门"。所谓"简政放权",一个县区除了党委、纪检、司法等职权外,经济、社会、文化等领域都赋予县以地级市管理权限,放权到县区。

2011 年 3 月,安徽省确定选择全省经济十强县的宣城市广德县和传统农业大县安庆市宿松县开展省直管县体制改革试点。一是党政工作省直管。试点县党委、政府直接向省委、省政府负责并报告工作;试点县党政部门依照法律、法规和党章的规定,受省委、省政府主管部门的业务指导或领导,维持试点县行政区划、机构规格及司法管理体制不变。二是县级干部省直管。试点县的党政主要负责人由省委直接管理,其他副县(处)级以上领导干部由省委委托省委组织部管理。三是垂直部门属地化管理。省工商、地税、质监等部门设在试点县的管理机构,由省以下垂直管理调整为由试点县党委、政府管理,业务上接受省级主管部门的指导。试点县国土资源部门的干部改由县委管理。四是机构设置大部门制。科学界定省直管县后省、县两级政府职责重点,探索职能有机统一的大部门体制。

2013 年 12 月,安徽省委、省政府印发《安徽省深化省直管县体制改革实施意见》,从 2014 年 1 月 1 日起,对桐城市、太和县、天长市、肥西县、蒙城县、宁国市、界首市、灵璧县、怀远县、定远县等 10 个县(市)全面实行由省直接管理县的体制。

2012 年,陕西省韩城市成为省直管的县级市。韩城原为渭南市代管的县级市,是陕西第一大钢铁企业龙门钢铁的所在地。2010 年,国家发改委批复将晋陕豫黄河金三角地区设立为承接产业转移示范区,示范区地跨三省,包括临汾、运城、三门峡和渭南四市。同年,陕西省在韩城市开展省内计划单列市试点,要求"尽快把韩城打造成黄河沿岸区域性中心城市、新型工业城市和国家级循环经济示范基地,使之在推动陕西东大门建设和全省发展中发挥更大作用"。具体包括,实行副市级建制,经济社会管理权限等同于设区市。凡需申请渭南市政府审批的事项,直接由韩城市审批;申请省级审批的土地、项目、资金等事项由韩城市直接报省;省级相关计划直接下达韩城市。省与之财政资金直接往来,转移支付、税收返还等由省财政直接核定并支付。陕西省还给予韩城市六条政策支持,包括项目布局和资金安排方面积极给予倾斜、安排专项资金支持韩城城市建设,并将上缴省级的煤炭价格调节基金直接返还;到 2015 年年底前,韩城煤炭生产企业由韩城市直接收取煤矿生态补偿基金,排污费、"两权价款"、矿产资源补偿费、水资源费、水利建设基金、教育费附加由韩城市直接收取,并加大对韩城市建设用地倾斜力度,适度增加年度计划指标,优先安排增加挂钩指标,等等。

2012 年 10 月,江苏省试点三个省直管县体制改革,分别是位于苏南的昆山、苏中的泰兴和苏北的沭阳。改革后,昆山市政府直接向省政府负责并报告工作;省政府各部门分配行政、经济资源对昆山实行计划单列,适当倾斜;昆山市工商、地税、质监部门也将调整为由省主管部门直接管理。原则上,除国家法律、法规有明确规定的以外,原省辖市审批或管理的经济、社会管理事项,均由昆山自行审批、管理;须经省辖市审核、报省审批的,均由昆山直接报省审批。昆山市表示还要争取人民银行、国税、海关、检验检疫、电力等中央垂管部门的支持,在信贷审批权限、金融服务与支持、电力设施建设、用电指标分配等方面,努力争取银行、供电等公共服务行业的支持。昆山市成立省管县体制改革试点工作领导小组,在涉及垂直管理体制改革、行政审批制度改革、经济发达镇改革、事业单位分类改革、城市建设和管理体制改革、社会组织建设等多方面统筹考虑,协调推进。同时,昆山有几个不变:统计口径不变;干部管理体制不变,领导干部还是苏州管;司法体制不变;行政区划不变。

2013 年 5 月,贵州省人民政府办公厅下发了《关于推进省直接管理县(市)体制改革试点工作的实施意见》,确定仁怀、威宁、福泉、镇远、黎平为试点县(市),先期选择仁怀市、威宁县进行试点。试点县(市)党委、政府直接向省委、省政府负责并报告工作。试点县(市)党委、政府的各工作部门依照法律、法规、规章和党章的规定,直接接受省委、省政府主管部门的业务指导或领导。先期试点县(市)从 2013 年 7 月 1 日起按新体制运行。省直管县(市)重在经济管理权限下放,以提高基层自主权和办事效率,试点县(市)的行政区划建制、机构规格和司法、人大、政协管理体制维持不变。试点县(市)经济社会发展数据的统计、考核纳入所在市州。

2013 年 5 月,河北确定定州市、辛集市为河北省首批省直管县(市)体制改革试点,赋予定州、辛集省辖市级经济社会管理权限。定州、辛集分别是京石线和石衡线上的重要节点城市,也是河北省"十二五"期间优先发展的高品质中等城市和新兴区域中心城市。两市均为 1986 年撤县设市而来,是 2005 年河北省首批扩权县和 2009 年首批财政直管县,具有区位优势明显、产业基础好、产业特色突出、人口规模较大等特点。2015 年,河北省扩大省直管县(市)体制改革试点范围,确定迁安市、宁晋县、涿州市、怀来县、平泉县、任丘市、景县、魏县 8 个县(市)开展省直管县(市)体制改革试点,省直管县(市)试点数量增加到 10 个。

2013 年 9 月,《吉林省深化扩权强县改革试点实施方案》印发,梅河口市、公主岭市成为省直管的试点县级市。试点市党委、政府直接向省委、省政府报告工作。人大、政协体制和法院、检察院体制暂时不变。试点市党委和政府各部门(单位)依照法律、法规,接受省委、省政府对应部门(单位)的业务指导或者领导。试点市党政正职领导干部仍由省委管理,其他正副县级领导干部由省委组织部代省委管理。试点市的统计数据直接向省对口部门上报,并抄送所在地级市。试点市的经济社会数据单独统计,并计入所在地级市总量。试点市政府经济社会发展目标考核由省里组织进行。赋予试点市政府地级市政府的经济和社会管理权限。地级市不再对试点市行使审批和管理职能。原由地级市政府对试点市政府行使的社会管理职责,调整为由试点市政府直接对省负责。目标是到"十三五"末,将梅河口、公主岭两市基本建设成为具有较强活力的中等城市。

2014 年,河南省对巩义市、兰考县、汝州市、滑县、长垣县、邓州市、永城市、固始县、鹿邑县、新蔡县等 10 个县(市)全面实行由省直接管理县的体制,将试点县(市)全面实行省直接管理,旨在着力解决多头管理、监督不顺、指挥不畅等过渡体制障碍,全面优化行政层级和行政区划设置,推动直管县加快建设成为区域性中心城市。此次改革的主要内容是调整党委体制、人大体制、政协体制、法院和检察院体制、群团体制。

党委体制：直管县党委直接受省委领导，向省委负责并报告工作。直管县纪委和党委各部门直接受省纪委和省委对应部门领导或指导。直管县人大常委会直接受省人大常委会指导和监督。直管县政协直接受省政协的指导。直管县群团组织直接受省级群团组织领导或指导。

法院和检察院体制：设立河南省第一中级人民法院、河南省人民检察院第一分院，依法行使中级人民法院、检察分院的职权，管辖巩义市、汝州市、邓州市、永城市、固始县、鹿邑县、新蔡县。济源市中级人民法院更名为河南省第二中级人民法院，河南省人民检察院济源分院更名为河南省人民检察院第二分院，管辖济源市、兰考县、滑县、长垣县。河南省第一、第二中级人民法院均由省高级人民法院直接管理；河南省人民检察院第一、第二分院均为省人民检察院派出机构，由省人民检察院直接领导。

另外，开展这项工作的还有黑龙江省的抚远县、绥芬河市，辽宁省的昌图县、绥中县，广西壮族自治区的宜州市、凭祥市等。

不少县（市）在为争取省直辖而进行努力。

如山东省滕州市。枣庄是山东一个地级市，现辖四个城区、一个高新技术开发区，代管县级滕州市。1979年，滕县划归枣庄市。1988年，滕县撤销，设立滕州市。国务院以批复的形式，同意"撤销滕县，设立滕州市（县级），由省直辖"。山东省政府转发上述批复的通知称：省政府确定，滕州市由枣庄代管。当时山东省31个县级市，全部由地级市代管；同年山东省共有6个县撤县建市（区），其中成为县级市的都是由地级市代管。从此，滕州市开始了争取由省直管的路程。

滕州一度有工业城镇、山东粮仓之称，发展水平高于整个枣庄市，如2003年枣庄市其他5个区财政总收入为6亿多元，滕州市则为19亿元。枣庄市总人口数为360余万，其中滕州市为150多万。许多滕州人对于枣庄没有归属感。2004年年底，枣庄市地税局等3部门联合下发通知，调整地方税收征管范围：自2005年起，属于市级税源的企业税收直接统一征收，然后按照一定比例返还给各区（市）。这样，滕州市有25家企业的征税权被收归枣庄市。这在滕州民间被认为是进一步掠夺滕州财政，枣庄市上扣国家向滕州的财政拨款，下收滕州属地的税收，导致滕州财政薄弱，发展乏力。尤其是煤矿开采，枣庄将滕州境内的部分煤矿交给其他5个区开采，不但产品被运走，连煤矿的管理费和税收也被收走，不归滕州支配，违反国家税务法规中"资源税应当向应税产品的开采或生产所在地主管税务机关缴纳"的"属地征收"原则。

2005 年,滕州市一些人大代表和老干部组织发动几万人参加签名,并向国务院、山东省政府等提交了请愿书。当年市人大会议召开前,多名代表参与并制定了"实现由省直辖"的议案,决定提交大会表决。因为种种原因,议案并未提交。2006 年,滕州市两名退休老干部、一名全国人大代表又向法院递交诉状,起诉省政府,要求滕州市由省直辖。

二、扩权强镇

扩权强镇,就是通过政策扶持、体制创新、权力下放等,扩大镇级经济社会管理权限,重点解决一些镇权小责大导致的"小马拉大车"现象,理顺县(市、区)和镇两级政府的权责关系,建立权责明确、行为规范的镇级行政管理体制,增强镇级统筹协调、自主发展、凝聚辐射和公共服务等综合能力。

各地扩权强镇工作取得了显著成绩,积累了丰富经验;而浙江的中心镇培育工程与"镇改市",更是显现出较强的战略性、系统性,更富有体制创新的意义。

(一)各地扩权强镇概况

2004 年,国家发改委选择一些小城镇率先开展小城镇发展改革试点;后来又选择了第二批。各地都有小城镇发展改革试点的举措。

2005 年,浙江省绍兴县开展扩权强镇,在 3 个试点镇尝试委托执法。

2007 年,浙江省政府下发《关于加快推进中心镇培育工程的若干意见》,提出培育 200 个左右特色明显、经济发达、辐射能力强的小城市。

到 2011 年 11 月,温州市通过乡镇(街道)行政区划调整和村级组织"转、并、联",乡镇(街道)撤并了 50%以上,村级组织从原来的 5400 多个减少到 800 个左右。但是,基层组织承担的社会管理责任明显加重,权责不匹配的矛盾也更加突出。做好向基层组织放权工作,有利于理顺乡镇(街道)和社区(村)一级的管理体制,有利于加快中心镇培育和农村新社区建设。2011 年 11 月,温州市政府制定《县(市、区)、乡镇(街道)、社区(村)三级社会管理和公共服务权限调整(参考)目录》,对县(市、区)、乡镇(街道)、社区(村)三级社会管理和公共服务权限进行调整。

事权调整以合法、高效、便民为宗旨,按照放权层级不同,制定两类目录,共涉及县级发改、民政、执法、房管、规划、建设等 34 个单位:由县(市、区)调整为乡镇(街道)办理的事项(参考),共 287 项;由县(市、区)调整为社区(村)办理的事项(参考),共 80 项,该类事项均为代办或协办事项,其权限、范围、流程、时限等,由各地根据实际情况确定。《目录》要求坚持以"能放则放、能接则接,把握程序、依法放权,统筹配套、完善机制"原则为指导,从方便群众办事出发,最大限度地下放社会管理和公共服务权限。提出要根据法律法规和政策要求,采取直接授权、间接放权、委托放权、内部调整放权等方式实施事权调整下放。在事权调整过程中,结合财政管理体制和人事制度改革,建立健全责、权、财、人相匹配的管理机制,做到"放管结合、权责一致"。

一些地方针对街道权限不足,不能很好履行应有职能的情况,尝试向街道放权,这也类似于扩权强镇。

2009 年,广东省佛山市顺德区的容桂街道工业产值超千亿元,产业正面临升级转型,常住人口近 50 万,经济总量 300 亿元,城市化程度较高,可谓是"市级经济、县级人口、科级权限"。为提升容桂街道服务经济社会发展的能力,本着"宏观决策权上移、微观管理权下移"以及统分结合、服务改革、便民利民、分步有序的原则,2009 年 11 月始,顺德区赋予容桂街道许多区级的行政审批、处罚和日常管理权限,涉及产业发展、城市建设、社会管理、市场监管、公共服务等共 316 项(方面)。其中,组织人事管理权包括人员的招考录用,镇级事业单位的增设、撤销、合并审批等;公共服务权方面主要是在文化、教育、卫生、社会保障等方面放权。原 28 个部门整合成 13 个机构。并按照"人随事走,费随事转"的原则,区及区属各部门在下放事权的同时配套相应的人员和经费。

容桂改革试点方案提出要推进社会管理和公共服务体制改革,建立协同治理机制。推进行政审批制度改革,明确街道办事处需转移的职能和事项,通过授权、购买服务等多种方式交由市场中介和社会组织承担。建立多元化、专业化社会管理服务体系,积极培育社会组织和中介组织,充分利用市场和社会的力量,建立协同治理的社会工作格局。通过发展社区服务、培育社会组织、建立现代社工制度、发展义工队伍、吸收优秀外工参与社会管理等手段,构建社团和社区相互支持,社工、义工和优秀外工相互补充的"两社三工"社会工作格局。

鉴于街道办事处是区政府的派出机关,没有设置人民代表大会或主席团,权力机关和监督制度不够健全,容桂街道从党代表、人大代表、政协委员以及社会各界人士中选取具有较高参政议政能力的代表性人物,组建街道公共决策和事务咨询委员会,负责对街道的公共决策、财政预算、资金使用和项目建设等与市民利益密切相关的事项收集民意、提出意见,表达各方的利益诉求,畅通和拓宽民意表达渠道,接受监督。

2010 年 9 月,佛山市顺德区下放 8 大权限,10 镇街获县级管理权限。

为理顺区镇权限划分,除需由区统一协调管理的事项外,顺德区依法赋予 10 个镇街县级管理权限。区属 19 个部门涉及的 3197 项行政管理事项划归镇街,与此前下放到容桂的行使事项相比增加 845 项,经初审保留由区行使的事项仅占 38.6%。这些权限具体划分为行政审批、行政处罚、行政强制措施、行政确认、行政裁决、行政征收、行政给付、行政监督检查和其他管理事项 8 大类。如涉及区人力资源和社会保障局的 176 项行政管理事项中,有 116 项交由各镇街分局行使,比例超过 2/3。低保审批、劳动合同审查以及工伤行政确认等都已交付镇街,大大简化了原有的烦琐程序。涉及区民政宗教和外事侨务局的 137 项行政管理事项中,有 29 项委托镇街行使,55 项直接移交镇街行使,只保留了其中的 53 项行政权力,下放比例达到 61.31%。其中,社团等民办非企业组织可直接在镇街办理成立、变更以及注销等手续。

遵循人随事走的原则,原来直属分局的人员以及所需经费下划给镇街管理。其中原由区垂直管理的镇(街道)规划管理所业务窗口、国土城建管理所、司法所调整为镇政府(街道办事处)管理,其编制和人员纳入镇(街)管理。区环境运输和城市管理局镇(街道)分局、区市场安全监管局镇(街道)分局实行双重管理体制,以镇(街道)领导为主,人员也随之下划给镇(街道)。

这种权责的调整,也体现出统筹与扁平化并重的原则。建立完善区、镇(街道)两级政府的责权划分体制,是这次改革的首要任务。广东省赋予顺德在经济社会文化事务方面的地级市管理权限以及大部制改革后,区级的行政管理权和行政运作模式发生了根本性的变化。事权调整是按照"宏观决策权上移、微观管理权下移"的原则,理顺区镇(街道)之间的职责关系。镇级权限调整后,区级将更加着重强化统筹协调区域发展的能力,提高区域竞争力,促进城乡协调发展和基本公共服务均等化,将主要负责全区经济社会发展规划、宏观政策的制定和实施,探索创新管理体制和运行机制,统筹重点区域、事项和项目发展,加强与完善对镇(街)的业务指导和监督考核。这改变了过去各镇街各自为政、分割发展的状况,各镇街形成整体合力,减少区域城乡差异,有利于顺德参与珠三角一体化和广佛同城化发展。

2011年4月广州市出台《简政强镇事权改革实施意见》,也体现出统筹与扁平化并重的原则。

《意见》的"理顺纵向横向关系"一节指出,要理顺区(县级市)与镇的权责关系;区(县级市)政府主要负责全区性重大事项的决策、协调与组织实施;镇政府主要负责辖区内经济社会发展和管理工作。法律法规和政策规定由区(县级市)党委、政府及其部门承担的责任,不得转移给镇承担。确需镇配合做好有关工作或承办有关事务,要赋予相应的办事权限并提供必要的经费保障。《意见》"积极扩权,增强经济社会发展综合实力"一节指出,各区(县级市)必须按照能放则放、扩权强镇的原则,增强镇的活力和实力。区(县级市)要着力下放给镇与其经济社会发展水平相适应的行政许可、行政执法及其他行政管理权。对常住人口多、经济总量大的镇,在产业发展、规划建设、项目投资、环境保护、市场监管、社会治安、民生事业等方面加大放权力度。综合指数在400以上的特大镇,依法赋予其县级经济社会管理权限。

2012年,陕西省渭南市赋予市级重点镇部分县级经济社会管理权限。主要包括规划管理权:经市人民政府公布授权,具备条件的重点镇依据批准的总体规划和详细规划,可以核发镇域内建设工程用地规划许可证、建设工程规划许可证、选址意见书、乡村建设规划许可证和施工许可证,并报县级主管部门备案。行政执法权:主要是城建、城管、交通、环保、卫生、市政公用设施和工商行政管理的监督维护和行政执法权;镇域范围内的基础设施建设配套费委托重点镇规划建设管理部门收取。在镇域范围内兴办的各类企业、个体工商户,除国家有规定外,由驻镇工商机构登记、年审。

江苏、山东、湖北、安徽等很多省份也开展扩权强镇工作,其中安徽省巢湖市将桐炀、柘皋、黄麓、槐林等镇升格为副县级的镇。

(二)全国经济发达镇行政管理体制改革试点

2010年,中央出台的一号文件明确,要推动经济发展快、人口吸纳能力强的镇行政管理体制改革,根据经济社会发展需要,下放管理权限。

2010年4月,中央编办会同其他有关部门联合在全国开展经济发达镇行政管理体制改革试点。《关于开展经济发达镇行政管理体制改革试点工作的通知》(中央编办发〔2010〕50号)指出,总体要求是努力破解经济发达镇发展遇到的体制障碍,理顺职责关系,优化组织结构,着力提高社会管理和公共服务能力,充分发挥经济发达镇在区域经济社会发展中的辐射带动作用,为推进我国城镇化进程创造有利条件;鼓励地方大胆探索、勇于创新;坚持因地制宜、分类指导,建立符合经济发达镇区域特点的行政管理体制;坚持权责一致、事财匹配,赋予镇政府履行职能必要的事权和财力。

试点内容包括三方面:一是加快推进体制创新。根据经济社会发展需要调整管理体制,完善运行机制。对一些规模较大、城镇化水平较高、条件具备的经济发达镇,适时进行区划调整。二是继续下放经济社会管理权限。按照强镇扩权的原则,赋予部分县级经济社会管理权限,着力下放城建、环保、治安等涉及城市建设和管理方面的行政管理权限。加大财政支持力度,赋予相应财力,增强发展能力。三是创新机构编制管理。按照精简、统一、效能原则,根据经济社会发展需要,因地制宜设置机构,由所在省通过调剂的办法适当增加编制。

初步确定进行试点的经济发达镇共计 25 个,分别是:河北省高碑店市白沟镇,山西省介休市义安镇,吉林省磐石市明城镇,江苏省昆山市张浦镇、江阴市徐霞客镇、兴化市戴南镇、吴江市盛泽镇,浙江省义乌市佛堂镇、余姚市泗门镇,安徽省无为县高沟镇、天长市秦栏镇,福建省晋江市陈埭镇、南安市水头镇,山东省广饶县大王镇,河南省安阳县水冶镇、信阳市平桥区明港镇,湖北省钟祥市胡集镇、谷城县石花镇,广东省增城市新塘镇、佛山市南海区狮山镇、东莞市长安镇,四川省大竹县庙坝镇、新津县花源镇,陕西省岐山县蔡家坡镇、南郑县大河坎镇。

通知明确,试点工作由省委、省政府负总责。省级机构编制部门会同农办、发改委、公安厅、民政厅、财政厅等部门制定试点方案,经省委、省政府批准并报中央编办备案后组织实施;中央编办将会同中农办、发改委、公安部、民政部、财政部等部门,加强对试点工作的指导,做好相关政策的协调。这标志着扩权强镇提升到国家战略的新高度。

中央编办有关负责人在 2011 年总结这项工作时说,扩权方式主要有三种途径:一是省政府直接授权。二是市县政府及其部门依法委托。三是简化市县政府及其部门审批程序和环节。各试点地区要继续按照财权和事权相匹配的原则,结合转变政府职能和管理权限下放,进一步探索完善适应经济发达镇发展需要的财政管理体制的有效形式,理顺县(市、区)与试点镇的财力分配关系,提高相关税费返还比例,完善转移支付制度。切实增强经济发达镇财力,提高基层政府社会管理和提供公共服务的能力。省级有关部门要加大专项资金整合力度,支持试点镇发展。另外,可适当放宽经济发达镇党政机构限额,因地制宜设置机构,通过内部调剂的办法适当增加编制,解决发达镇"脚大鞋小"问题。

2010 年，成都市新津县通过设立派驻机构、委托和直接交办等方式，将 14 个县级部门的行政管理事权、公共服务事项共 96 项下放到全国 25 个行政管理体制改革试点镇之一的花源镇，并将行政许可、政务服务事项全部纳入镇便民服务中心，实行"一站式"服务。

成都还主动扩大了试点范围。2012 年 5 月，成都市委、市政府出台《关于开展经济发达镇行政管理体制改革试点工作的意见》，指出要进一步理顺区(市)县和镇政府间的责权关系，将部分县级行政审批权、行政执法权下放给经济发达镇，进一步激发其活力，促进经济社会协调发展。重点将涉及就业、社保、民政、卫生、文化、司法、综治等领域的事项下放给经济发达镇承担，强化经济发达镇社会管理和公共服务职能。按照建立新型城镇化管理体制的要求，加快推动经济发达镇政府职能实现以农村为主向城乡并重转变，以抓经济为主向经济建设与公共服务转变，从重管理轻服务向管理与服务并重转变，切实增强经济发达镇对本地区经济社会事务的统筹协调能力、处置突发公共事件和社会管理综合整治的能力以及提供公共服务的能力。

成都市把改革试点范围扩展到 14 个经济发达镇，采取委托、设立派驻机构等方式，赋予其产业发展、项目投资、规划建设、市政交通、环境保护、市场监管、安全生产、社会治安、民生事业等方面的县级行政管理权限，并将行政许可、政务服务事项全部纳入镇便民服务中心，实行"一站式"服务。14 个试点镇适当增加经济发达镇税收分享、分成比例。经济发达镇实行政府购买服务或探索建立"项目参与式"的社会工作模式，通过政府采购、项目招标、合同外包、特许经营、志愿者服务、委托代理等社会化方式，建立多元化的公共服务投入体系和运行机制。整合基层信息网络资源，建立集行政管理、社会事务、便民服务于一体的城乡社区信息服务网络。

十八届三中全会《中共中央关于全面深化改革若干重大问题的决定》在论"完善城镇化健康发展体制机制"时说，对吸纳人口多、经济实力强的镇，可赋予同人口和经济规模相适应的管理权。这为当前的城镇化、扩权强镇工作指明了方向。

(三)浙江中心镇培育工程与"镇改市"

浙江中心镇培育工程与"镇改市"，在全国扩权强镇工作中独具特色。

浙江省素以块状经济著称，"一镇一品""一镇一业"是浙江经济的典型现象。诸如龙港不锈钢、织里服装、柳市电器、钱清轻纺原料市场等，都是驰名中外的经济集群。但这些强镇的基础设施建设、环境保护、社会保障、集镇规划、审批处罚权等如何与经济同步发展的问题,乡镇无法统筹解决,出现了"人大衫小"的现象。

1996年,温州市龙港镇被11个部委列为"小城镇改革"试点区,在行政管理体制、财政管理体制、计划管理体制等7个方面进行改革,建立了浙江省第一个镇级金库,享受部分县级经济管理权限。但几年后,龙港镇获得的部分县级管理权限被悄悄收回。

2005年,浙江省在全国各省区率先做出新型城市化道路的战略决策,分步试点"中心镇培育工程"。同年,浙江省绍兴县率先扩权强镇,在3个试点镇尝试委托执法,把环保、劳动和社会保障、安监、林业等执法部门的检查、监督权及部分审批、处罚权委托给专门成立的镇综合执法所。

2007年,浙江省政府下发《关于加快推进中心镇培育工程的若干意见》,提出培育200个左右特色明显、经济发达、辐射能力强的小城市。首批选定的141个省级中心镇,杭州市有19个,宁波市17个,温州市和金华市各15个,嘉兴市14个,舟山市6个。按照"依法下放、能放就放"的原则,浙江赋予中心镇部分县级经济社会管理权限,涉及财政、规费、资金扶持、土地、社会管理、户籍等10个方面。同时,强化中心镇政府的农村科技、信息、就业和社会保障、义务教育、公共医疗卫生等公共服务职能。探索中心镇行政执法监管改革,下放与百姓密切相关的环保、劳保、安监、城建等领域权限。理顺中心镇条块关系,垂直部门派驻中心镇机构的主要领导干部的考核纳入中心镇考核体系,主要领导干部任免须事先征求当地党委意见。中心镇要建设好"一校(高标准的普通高中或职业高中)、二院(中心卫生院、综合性敬老院)、三中心(文化中心、科普中心、体育中心)"以及"一路(高标准的进镇道路)、二厂(自来水厂和污水处理厂)、三网[自来水供水网、垃圾收集(处理)转运网、通村公交网]"等设施,提高基础设施、公共服务水平,使得中心镇建成真正的小城市。

以绍兴县为例,包括安监局、劳动保障局、发改局、经贸局在内的一些县直部门分别与杨汛桥、钱清、福全、兰亭、平水5镇签订了"委托行使管理职能协议书",把管理职权全部委托给镇政府行使,进行审批事项备案。而需要上报省、市有关部门的审批事项,县主管部门收到扩权镇的文件后,即时履行上报手续。5个镇享受相对独立的财权,区域范围内的土地出让净收益全部返还。同时镇党委书记、镇长实行"一肩挑",以提高工作效率。

2010年年底,浙江省发布《浙江省人民政府办公厅关于开展小城市培育试点的通知》指出,在保持镇级建制不变,符合法律法规的前提下,赋予全省27 个试点镇与县(市)级政府基本相同的经济管理权限,包括土地使用权、财政支配权、行政审批权和公共事务管理权,共计下放扩权事项 191 项、下放综合执法权 455 项,打破试点镇在管理权限上的桎梏。省财政将从 2011 至2013 年,每年下拨 10 亿元专项资金,支持 27 个试点镇在 200 个省级中心镇发展和改革的基础上,探索小城市培育试点工程,实现特大中心镇向小城市转型发展,各县资金配套比例为 1∶3,同时给予试点镇所在县(市、区)土地指标切块总量 2%的倾斜。要求试点镇建成功能定位清晰、空间布局合理、经济繁荣发达、服务功能完善、生态环境优美、体制机制灵活、能主动承接大中城市辐射和有效带动周边乡村发展的区域政治、经济、文化和科教中心;依据自身基础条件,分别打造工贸特色城市、历史文化名城、宜居品质新城等特色小城市。

浙江省小城市培育试点镇名单如下:

杭州市:萧山区瓜沥镇、余杭区塘栖镇、桐庐县分水镇、富阳市新登镇。宁波市:象山县石浦镇、慈溪市周巷镇、奉化市溪口镇、余姚市泗门镇。温州市:苍南县龙港镇、瑞安市塘下镇、乐清市柳市镇、平阳县鳌江镇。湖州市:吴兴区织里镇、德清县新市镇。嘉兴市:桐乡市崇福镇、秀洲区王江泾镇、嘉善县姚庄镇。绍兴市:诸暨市店口镇、绍兴县钱清镇。金华市:东阳市横店镇、义乌市佛堂镇。衢州市:江山市贺村镇。舟山市:普陀区六横镇。台州市:温岭市泽国镇、玉环县楚门镇、临海市杜桥镇。丽水市:缙云县壶镇镇。

根据规划,被赋予县级权限的试点镇,到 2015 年要实现年财政总收入超 10 亿元、GDP 超过 100 亿元等。

这 27 个镇面积仅占全省 3.9%,地区生产总值已占全省的 5.8%,多为特大镇。一是人口规模大,温州市苍南县龙港镇 2011 年的常住人口达到39.6 万;二是财政收入高,绍兴县钱清镇 2011 年财政总收入接近 18 亿元;三是产业体量大,2011 年诸暨市店口镇在 6 平方公里的地面上产生 6 家上市公司,经济体量抵得上中西部地区一个县。乐清市柳市镇电器制造业年产值超过 360 亿元,占据该业全国的 1/3。

这些镇的发展普遍受到土地指标的限制。当时泽国镇已连续十多年每年可供工业用地不超过 100 亩,甚至多年没有多增一亩工业用地。而据统计,截至 2011 年年底,泽国镇的土地指标缺口达到 3500 亩。部分试点镇社会事业相对滞后,城市功能比较薄弱,"小马拉大车"现象普遍突出。2011年,浙江省通过切块指标给予试点镇安排新增建设用地 5280 亩,各级下达给试点镇用地指标 10684 亩。2011 年温岭市新增建设用地指标仅为 1950 亩,分配给泽国镇的份额达到 385 亩,约占总量的 1/5。

杭州市萧山区为支持瓜沥镇,推出了三个"100%全额返还"的财政支持政策:瓜沥镇范围内的地方财政收入区级留成部分、土地出让金净收益全额返还;镇区范围的区级重大基础设施和社会事业项目,由区财政全额承担。

除扩大财权和土地使用权,27 个试点镇享受的主要政策红利还包括事权下放、人事权改革两个方面。如 2012 年 9 月,泽国镇行政服务中心启用,公安、地税、水利、农林、工商等 26 个部门及单位入驻,327 项审批权通过延伸机构授权或委托办理等方式由温岭市下放至泽国镇。工商、地税、国土、规划等部门的泽国分所也升格为分局,要求由"温岭市局的副局长兼任泽国分局局长"。一批改革新政在试点镇里推出:建立城镇管理综合执法大队,负责城镇综合性管理;县(市)派驻试点镇的机构建立分局。分局正职由县(市)部门领导兼任或明确为副科级;在核定的编制内,试点镇可根据工作需要设置内设机构;部分镇的党政一把手升级,书记进入所在县(市)委常委,镇长明确为副县长级,列席县(市)政府常务会议。户籍改革方面:在试点镇工作满三年、居住和缴纳保险达到一定要求,本人、直系亲属及配偶可以直接在当地落户。本地农民进城落户原有权益可保留,当地城镇居民基本公共服务可享受,原有经济和财产权益可交易流转,外来务工人员积分落户、享受当地基本公共服务,等等。

2012 年 12 月底,浙江省发改委在"浙江省发展和改革工作会议"上指出,要"开展撤镇设市的制度和路径研究"。此后,浙江省"小城市培育试点工作现场推进会"指出,浙江初步考虑建立小城市试点镇用地指标单列制度,争取国家在浙江率先开展撤镇设市试点,将条件具备的镇升格为小城市。

试点两年后,27 个试点镇总共新吸引 48.3 万人落户,城镇化率提高了 5.8 个百分点;镇里供职于工业和服务业的从业人员比重达 88.9%,高出全省 5 个百分点;试点镇每万人新增个体工商户 95 户,是全省的 2.5 倍。到 2012 年,这 27 个试点镇的 GDP 总量达到 2131 亿元,占全省比重从试点前的 5.58% 提高到 6.16%;财政总收入超 280 亿元,镇均超 10 亿元,占全省比重从试点前的 3.77% 提高到 4.38%。小城市试点取得阶段性成果。

2014 年 6 月,浙江省人民政府办公厅发布《关于印发浙江省强镇扩权改革指导意见的通知》,提出按照加强基层政府公共服务、市场监管、社会管理、环境保护等职责的改革要求,理顺强镇(省级中心镇,重点是小城市培育试点镇)管理体制,赋予与强镇人口和经济规模相适应的县级管理权限,提高强镇集聚人口、经济发展、公共服务、社会治理的能力,建立适应强镇发展需求的"小政府、大服务"行政管理体制和运行机制,推进小城镇和大中小城市协调发展,加快新型城市化进程。

但也要清醒地认识到,有些地方目前之所以热衷于小城市试点,看中的主要是土地指标的增加。应避免粗放型的小城镇借改革之名争夺土地,避免它们只注重外延式的扩张而忽略内涵式的增长。十八届三中全会《决定》在论及"完善城镇化健康发展体制机制"时说,坚持走中国特色新型城镇化道路,推进以人为核心的城镇化,推动大中小城市和小城镇协调发展、产业和城镇融合发展,促进城镇化和新农村建设协调推进。

这是我们思考推进城镇化、进行小城市试点工作时必须坚持的原则。

三、宁波扩权强镇的现状与问题

(一)扩权强镇的历程与现状

目前,宁波市共有 76 个镇、10 个乡。浙江省和宁波市的扩权强镇工作,一直走在全国前列。总的来说,具有省市高度重视、立意高远,政策力度大、系统性强,效果明显、对国家有关政策的形成产生重要影响等特色。

宁波扩权强镇的历程,是与国家、浙江省相关工作的开展密切结合的。

2007 年 5 月,浙江省下发《关于加快推进中心镇培育工程的若干意见》(浙政发〔2007〕13 号),首批选定 141 个省级中心镇,赋予部分县级经济社会管理权限,涉及财政、规费、资金扶持、土地、社会管理、户籍等 10 个方面。宁波市共有 17 个镇列入。宁波市结合本市实际,于 2008 年 1 月发布《关于进一步加快中心镇发展的意见》(甬政发〔2008〕4 号),制定加快中心镇发展的总体目标和主要任务,并对加强中心镇培育工作的组织领导和政策支持做了明确规定。到 2009 年年底,全市 17 个省级中心镇,区域面积扩大到近2000 平方公里,其中建成区面积已达 100 平方公里,平均每个中心镇 5.9 平方公里,比 2007 年增长 13%。户籍人口 98 万,常住人口 140 万,分别占全市的 1/5 和 1/6 左右。财政总收入 56.29 亿元 ,平均每个镇达到 3.3 亿元。

宁波坚持高标准定位,科学规划建设卫星城市,在推进城镇化大平台的规划建设中,对宁波都市圈体系由原来的中心城市—副中心城市体系,重构为中心城市—副中心城市—卫星城市体系,把卫星城市作为城市体系的一个重要环节进行功能定位。发展卫星城市试点对象,是在市中心城区 312 平方公里建设区域以外,选择若干个符合宁波市城乡总体规划体系、人口规模较大、产业基础较实、发展潜力较好、特色比较明显的中心镇。2009 年 9 月,宁波出台了《关于深化中心镇改革加快卫星城市发展的若干意见》(甬党〔2009〕12 号),力争通过 5 年左右的试点,将一批中心镇发展成人口集中、产业集群、资源集约、社会和谐、生态文明、各具特色、充满活力、服务优质的现代化宜居宜业小城市。决定将余姚泗门镇、慈溪观海卫镇、奉化溪口镇、宁海西店镇、象山石浦镇、鄞州集士港镇、江北慈城镇 7 个中心镇作为发展卫星城市试点镇;2011 年 9 月,宁波又把慈溪周巷镇列为第 8 个试点镇。

2010 年 10 月,浙江省发布《关于进一步加快中心镇发展和改革的若干意见》,明确了 2010—2015 年期间浙江省中心镇发展的总体目标和主要任务,将中心镇的目标增加到 200 个,并且制定强镇扩权、户籍制度、社会管理体制创新等 10 项制度改革措施。这次宁波市又有 5 个镇列入。

2010 年 12 月,浙江省人民政府办公厅发布《关于开展小城市培育试点的通知》(浙政办发〔2010〕162 号),公布 27 个试点小城市的强镇名单,明确了包括实施强镇扩权改革、完善小城市机构设置、合理调整行政区划、强化要素保障机制、完善财政管理体制、加大税费支持力度、建立试点专项资金在内的政策支持体系。宁波市有 4 个镇列入。

2012 年,宁波市委、市政府办公厅出台《关于进一步推进卫星城市创新发展的实施意见》,进一步明确了原本由县一级行使的经济社会管理权限下放到试点镇,包括规划实施权、投资审批权、土地出让权、土地收储权、财政预算和财政政策制定权、城市综合执法权等。试点镇的行政执法权限明显扩大,自主性和制度创新空间得到了拓展,缓解了"权小责大,权责不一"的矛盾,为其因地制宜实施区域发展战略提供了体制机制保障。

同年,宁波出台《关于完善中心镇行政管理体制的意见》(甬编办发〔2012〕39 号),就完善卫星城市试点镇以外的省级中心镇的行政管理体制提出意见,包括增强管理服务功能、优化机构设置、完善行政执法体制、合理配备领导职数和人员编制、加强干部队伍建设、完善运行机制等主要内容。

2014 年 3 月,浙江省人民政府办公厅发布《关于公布小城市培育试点扩围名单的通知》,把建德市乾潭镇等 9 个中心镇和省级重点生态功能区范围的淳安县千岛湖镇等 7 个县城纳入新一轮小城市培育试点范围。其中,宁波市有两个镇列入。至此,全省两次确定的小城市培育试点对象达 43 个,宁波市共有 6 个,它们当然也是重点"放权"的对象。

　　总的来说,从扩权的角度来看,目前宁波的乡镇大致分为国家级经济发达镇行政管理体制改革试点镇、省级小城市试点镇、市级卫星城市试点镇、省级中心镇和一般乡镇多个层级,前四者可以称为强镇,共 22 个,都属于省级中心镇的范围。见表 4-1。

表 4-1　宁波市强镇情况

类型	个数	名称
国家级经济发达镇行政管理体制改革试点镇	1	余姚市泗门镇
省级小城市试点镇	6	象山县石浦镇,慈溪市周巷镇,奉化市溪口镇,余姚市泗门镇,江北区慈城镇,宁海县西店镇
市级卫星城市试点镇	8	余姚市泗门镇,慈溪市观海卫镇、周巷镇,奉化市溪口镇,宁海县西店镇,象山县石浦镇,鄞州区集士港镇,江北区慈城镇
省级中心镇	22	江北区慈城镇,北仑区春晓镇,鄞州区咸祥镇、集士港镇、姜山镇,余姚市泗门镇、梁弄镇、马渚镇、陆埠镇,慈溪市观海卫镇、周巷镇、逍林镇、龙山镇,奉化市溪口镇、莼湖镇、松岙镇,宁海县西店镇、长街镇、岔路镇,象山县石浦镇、西周镇、贤庠镇

　　2014 年 12 月底,国家发改委出台《国家新型城镇化综合试点方案》,将江苏、安徽两省和宁波等 62 个城市(镇)列为国家新型城镇化综合试点地区。在这其中,浙江省是唯一一个涵盖计划单列市、地级市、县和乡镇四个层级的省份,而宁波市是被纳入的三个计划单列市之一。由此,宁波的新型城镇化与扩权强镇工作上升到国家战略的层面,开始了新的积极探索。

(二)扩权强镇存在的问题

　　一是镇级"权""能"不相称的问题依然存在。

　　一方面,"权""能"不相称的问题,在强镇和没有列入强镇序列的乡镇中,都依然不同程度地存在。一些强镇虽然取得了相当于县一级的经济社会管理权限,但在实际中,权力下放的进度明显较慢,甚至有部分县(市、区)下放的权力存在不同程度的"打折"现象,尤其是在财政分成体制、土地出让金返还等方面;社会管理权限和执法权等不足的问题也仍然比较突出。

　　另一方面,规划、国土、建设等各部门职能扩大,专业化程度增强,由此使得内部轮岗交流比较困难,而镇一级编制总量、中层干部职位数偏少。尽管行政管理权限下放的总数在不断增大,但仍有部分因镇一级承接能力不足等原因,行政管理权限尚未下放到镇级,影响了行政审批效率。专业技术支撑力量薄弱,致使对审批关键环节掌控不够完全。

二是用地指标和城镇建设资金仍存在较大缺口。

虽然小城市试点镇能通过"戴帽"获得一定数量的切块指标,但与加快发展的需求比,实际用地缺口还是较大。比如奉化市溪口镇因土地限制导致开发建设受阻,一些很有发展前景的旅游、体育、生态、养老等方面的项目难以落地。这在强镇和许多一般乡镇中都是一个普遍的现象。

而包括强镇在内的所有乡镇,普遍感到财政压力大,投融资渠道又相对狭窄,仍然以政府投资为主,以企业为主体的市场化开发运作模式尚未形成,完善基础设施和提供公共服务所需的巨额资金投入存在很大缺口。

三是公共服务供给水平总体较低,集聚辐射效应不明显。

目前,一些强镇的公共服务供给水平总体较低。如一类的重点高中都集中在城关镇,三级甲等、二级乙等以上的医院在非城关镇的镇中还没有建立,文化体育等城市功能极不完善,绿化等市政公共设施建设水平不高,未能以小城市的定位凸显其县域副中心地位,难以发挥聚集、辐射、带动的作用。技术、管理等专业人才的匮乏,制约其产业转型升级和城镇治理水平的提升。如2015年5月江北区慈城镇城建办有工作人员12人,占全镇机关干部总数的8%,却仅有6人具有城建相关专业大学学历。强镇和一般乡镇普遍缺乏优质的教育、卫生等公共资源以及便捷、完善的商贸服务,因而对高学历、高技能人才的吸引力明显不足。目前的户籍制度也影响到了试点镇的人口集聚效应。现行的外来务工人员积分落户办法,难以增强吸引农村人口向城镇转移的动力。

四、对宁波扩权强镇工作的思考

(一)整合政策资源,进一步扩大镇级管理权限

整合政策资源,提高扩权的覆盖度。一是梳理国家级经济发达镇行政管理体制改革试点镇、省级中心镇、省级小城市试点镇、市级卫星城市试点镇这四种强镇的扩权政策体系内容,本着能放则放、政策互通共享的原则,

逐步增大强镇扶持政策的相似度，进一步扩大强镇的经济社会管理权限。二是适当扩大各类强镇的数量，或者扩大可以参照其扩权的乡镇的数量。三是参照强镇的扩权方式，对全市某些或全部乡镇进行某些领域、适当程度的扩权。四是结合宁波进行国家新型城镇化综合试点，在现有强镇基础上，再选择一批乡镇，作为"宁波国家新型城镇化综合试点先行镇"，制定包括扩权在内的相应的政策支持体系。

深化强镇扩权改革。优化和调整审批权限和综合执法权目录，以落实"五权"为核心，按照依法委托、权责落实的要求，赋予强镇县一级的规划实施权、投资审批权、土地出让权、财政预算和财政政策制定权、城市综合执法权等。落实人员、公文和印章技术保障。

允许强镇自主制定区域发展相关政策、实行项目直报和计划指标直达。市委、市政府及有关部门的文件直接对其发放。强镇主要领导由市委管理，其中一些镇的党委书记由上级党委常委兼任，镇长明确为副县（市）区级；其他班子成员和综合性办事机构、派驻机构主要领导，可根据岗位职责予以高配。

构建精简统一高效的基层政府架构，完善基层公共服务体系。通过优化机构设置和人员配备，创新行政管理体制。允许强镇在规定限额内根据需要综合设置相应机构，如设立财政局和地税分局，建立资源配置和审批服务中心等。

加大县级机构延伸力度。支持整合职能相近的县级派驻机构及强镇相关职能机构，统筹设置综合性办公室。上级派驻机构尽量与镇内设机构合署。综合设置国土规划环保局，既是镇的综合办事机构，又是市或县（市）国土、规划、环保部门的派出机构，统一行使相当于县（市）区一级的国土、规划、环保服务与监管职能。已经批准开展或深化城市管理相对集中行政处罚权工作的县（市）区，在辖区内的强镇设立城市管理行政执法中队，作为县（市）区城市管理行政执法局的派出机构，挂镇综合执法办公室牌子，依法行使省政府确定的相关部门全部或部分行政处罚权，同时协调县（市）区有关部门派驻镇机构开展其他领域的联合执法。

理顺条块关系。县直部门属地管理，垂直部门纳入强镇考核。加强对派驻机构和干部的管理，县（市、区）有关部门派驻强镇站所干部的日常管理原则上以镇为主，派驻镇站所负责人的调动、任免，应事先征求镇党委意见。探索强镇的公安、综合行政执法派驻机构主要负责人由县（市、区）相应部门负责人或镇党政领导兼任。

县（市、区）通过统筹调剂，适当增加强镇的编制数量，保障其干部和人力资源适应新任务的需要。县（市、区）制定统一的优惠政策引进特殊专业技术人员到强镇工作。实施强镇人才下派和交流制度，提高干部队伍管理水平。

根据包括强镇在内的乡镇经济社会发展实际，适度调整行政区划，增加体量，拓展发展空间，做大做强，增强集聚辐射能力，提升集约发展水平。

（二）建立多元化可持续的城镇化投融资机制

改革财政和金融体制。明确强镇相当于县一级财政体制，建立镇级国家金库。确定一定基数，地方财政收入增长部分市和县（市）区所得全额留存强镇。土地出让金净收益除上缴国家、省以外，全额返还。市财政每年安排若干强镇建设专项资金，用于项目补助和考核奖励。强镇优先设立村镇银行和小额贷款公司。

加强要素保障，凝集资源配置合力。支持强镇组建开发投资公司等投融资平台，增强投融资功能。县（市）区政府投资公司入股镇建设投资公司，或为其提供融资担保。强镇负债单列。市相关部门和县（市）区优先安排其重大公用设施建设项目，鼓励支持其基础设施与周边区域共建共享。

坚持政府规划引导与市场化方式相结合，通过盘活存量资产，鼓励民间资本投资强镇基础建设、公共服务项目等，形成"政府引导，社会参与，多渠道、多元化"的投融资机制。扩大民间资本进入的领域，最大限度开放行业准入领域。编制《民间资本进入城镇化重点项目引导目录》，明确合作方式、回报预期和运营模式。对于具备一定盈利能力和条件的公益性项目，采取政府和民间合作投资、民间经营模式，制定实施城镇基础设施特许经营管理办法。综合采用建设经营转让模式（BOT）、建设转让经营模式（BTO）、购买建设经营模式（BBO）等方式。建立"负面清单＋特许经营"社会资本融资模式，推行投资领域负面清单管理，完善城镇公用产品价格形成机制，设立城镇化投资引导资金和投资基金。建立"自发自还＋风险基金"地方政府债融资模式，用足地方政府债自发自还试点政策。争取国家开发银行加大金融支持力度，鼓励金融机构针对城镇建设创新金融产品。

（三）提高镇级公共服务水平与聚集能力

按照"城乡统筹、延伸覆盖、均衡发展"的要求，大力推进城市基础设施向镇级延伸，城市公共服务向镇级覆盖。健全城乡统一的商品流通、市场监管、标准制定、社会保障等制度机制，促进土地、技术、资本、劳动力等要素在城乡间平等交换、自由流动配置。持续推进城乡规划、产业发展、基础设施、公共服务、就业社保和社会管理"六个一体化",实现城乡协调发展,提高镇级公共服务水平,提高镇级聚集与辐射作用。

围绕优化人口结构,着力推进本地农民就地城镇化、外来人口按积分市民化,加快新型城市化进程。建立农业转移人口市民化成本分担机制。通过制定农业转移人口落户标准,全面放开强镇落户的限制。制定实施宁波户籍制度改革操作细则,完善并落实宁波市外来务工人员积分落户办法。允许在强镇有合法稳定职业或住所的本市进城农民落户,继续保留土(林)地承包权、宅基地用益物权、农村集体资产股权等权益,享受与城镇居民同等的就业、养老、医疗、教育等公共服务。

同时,大力培育镇级社会组织,积极探索向社会购买公共服务的模式,实现镇级向"多中心协同治理"的模式转变。

第五章　社会治理体制创新

　　本章重点探讨多主体互动结构视角下的社会治理体制的含义、社会治理体制创新的基本原则,探讨社会组织管理体制创新,探讨以撤销街道、加强社区职能等扁平化改革为主要特征的社会治理体制创新。

一、多主体互动结构视角下的社会治理体制

　　2004 年党的十六届四中全会提出社会管理的概念,十七大、十八大报告都沿用了这样的提法。十八届三中全会《决定》提出要"推进国家治理体系和治理能力现代化","创新社会治理体制"。

(一)社会治理与多主体互动结构

　　不少学者对社会管理的含义做了一些有益探讨。如周红云认为,从政府、市场和社会三大部门之间的关系来看,社会第一部门有政府的行政管理,社会第二部门有市场的工商管理;而社会第三部门就是公民社会,就有相应的社会管理。社会管理就是对政府领域的行政管理和市场领域的工商管理"不管"和"管不到"的公民社会领域的管理。社会管理就是为了维护社会秩序,对公民社会领域的社会组织、社会事务和社会活动进行规范和协调

等的管理过程。① 何增科把社会管理定义为"政府和民间组织运用多种资源和手段,对社会生活、社会事务、社会组织进行规范、协调、服务的过程,目的是满足社会成员生存和发展的基本需求,解决社会问题,提高社会生活质量"。

杨雪冬认为,现代社会管理是控制与服务有机结合的过程,这一过程不仅是对个体社会成员的控制,而且是通过组织化的方式对个体社会成员权利的保障和实现。家庭、不同形式的社群、社会组织、国家等具体组织构成了社会管理的主体,实现了社会的组织;国家是社会管理的核心主体。在现代社会,市场经济、主权国家、公民社会形成了社会管理的基本结构。社会管理在一般意义上说就是三者在实现社会控制,维护社会权利,解决社会问题过程中形成的互动关系。现代社会管理的核心是如何在维护社会权利的前提下实现对社会的有效控制。对于中国来说,社会权利导向是社会管理体制改革的基本方向,而消除现有的阻碍社会权利公平实现的体制机制,建立有利于社会权利发展的制度环境,实现社会的再组织化应该成为中国社会建设的重点。②

如果把社会治理的主体视为公民个体、公民自治组织(社区居民委员会、村民委员会)、社会组织与公权力等几者之间的一个良性互动结构,则能更好地理解社会治理的含义。社会治理与政府管理、政府行为总是存在分割不开的密切关系。如从公共产品和服务的角度来看,公共产品和服务由政府提供时,即为政府管理;政府不应、不便或不能够提供而由其他主体提供时,即为社会治理。政府不应或不便,主要指政府职能转变,一些公共产品和服务转由社区、社会组织等其他主体提供。如政府过多干预公共领域(public sphere)而引发不满并导致社会问题,对此就要解决政府越位、滥权的问题,这属于社会治理的基本内容。政府不能够,主要指政府提供的公共产品和服务因为公职人员不履职、政府规则失灵、政府能力有限等不能满足个体、法人的需求(包括正当的、非正当的)而导致个体或群体不满,引致社会问题甚至社会危机,即属于政府失灵,涉及低保、就业、医疗、教育、收入、安全、住房、纠纷调处、食品安全、环境、司法公正乃至意愿诉求等诸多领域,对此就要解决政府缺位、失灵的问题,这属于社会治理的矫正性、应急性

① 周红云:《理解社会管理与社会管理体制:一个角度和框架》,《中共天津市委党校学报》2009 年第 3 期。
② 杨雪冬:《走向社会权利导向的社会管理体制》,《华中师范大学学报》(人文社会科学版)2010 年第 1 期。

内容。

(二)社会治理体制改革总体特征分析

近年来,社会治理体制改革取得显著成效。主要表现在:

一是以前政府对社会实行全面介入,社会治理主体一元的特征十分明显。这导致公民的自我教育、自我管理、自我服务得不到完全发展,公民社会和社会自治发展缓慢。政府在全面履行社会管理权以及公共产品供给权的同时,因为缺乏有效的社会监督与制约机制,就难免导致权力寻租和腐败滋生。而社会治理多主体的互动结构适应了多元的社会现实,可以最大限度激发社会创造活力,最大限度增加和谐因素,也有助于缓解政府压力、转变政府职能。

在目前社会转型时期,政府公权力在重塑良性社会治理体制方面,具有关键性作用。对于一些涉及社会公平、民生以及社会安全与稳定的领域,比如公共安全、公共教育、公共卫生、公共文化、公共环境和社会保障等,政府要加强投入与管理。政府应积极培育社会参与的意识和能力,积极引导和扶持社会组织的发展,为多主体参与社会治理提供良好的法律、政策、制度环境。另外,在多主体间依法、有序、高效的良性互动中,在多主体互动结构的构建中,政府的责任依然很重。

二是以前的社会治理基本模式是自上而下,政府依靠权威,通过政策实施进行单向、硬性的管理。新型的社会治理则要求公民个体、公民自治组织、社会组织与公权力等几者之间的良性互动,充分体现了扁平化、多元、民主、协商、协作、互动、伙伴、信任等当代新型组织、管理理论的精髓。

三是以前的社会服务,由政府垄断了营利性较强的公共产品和服务的供给,缺乏竞争压力与风险,造成服务数量少、服务质量差、成本过高、缺乏创新。新型的社会治理,则要求政府通过削权、放权、购买服务等方式,把一些公共管理和服务转给公民个体、公民自治组织、社会组织来完成。

四是以前的社会治理,政府与其他治理主体之间,上下级政府(包括其派出机关如街道办事处)之间,职责划分不合理。造成的问题是,政府在某些领域管得过多过细,而在某一本应加强职责的领域却没有作为。近年来,几者之间进行了职责厘定、划分。

这些成就的取得,对于我们认清当前社会治理体制创新的关键很有启发意义。一言以蔽之,社会治理体制创新的核心,就是构建公民个体、公民自治组织、社会组织与公权力等多主体之间良性互动的社会治理体制。

(三)社会治理综合机构的设置

十六届四中全会《关于加强党的执政能力建设的决定》指出,根据基层党组织建设面临的新情况新问题,调整组织设置,改进工作方式,创新活动内容,扩大覆盖面,增强凝聚力,使基层党组织紧密联系群众、充分发挥作用。十七大提出要健全党委领导、政府负责、社会协同、公众参与的社会治理格局。

各地开始设立的社会工作机构,主要是针对社会组织的管理。如 2003 年上海成立全国首家省级社会工作委员会——中共上海市社会工作委员会,是市委的派出机构,负责对全市社会团体、社会中介组织、非公经济组织、民办非企业单位党的工作以及相关的社区党建工作的指导、协调、研究和督查。2006 年,中共重庆市委新经济社会组织工作委员会成立,作为市委领导"两新"组织党建工作的派出机构。把视野扩展为整个社会管理的,则是 2007 年年底北京成立中共北京市委社会工作委员会、北京市社会建设工作办公室,分别为市委派出机构、市政府工作部门,合署办公。2009 年,广东省成立社会组织党工委,负责领导全省性行业协会及无业务主管单位的社会组织的党建工作,指导、协调归属各级地方民政部门管理的社会组织和归属省直单位业务对口管理的社会组织的党建工作。依托民政部门开展工作,日常工作由省民政厅党组领导。

2010 年,中央综治委确定了 9 个副省级城市、7 个地级城市和 19 个县(市、区)共 35 个社会管理创新综合试点。2011 年 2 月,省部级主要领导干部社会管理及其创新专题研讨班开班式在中央党校举行。胡锦涛发表重要讲话,要求提高社会管理科学化水平,完善党委领导、政府负责、社会协同、公众参与的社会管理格局,加强社会管理法律、体制、能力建设,维护人民群众权益,促进社会公平正义,保持社会良好秩序,建设中国特色社会主义社会管理体系,确保社会既充满活力又和谐稳定。

胡锦涛就重点要抓好的工作提出 8 点意见。其中涉及管理体制的有,进一步加强和完善社会管理格局,切实加强党的领导,强化政府社会管理职能,强化各类企事业单位社会管理和服务职责,引导各类社会组织加强自身建设、增强服务社会能力,支持人民团体参与社会管理和公共服务,发挥群众参与社会管理的基础作用;进一步加强和完善基层社会管理和服务体系,把人力、财力、物力更多投到基层,努力夯实基层组织、壮大基层力量、整合基层资源、强化基础工作,强化城乡社区自治和服务功能,健全新型社区管理和服务体制；进一步加强和完善非公有制经济组织、社会组织管理，明确非公有制经济组织管理和服务员工的社会责任，推动社会组织健康有序发展。

2011年6月，贵阳市出台《关于加强和创新社会管理工作的实施意见》。"指导思想"一节中指出，坚持以人为本、服务为先，寓管理于服务之中，坚持重心下移、资源下沉。"创新群众工作领导体制"一节指出，成立中共贵阳市委群众工作委员会，简称市委群工委，作为负责统筹协调和推进全市群众工作的市委工作部门，属正县级单位。市委群工委书记由市委副书记兼任。《意见》明确其主要职责包括：研究提出全市群众工作的总体规划和重要政策；宏观指导、统筹协调、整体推动全市群众（信访）工作；推动、督促、指导相关部门对可能引发或诱发群众上访和群体性事件的问题进行研究；组织开展涉及群众利益的重大决策和重大建设项目的社会风险评估；牵头拟订全市社会组织建设规划、政策和改革方案；协调指导市总工会、团市委、市妇联等群团组织开展群众工作；受市委委托，协同市委组织部做好市群众工作中心以及市总工会、团市委、市妇联、市科协、市残联的干部管理工作；监督检查涉及群众利益政策的贯彻落实……并要求各区（市、县）相应成立群众工作委员会，书记由区（市、县）委副书记兼任。

明确群工委书记由副书记兼任，可以加大领导力度；组织开展社会风险评估，使群工委具备更大的发言权；而协调组织部管理有关部门的干部，无疑可以增大群工委的权威。

《意见》"构建群众工作服务管理平台"一节中说，组建贵阳市群众工作中心，简称市群工中心，与贵阳市信访局一个机构、两块牌子，隶属于市委、市政府，接受市委群工委的具体领导，为来信来访群众提供服务。纪委（监察）、法院、检察院、工业和信息化、教育、公安、民政、司法、人力资源社会保障、国土、住房城乡建设、交通运输、水利、农业、林业绿化、商务、文化、卫生、人口计生、环保、规划、城管、物价、国资、移民、两湖一库管理、工商等有关部门派员入驻市群工中心。

对于中心的职责，《意见》明确为：整合力量，协调运转，集中市级职能部门直接调处化解群众（信访）事项。具体为调解事项的协调调度、分流指定、督促检查、责任追究建议权，构建人民调解、行政调解、司法调解相互衔接、联动配合的工作机制等。这样，对复杂矛盾和问题采取联合办公、直接的方式解决，变信访的"中转站"为"终点站"。

其他省份也有类似探索。如到2011年6月，河南全省18个省辖市、158

个县(市、区)全部挂牌成立了党委群众工作部。河南市(县)群众工作部,部长多由副市(县)长兼任,有的甚至由党委常委兼任。山东则主要形成四种模式:一是在信访办的基础上成立群众工作部,作为群众工作的统领部门;二是由信访办牵头,协调各个政府主管部门,建立信访联席会议制度;三是成立高级别的信访工作领导小组,在信访办设领导小组办公室,统领信访工作;四是建立群众工作委员会,定期开协调会,解决信访中的难题。以成立群众工作部居多。有市县将群众工作部放在同级党委,与组织部、宣传部等并列,也有将其与信访办合署办公,由信访办主任兼任群工部部长。

2011年6月,海南省委设立群众工作部,主要侧重于信访和稳定工作,与信访局合署办公,信访局升格为正厅级,部长由省委常委、政法委书记兼任。这是全国第一个省级层面的群众工作部。

2011年7月,党中央、国务院印发《关于加强和创新社会管理的意见》,决定将中央社会治安综合治理委员会更名为中央社会管理综合治理委员会,作为协调机构,主要职责是重点协调、推动涉及多个部门的社会管理重要事项的解决;加强对社会管理有关重大问题的研究,提出加强和创新社会管理的重大政策措施建议;协调、指导社会管理法律制度建设等。成员单位在原来的40个的基础上又增加11个。中央综治办是中央综委的办事机构,与中央政法委机关合署办公。地方各级也按照要求进行了更名和调整。这样,综治委职责任务增加,领导力量充实,工作机构加强,有利于发挥好组织协调作用,推动加强和创新社会管理工作向纵深发展。就地方而言,各级综治委主任多数由副书记或常委政法委书记兼任,也有的地方是由政府正职甚至地方党委书记兼任。副主任一般包括常委政法委书记(副书记兼任主任时)、常委宣传部部长、政府副职(1~2名)、人大和政协领导(各1名)、公检法正职领导以及军分区(人民武装部)、武警部队领导等。

2011年8月,广东省设立社会工作委员会。它既是省委的工作部门,又是省政府的职能机构。牵头制定并组织实施社会工作总体规划和重大政策,宏观指导、综合协调、督促检查全省社会工作,协调相关部门起草社会工作方面的政策法规,参与拟定劳动就业、社会保障、教育、卫生、文化、体育等方面的政策,推进和创新群众工作,协调建立健全群众利益协调、诉求表达、矛盾调处、权益保障机制;配合推进社会领域党建工作等。由四位省级领导兼任领导,还设有3名专职副主任,下设3个处。20多个省委和省政府工作部门、人民团体作为成员单位派出委员。委员会实行决策、执行既相对分离又相互协调的工作体制,委员会负责统筹、决策重大问题,各成员单位按照职责分工贯彻落实。各市、县(市、区)相应成立社会工作机构。广东这样的在省级层面成立社会工作委员会,并由省级领导兼任委员会领导,有利于对全省社会工作的统筹协调。

2013 年 10 月,中共贵州省委成立群众工作委员会,承担执行中央和省委的群众工作部署、制定贵州群众工作规划、指导和协调贵州省各地各单位群众工作、向省委提出群众工作建议等职责。省委群工委下设省群众工作中心,承担日常工作。群工委书记由省委专职副书记兼任。贵州省的市、县两级都组建了这样的机构。

二、社会组织管理体制创新

社会治理体制创新涉及内容较多,本节与下节分别讨论社会组织与社会治理层级问题。

(一)社会组织发展的重要性

社会组织,又称非政府组织或民间组织(non-governmental organization,简称 NGO),根据《联合国宪章》,它是指从事非营利性活动的所有组织,包括各种慈善机构、援助组织、青少年团体、宗教团体、工会、合作协会、经营者协会等,被称为第三体系、第三部门、公民社会部门(civil society sector)、独立部门(independent sector)、非营利部门(non-profit sector)、志愿部门(voluntary sector)和利他部门(altruistic sector)等。

社会组织的发展是市场经济发展的需要。随着改革的深入,社会组织在行业管理与公共服务等方面的作用日益凸显,完善的市场经济体制离不开发达的社会组织体系做支撑。然而,长期以来中国的社会组织主要由政府部门发起成立,政社不分,具有浓厚的行政色彩,缺乏活力与效率,无法适应市场经济发展的需要。

社会组织的发展是社会治理的需要。随着市场经济的发展,社会结构发生了深刻的变化,利益主体和社会需求日益多元,传统的政府主导的一元化社会治理模式已经难以应对,公民自发组织起来的各种社会组织逐渐成为社会治理的重要主体,形成多主体的治理格局。

社会组织的发展是行政体制改革的需要。转变政府职能,建立服务型政府;主要任务是解决政府"越位""错位"和"缺位"等问题,鼓励社会力量参与公共事务,提高行政效率。这就要求大力培育和发展社会组织,使其有能力承接政府转移的部分职能,提供优质的公共服务。

社会组织的发展是市民利益表达的需要。随着利益诉求日益多样化和多层次,公民开始要求在各个层次、各个领域直接参与公共事务和公益事业;发展社会组织,是社会公众实现小康生活,追求经济、政治、文化和社会更大利益的需要。

世界多数国家特别是发达国家普遍存在一个庞大的非营利部门。就万人拥有民间非营利组织而言,2005 年瑞典拥有 230 个,法国拥有 110 个,日本拥有 97 个,美国拥有 52 个,阿根廷拥有 25 个,新加坡拥有 14.5 个,巴西拥有 13 个;其经济规模平均占各国 GDP 的 4.5%,从业人员占非农业人口的 5%、服务业人口的 10%。有学者指出,民间非营利组织在当代世界的蓬勃发展,其"具有的社会和政治意义有可能同 17 世纪民族国家的崛起相媲美"①。

实践证明,在一个区域,经济社会发展与社会组织发展呈现出互相促进的正相关关系。如 2004 年年底,浙江省登记在册的民间组织近 3 万个,在民政部首次对民间组织的表彰中,浙江省共有 24 个民间组织获得殊荣,在全国省(区、市)中位居第二。

与世界各国相比,我国社会组织总体上处于发展的初级阶段,在数量、质量、活力、作用方面都有差距。2004 年年底,在民政部门登记的全国各类民间非营利组织已有 28.9 万个,其中社会团体 15.3 万个、基金会 936 个、民办非企业单位 13.5 万个。2009 年年底,全国的社会组织总数为 43.1 万个,2010 年年底增长到 44 万个,增长率仅为 2%～3%,其中社会团体的增长率仅为 1%,基金会只是净增长 325 个。截至 2014 年 6 月底,全国共有社会组织 56.1 万个,其中社会团体 29.4 万个,基金会 3736 个,民办非企业单位 26.4 万个。

总的来说,相对于其他领域的改革发展,我国社会组织的发展相对滞后,成为公共治理中的"短板";社会组织要真正成为社会建设和社会治理的重要力量,发展的任务还十分艰巨,发展的空间还十分广阔。

社会组织的登记管理体制是影响我国社会组织发展的瓶颈。

按照一直以来的规定,各类社会组织需要先找到所在行业领域的行政职能部门,作为业务主管单位;得到业务主管单位审批后,才能到民政部门

---

① 　陈军:《充分认识民间非营利组织在社会中的作用》,2005 年 12 月 9 日《联合时报》。

去登记注册，俗称"双头管理"。这导致很多社会组织登记难，中国有数百万"草根"组织没有登记，没有合法身份。一些民间专业化的服务性组织由于起点低，启动资金少，要找到业务主管单位，在民政部门注册非常难，只能勉强在工商部门注册。如很多民间自闭症儿童服务机构，都是在工商部门登记，以经济组织的面目在运行，发展中遇到诸多问题。但在国际上，这些毫无疑问属于公益性的社会组织。

因此，改革社会组织登记管理体制，成为排除社会组织发展障碍的必然。

(二)社会组织管理体制创新历程与案例分析

深圳市和广东省是较早通过社会组织登记管理体制创新等措施促进社会组织发展的。

从2004年起，深圳市采取"半步"策略，选择敏感度较低、风险较小的领域行业协会作为突破口，改革行业协会登记管理体制，逐步扩大领域，探索社会组织直接由民政部门登记的管理体制。

2004年，深圳市成立行业协会服务署，统一行使行业协会业务主管单位的职责，推动行业协会民间化改革：各行业协会在机构、办公场所、人员和财务等方面与原业务主管单位全面脱钩，切断各行业协会与政府各职能部门的行政依附关系，行业协会真正拥有独立的社团法人地位。当年共有201名党政机关公职人员辞去在行业协会兼任的领导职务。深圳在全国最早也是最彻底地实现了行业协会民间化。

2006年年底，深圳市将行业协会服务署和市民政局民间组织管理办公室合并，组建市民间组织管理局，最早实行行业协会由民政部门直接登记的管理体制。

2008年，深圳出台《关于进一步发展和规范我市社会组织的意见》，规定对工商经济类、社会福利类、公益慈善类社会组织实行由民政部门直接登记管理的体制。

在此基础上，配合行政管理体制和事业单位改革，深圳加大政府职能转变力度，重新厘定和规范政府、市场、社会三者的关系，从制度建设、职能转移、购买服务、人才建设、沟通机制、发展规范、职能转移、财政扶持等方面加强社会组织建设，政府与社会组织的关系，从原来行政性的依附关系，改为契约式的合作伙伴关系，形成有效的功能互补机制，构建新型的公共服务体系。2004年之前，深圳市共有146家行业协会登记注册。2005—2010年，深圳市新增行业协会 82 家,平均每年新增 16.4 家,全部由民间自发成立。社工机构和社会福利服务组织也实现了从无到有。2007—2011 年,深圳共登记注册 36 家社工机构和 101 家社会福利服务组织,2008 年全市社工机构共获得市、区两级政府购买社工服务的经费 5000 多万元,2009 年达到 7000 多万元。2008 年和 2009 年,深圳市先后从福彩公益金中安排 1970 万元和 1760 万元用于向社会组织购买服务,并公开向社会征集了 102 个项目。深圳市物流与供应链管理协会 2003 年只有 7 名专职工作人员,2011 年扩展到 61 名,每年来自政府购买服务的资金高达 450 多万元,占协会收入总额的 2/3。政府资助行业协会组建家具、钟表等 8 个行业技术和公共服务平台,到 2011 年政府资助的资金累计已达 1 亿多元。

2006 年,广东在全国率先将行业协会商会、异地商会、公益服务类社会组织和部分经济类社会组织的业务主管单位改为业务指导单位。广东《关于发挥行业协会商会作用的决定》指出,要推进行业协会、商会民间化。与国际惯例接轨,依法办会、民间办会,在"自愿发起、自选会长、自筹经费、自聘人员、自主会务"的"五自"原则基础上,实行无行政级别、无行政事业编制、无行政业务主管部门,真正实现民间化和自治性。行业协会、商会的机构、人事、资产、财务一律与国家机关和企事业单位分开。县级以上人民政府民政部门是行业协会、商会的登记管理机关,其他有关部门在各自职责范围内依法对行业协会、商会进行相关业务指导。政府与行业协会、商会之间,是指导与被指导、监督与被监督的关系。政府既要依法对行业协会、商会进行登记管理,又要积极扶持和促进其发展,逐步将法律法规和政策规定可以向行业协会、商会转移的相关业务职能向行业协会、商会转移,保障其依法独立开展活动。政府对行业协会、商会的管理,要由控制型转向培育、服务型,提供法律依据及进行法律监督,并加强对行业协会、商会行为的事后监督,而不直接干预其内部运作。政府要坚持在发展中规范,以规范促发展。

广东各地进行了有益探索。如 2010 年东莞市出台《关于进一步发展和规范社会组织的意见》,明确指导思想是:按照培育发展与监督管理并重的要求,采取转变职能、理顺关系、分类指导、改进监管、提升能力、强化自律、完善政策等措施,坚持在发展中规范,以规范促发展,为社会组织发展创造宽松的外部环境。"着力转变政府职能"一节指出:明确政府职能转移事项。除法律法规另有规定的外,政府各职能部门要将公民、法人和其他组织能够自主解决,市场机制能够自行调节,社会组织能够通过自律管理的事项转移出去。政府各职能部门以自身具备的权限为依据,以社会组织具备承接能力为前提,有重点、分步骤地将行业标准和行规行约的制定,行业准入资质资格、专业技术职称、执业资格与等级初审,公信证明、行业评比、行业领域学术和科技成果评审等行业管理与协调职能,法律服务、宣传教育、专业培训、社区事务、公益服务等社会事务管理与服务职能,业务咨询、行业调研、统计分析、资产项目评估和行业内重大投资、改造、开发项目可行性前期论证等技术服务与市场监督职能,通过授权、委托等适当方式转移给社会组织。

《意见》指出,要突出社会组织发展重点:今后 3～5 年,重点培育和扶持五类社会组织。一是行业协会商会。二是公益慈善类社会组织。拓宽社会福利事业的资金筹集渠道,积极发展面向社会公众的,具有社会性、保障性和非营利性特点的公益慈善类社会组织,培育和发展一批志愿服务组织,建立覆盖全社会、与政府服务和市场服务相衔接的社会志愿服务体系。发挥公益慈善类社会组织在扶贫济困、抢险救灾、化解矛盾、公益捐赠等方面的作用。三是民办非企业单位。四是社区社会组织。五是职业类社会团体。

《意见》指出,要建设孵化基地。筹建东莞市社会组织服务中心,打造社会组织孵化基地,建设专业培训、技术孵化、投资融资、管理咨询等公共服务体系。

《意见》还指出,要创新社会组织登记管理体制。在总结行业协会商会登记管理改革经验的基础上,将公益服务类社会组织的业务主管单位改为业务指导单位,具备设立条件的公益服务类社会组织直接到登记管理机关申请注册登记。放宽农村专业经济协会的准入条件。

2011 年 7 月,广东出台《关于加强社会建设的决定(摘要)》,提出要降低准入门槛,简化登记办法,探索公益慈善类、社会服务类、工商经济类等社会组织直接申请登记制;推行政府向社会组织购买公益服务项目,编制社会组织名录及考核办法,给予资质优良、社会信誉好的社会组织承接公共服务优先权,鼓励有条件的市、县(市、区)政协设立新社会组织界别。

2011 年国庆节,广东省东莞市市民张坤收到了东莞市民间组织管理局发来的一张《民办非企业单位登记批准通知书》,从此,捐资助学 23 年而一直没有名分的"坤叔助学团队"成功变身为"千分一"公益服务中心。"坤叔转正"成为广东社会组织直接登记制度变革的标志性事件。

2011 年 11 月,广东省民政厅规定,从 2012 年 7 月 1 日起,除特别规定、特殊领域外,将社会组织的业务主管单位改为业务指导单位,社会组织直接向民政部门申请成立。这是在全国率先提出将所有的社会组织的业务主管单位改为业务指导单位,实现社会组织直接登记。

2011 年年底,广东省登记的社会组织数量超过 3 万家,从业人员 42 万多人,每年的经济活动总量超过 500 亿元。到 2011 年 11 月,广州全市登记在册的社会组织共 4279 家,比去年年底增加了 252 家,其中社会团体 1458 家、民办非企业单位 2821 家。2011 年 12 月,民政部部长李立国在全国民政工作会议上表示,要推广广东经验,支持有条件的地方将社会组织业务主管单位改为业务指导单位,推行公益慈善、社会福利、社会服务等类社会组织直接向民政部门申请登记。

2012 年 4 月,广东出台《关于进一步培育发展和规范管理社会组织的方案》指出,建立健全统一登记、各司其职、协调配合、分级负责、依法监管的社会组织管理体制,促进新的社会治理结构逐步形成。《方案》明确了总体目标:到 2015 年,全省社会组织总量达到 5 万个以上,每年增长 10% 以上,平均每万人拥有社会组织 5 个以上,其中珠江三角洲地区达到每万人 8 个以上,建立与广东省经济社会发展相协调的现代社会组织体系。

《方案》指出,除法律法规规定需要前置审批的以外,2012 年 7 月 1 日起,社会组织的业务主管单位均改为业务指导单位,实现自愿发起、自选会长、自筹经费、自聘人员、自主会务和无行政级别、无行政事业编制、无行政业务主管部门、无现职国家机关工作人员兼职,推进社会组织民间化、自治化、市场化改革进程。放宽社会组织准入门槛,简化登记程序,申请成立社会组织,由民政部门直接审查登记。

《方案》在"分类登记办法改革"一节中,对行业协会商会、群众生活类社会组织、公益慈善类和社会服务类社会组织、异地商会、城乡基层社会组织、涉外社会组织、枢纽(联合)型社会组织这 7 类社会组织的管理体制改革进行了详细规定,并明确将出台进一步加强培育、促进发展的意见。其中包括,允许公益慈善类社会团体名称使用字号,探索将非公募基金会登记管理权限从省下放至地级以上市民政部门。异地商会的登记范围从地级以上市扩大到县(市、区),登记管理权限从省下放至地级以上市民政部门。乡镇(街道)的社会组织由县(市、区)民政部门直接办理法人登记,以街道办事处、乡镇政府作为业务指导单位。达不到法人登记条件的,可直接向当地街道办事处(乡镇政府)申请非法人登记。以社区、村为活动范围的,实行备案制。积极发挥工会、共青团、妇联等人民团体在孵化培育、协调指导、集约服务、党建群团建设等方面的枢纽型功能作用。枢纽(联合)型社会组织分别由登记管理机关、政府相关业务指导单位引导成立,直接到民政部门申请登记。

《方案》"加大社会组织扶持力度"一节指出,要"建立政府职能转移和购买服务制度",按照建立目录—设立咨询服务机构—职能转移—购买服务的方式,推进政府职能转移和购买服务。各地级以上市要参照省的做法。要"创新资金扶持机制",在省和地级以上市实施社会组织扶持发展专项计划,建立孵化基地。省、市、县(市、区)设立孵育专项资金,采取分类扶持方式对符合申请条件的社会组织给予补助。

《方案》"拓宽参政议政渠道"一节指出,提高社会组织代表人士的政治参与度,将社会组织中的优秀代表人士纳入党代会代表、人大代表、政协委员推荐范围,适当增加各级党代会、人大、政协中社会组织代表的比例。建立政府与社会组织沟通协调机制,在出台涉及行业发展、社会管理和社会服务等的政策前,要注意听取相关社会组织意见,广泛征询民意。

2011年6月,北京出台《关于加强和创新社会管理全面推进社会建设的意见》。《意见》在"积极推进社会组织管理改革"一节中指出,按照有关法律法规要求,积极稳妥地推进工商经济类、公益慈善类、社会福利类、社会服务类社会组织直接登记。完善备案管理制度,逐步扩大社会组织备案管理范围。北京市又规定,这四类社会组织由民政部门直接申请登记时,由民政部门帮助寻找、协调合适的业务主管部门;对于协调不到合适业务主管单位的创新型社会组织,又的确在公益慈善、社会福利或社会服务领域做出不可替代工作,符合登记条件的,市民政局一手托两家,即兼任业务主管单位和登记管理单位。2011年1月到10月,在北京市社团办成功登记的市一级社会组织共有86家,其中28家是由市民政局兼任业务主管单位。

2012年成都市成立基金会发展社会组织,则为省会城市首创。

到2011年年底,成都市社会组织共有5882个,发展会员136万人,解决了15万人的社会就业。2012年6月,成都市社会组织发展基金会成立暨成都公益组织服务园开园仪式在成都高新区举行。社会组织发展基金会注册资金先期到位3亿元,由市政府和区(市)县政府共同出资,专门培育扶持社会组织的发展。基金会是经省民政厅审核通过正式注册成立的地方性公募基金会,目的是充分发挥连接政府和社会的"轴"的作用,通过政府资金撬动社会、市场资源,共同扶持社会组织发展。同时通过研发服务社会、服务民生的公益项目,带动更多的社会组织参与社会治理,提供公共服务。开始时重点扶持服务老年人、青少年、妇女儿童、残疾人、流动人口的民生项目和大力推动社会组织孵化载体建设。

2013年3月,《国务院机构改革和职能转变方案》中指出,要改革社会组织管理制度。加快形成政社分开、权责明确、依法自治的现代社会组织体制。逐步推进行业协会商会与行政机关脱钩,强化行业自律,使其真正成为提供服务、反映诉求、规范行为的主体。探索一业多会,引入竞争机制;重点培育、优先发展行业协会商会类、科技类、公益慈善类、城乡社区服务类社会组织。成立这些社会组织,直接向民政部门依法申请登记,不再需要业务主管单位审查同意;建立健全统一登记、各司其职、协调配合、分级负责、依法监管的社会组织管理体制。这是首次从中央政府层面明确这四类社会组织可以直接登记、一业可以多会。

十八届三中全会《决定》在论及"创新社会治理体制"时指出,激发社会组织活力。正确处理政府和社会关系,加快实施政社分开,推进社会组织明确权责、依法自治、发挥作用。适合由社会组织提供的公共服务和解决的事项,交由社会组织承担。支持和发展志愿服务组织。限期实现行业协会商会与行政机关真正脱钩,重点培育和优先发展行业协会商会类、科技类、公益慈善类、城乡社区服务类社会组织,成立时直接依法申请登记。加强对社会组织和在华境外非政府组织的管理,引导它们依法开展活动。

由此,社会组织登记管理体制开始了全国性的创新。

三、扁平化与社会治理体制创新

本节探讨以撤销街道、加强社区职能等扁平化改革为主要特征的社会治理体制创新。从另一个角度来说,这也属于政府层级管理体制创新的内容。

(一)撤销街道的探索

市区、街道、社区的职责关系。

1954年年底,全国人大常委会第四次会议通过《城市街道办事处组织条例》,指出,市辖区、不设区的市的人民委员会可以按照工作需要设立街道办事处,作为它的派出机关。街道办事处的任务主要包括,办理市、市辖区的人民委员会有关居民工作的交办事项;指导居民委员会的工作;市、市辖区的人民委员会的各工作部门,非经市、市辖区的人民委员会批准,不得直接向街道办事处布置任务。

但事实上,几十年来,政府工作部门直接向街道办事处布置任务的情况很多。

2010年11月,中办、国办印发《关于加强和改进城市社区居民委员会建设工作的意见》,对社区的性质、职能以及与基层政府、政府派出机关(即街道办事处)、政府部门之间的关系进行了明确。

《意见》指出,城市社区居民委员会是居民自我管理、自我教育、自我服务的基层群众性自治组织。《意见》明确,一方面社区居民委员会要协助城市基层人民政府或者它的派出机关做好与居民利益有关的社会治安、社区矫正、公共卫生、计划生育、优抚救济、社区教育、劳动就业、社会保障、社会救助、住房保障、文化体育、消费维权以及老年人、残疾人、未成年人、流动人口权益保障等工作,推动政府社会管理和公共服务覆盖到全社区。另一方面,城市基层人民政府或者它的派出机关对社区居民委员会的工作给予指导、支持和帮助。要在街道社区服务中心设立"一站式"服务大厅,为社区及居民群众提供方便快捷优质的服务。普遍推行社区公共服务事项准入制度,凡属于基层人民政府及其职能部门、街道办事处职责范围内的事项,不得转嫁给社区居民委员会;凡委托给社区居民委员会办理的有关服务事项,应当实行权随责走、费随事转。逐步清理和整合在社区设立的各种工作机构,规范政府部门面向社区居民委员会开展的检查评比达标活动,大力压缩针对社区居民委员会的各类会议、台账和材料报表。

这是我们思考市区、街道、社区之间权责关系,探索以撤销街道、加强社区职能等扁平化管理为主要特征的社会治理体制创新的重要指导性文件。

各地撤销街道的探索。

长期以来,一般地级以上城市的社会治理层级为市—市区—街道—社区这样"两级政府、四级管理"的架构。近年来,不少地方开展了减少治理层级的探索,主要方式就是撤销街道一级,形成市—市区—社区这样"两级政府、三级管理"的模式。

2002年,南京市白下区开展"淮海街道管理体制改革",在全国是较早的探索。

2002年年初,白下区政府提出"改革街道管理体制,强化居委会的社区自治功能,弱化街道办事处行政职能,直至撤销街道办事处"。同年3月,开始在淮海路街道进行街道管理体制改革的试点。首先是撤销淮海路街道办事处,城市管理层次由四级变为三级,按照"费随事转,权随责走"的原则,原街道的行政管理和行政执法的 57 项职能全部移交给 13 个区职能部门。对一些需要延伸到社区的工作,由政府职能部门招聘或派人承担。其次是建立淮海路社区党工委。再次是成立过渡性质的行政事务受理中心,作为区政府有关职能部门在辖区内直接面对居民服务的平台,由劳动、民政、计生、城建、市容、司法等职能部门派出的工作人员组成,使区政府直接服务于社区群众。另外,让居委会充分行使自治权。属于社会性、群众性的工作,由社区居委会全面承接,社区居委会直接面向居民。给居委会"减负",政府不再对社区进行各种检查评比,各类台账由过去的 72 本精减为"5＋1"本台账。社区建立"社会工作站"和专职化的社区工作者队伍,负责长期由居委会统揽的社区公共服务和福利保障事务。

2003 年北京市石景山区撤销鲁谷街道的探索。

2003 年 7 月,北京市石景山区率先撤销鲁谷街道,成立鲁谷社区;2004年整个石景山区都撤销了街道建制。当时北京市同等规模的街道一般在 90人左右,鲁谷社区减少为 39 人。鲁谷社区将内设机构由传统街道的 17 个科室,改为"三部一室",党群工作部履行原街道党工委职能,社区事务部履行原街道民政、计生职能及劳动、文教体卫的行政协调职能,城市管理部承担原街道城建科和综合治理办公室的职能,原街道工委办、行政办、财政科、监察科整合为综合办公室。将劳动监察、居民私房翻建审批、殡葬管理执法等职能剥离归还给区有关职能部门。同时撤销统计科,职能归于区统计局向鲁谷派驻的统计事务所。将城管分队原双重领导体制改为职能部门垂直领导,由政府直接管理的文教体卫等部分社会事务交给社区民主自治组织和社团组织承接。由社区代表会议选举产生鲁谷社区委员会。

当时有评论称此举是"基层民主自治的春风拂过"。但事实上,改革前鲁谷承担的行政职能约 368 项,改革最初只剥离、转出、整合了 28 小项,其中有的还不彻底,只是"从左手换到右手",18 项职能只是从社区机构转入社区所属的事业单位,对外仍由鲁谷社区行政事务管理中心负责,社区总体上的工作任务和上级考核并未实质减少。工作人员一人兼数职、一人对数口的情况依然存在,最多时 2 名工作人员上对文委、教委、科委、科协、卫生局、政府教育督导室、人大教科文办公室、农委、体育局、区文明办、区语委办、区校外办、区社区学院、区疾控中心、红十字会等 15 个单位。虽然鲁谷的行政编制增加不明显,但社区处级领导从原来的 6 人变成了 2011 年的 12 人,跟一般的街道没有太大区别,事业编制从当初的十几个人增加到 40 多人。如今,除鲁谷外,石景山区又恢复了被撤销的街道建制。

鲁谷社区的尴尬和石景山区的恢复街道，主要原因是"下变上不变"，区职能部门与街道、社区的职责关系有待理顺。

到 2012 年，黄石、铜陵、嘉峪关、大庆、贵阳市区全部撤销街道。

湖北省黄石市现辖大冶市、阳新县和黄石港区、西塞山区、下陆、铁山区四个城区及一个国家级经济技术开发区——黄石经济技术开发区。遵循"减少层级、重心下移、充实一线"的思路，2009 年 3 月，黄石市从铁山区开始试点撤销街道，2011 年推广到下陆。2011 年 3 月，黄石港区和西塞山区先后推行，同时引入网格化管理模式。到 2012 年 4 月，随着西塞山区 5 个街道全部撤销，4 城区的 14 个街道全部撤销，4 个城区将原来 132 个社区整合为 81 个。

2012 年，安徽省铜陵市辖铜官山区、狮子山区、郊区和铜陵县。作为全国首个社区管理和服务创新实验区，2010 年铜官山区 6 个街道被十几个社区公共服务中心替代。到 2012 年 8 月，铜陵市市区的 10 个街道办全部撤销，原有的 61 个社区整合为 23 个"大社区"。

2010 年 10 月，甘肃省嘉峪关市被中央确定为全国 35 个社会管理创新试点城市之一。嘉峪关市推进城乡户籍一元化、社区管理扁平化、社会细胞和谐化、社会服务集约化等，整体规划设计，积极探索社会管理新模式。社区管理扁平化的改革思路是"精简管理层级，优化整合资源，实行区域化管理，加强党的基层组织"。

一是精简管理层级。在全市城乡所有社区（村）设立社区党委和社区服务中心，撤销 7 个街道，社区直接面对群众提供公共管理服务。二是调整合并社区。以人口数量、服务半径和地域面积为主要依据，兼顾居民认同感、治安管理、公共服务资源配置等因素，围绕打造社区"一刻钟服务圈"，调整划分社区管理服务范围，将原来的 69 个社区合并为 29 个社区。推行"一委一会一中心"的社区工作新模式，"一委"即社区党委，"一会"即社区居委会，"一中心"即社区服务中心。社区党委受区委领导，指导社区居民委员会依法开展工作。社区服务中心受区行政领导，承接政府公共服务和市各委办局延伸业务。社区党委和社区服务中心实行"两块牌子、一套人马"。居民议事会是社区议事协商机构，负责收集意见建议、讨论社区建设和民主决策、民主管理、民主监督，引导群众自觉参与社区事务、监督社区工作。设立社区警务室，把警员、综治员、联防员等人员整体下沉到社区，实行包片责任制。实行村庄社区化管理模式，规划建设综合服务中心，推行村干部坐班制，实现"一体化"管理、"一站式"服务的新模式。三是理顺管理体系。坚持有利于服务管理、有利于提高效率的原则,将原街道公共管理服务职能下放到社区,把原街道行政职能收归区直相关职能部门。

2012年,黑龙江省大庆市启动新社区改革,将市区原有的29个街道和200个社区居委会重新划分为70个社区工作站。新社区实行"一委一站一会"模式。"一委"即社区党工委。"一站"即社区工作站,是政府在社区实施服务和管理的基础平台,内设综合管理中心和公共服务中心。公共服务中心主要负责劳动和社会保障、婚姻登记管理、双拥、低保、残联、老龄、社团及民办非企业管理、区划地名管理、殡葬市场管理等民政工作。而综合管理中心主要负责辖区司法,人民调解,信访稳定,矛盾纠纷排查和社情民意收集,市容环境卫生、园林绿化的监督、管理和服务,爱国卫生运动,居民健康教育等宣传,以及辖区内大集和早晚市的管理等。"一会"即居民议事会,是新社区议事协商机构。并且"一社多居",在一个社区管理服务范围内设置3到4个居委会,居委会不再参与行政管理性事务,而是作为基层群众性自治组织。这样,大庆构筑了以社区党工委为领导核心,以社区工作站为服务和管理平台,以居民议事会和居委会为自治主体,以社会组织为有效参与的新社区运行架构。

贵阳在省会城市中最早撤销街道。2010年2月,贵阳市的城市基层管理体制改革首先在小河区、金阳新区试行,撤销街道,整合为大社区。2011年扩大到全市10个区(市、县)。到2011年上半年,贵阳市撤销全市所有49个街道,建立89个新型社区,使全市200多万城区人口全部纳入新型社区覆盖的"半小时服务圈"。贵阳市把社区机构纳入事业单位序列,工作人员纳入正式编制,并把社区工作人员经费、办公经费、公益事业费等纳入区(市、县)级财政预算,把社区办公和服务场所建设纳入城市建设规划。新建社区推行一个社区党委、一个居民议事会、一个社区服务中心的组织架构,领导成员的产生采取公推直选方式。改革取得良好效果。2012年在试点社区进行的民意问卷调查中,对于"开展便民利民服务情况""社区党组织和党员作用发挥情况""社区社会建设和社会管理情况"及"社区社会治安综合治理情况"等方面的评价,"好"和"较好"分别占到97.1%、96.7%、96.8%和95.7%。

(二)功能区与社会治理体制创新

在减少政府层级方面,还有以功能区取代市辖区的尝试,如深圳的光明新区、坪山新区。

2007 年 5 月，深圳市正式成立光明新区。它不是一级行政区，而是功能区，管委会是市政府的派出机构；光明新区设公明、光明两个街道，共设 28 个社区工作站。光明新区承担着深化功能区管理区改革、开展探索整合街道办事处和社区工作站等行政资源、创新基层管理体制的试点任务。

2009 年《深圳市委市政府关于深化行政管理体制改革的意见》指出，深圳行政管理体制改革要实现"一级政府、三级管理"。《意见》指出：探索功能区管理模式。根据经济社会发展的需要，积极探索功能区管理模式，在总结光明新区经验的基础上，增加先进制造、交通物流、生态旅游、高端服务等不同类型的功能区；功能区、管理机构实行新的模式，作为市政府的派出机构对辖区实施经济社会管理。合理划分市区事权。在总结功能区管理模式的基础上，进一步理顺市区事权，减少行政层级，条件成熟时，借鉴中国香港地区、新加坡的经验，在先试点的基础上，改区为管理区，管理区尽量划小，管理区为市政府的派出机构。创新基层管理体制。理顺区、街道、社区工作站、居委会的关系。在先试点的基础上，逐步将街道办事处和社区工作站整合为社区管理服务机构，强化社会管理与公共服务。新设立的社区管理服务机构为管理区派出机构，管理幅度尽量划小，以提高城市精细化管理水平。

2009 年《深圳综合配套改革总体方案》则要求，"探索城市行政区划及管理体制改革。适当调整行政区划，推进精简行政层级改革试点，缩短管理链条，提高行政效率，实现一级政府三级管理，创新现代城市管理模式，提高城市精细化管理水平"。

可见，设想中深圳"一级政府、三级管理"的架构是"市—管理区—社区管理服务机构"。

2009 年 6 月成立的坪山新区则是深圳第二个功能区，在龙岗区行政辖区范围内，由坪山、坑梓两个街道和深圳市大工业区整合而成，共挂三块牌子：中共深圳市坪山新区工作委员会、深圳市坪山新区管理委员会和中共坪山新区纪律检查委员会，同时仍然保留广东深圳出口加工区。新区管理委员会兼具行政区和开发区管委会的职能，是市政府的派出机构，行使市政府决定由区级政府行使的职责；街道办和社区工作站被整合为社区服务机构。

深圳的改革思路是：功能区是一种过渡形态，由于目前取消区级政府难度大，成立坪山、光明这样的功能区，将逐渐虚化行政区，弱化区级政府功能特别是经济职能。先以增设功能区的"光明模式"进行增量改革，在增设功能区达到一定数量后，深圳现有的 6 个行政区实际管理的事务减缩到与所

增设的功能区大致相当,这就为将行政区、功能区一并改为管理区奠定
基础。

湖北省鄂州市的"市—功能区—街道"体制。

2011年,鄂州市被确定为湖北省综合改革示范区,获准先行先试,以减
少行政管理层级为突破口,在原有三个行政区、两个开发区的基础上,按照
各自不同的资源禀赋和发展趋势进行功能定位,探索将行政区改为功能区,
乡镇改为街道,逐步建立"一级政府、三级管理"体制。一级政府即市级政
府,三级管理即市、功能区、街道。试点工作旨在消除行政管理层次偏多、职
能交叉、服务缺位、成本过高、效率低下等弊端,形成纵向紧凑型、横向扁平
化的行政管理体制。

原来,鄂州市葛店开发区的管理架构是"市—开发区—镇(葛店)—村"
这样的"两级政府、四级管理"。2012年6月,鄂州市撤销葛店镇(保留牌子
与统计口径),组建功能区,葛店镇原有职能整合后分别划入功能区和新社
区,葛店镇31个居委会、农场、村委会整合成15个新社区,形成了"市—功
能区(开发区)—新社区(村)"这样的"一级政府、三级管理"构架。新功能区
管委会作为市政府派出机构,与葛店开发区管委会实行两块牌子、一套班
子、合署办公,主要负责经济发展和城市功能开发,而教育、卫生等基本公共
服务逐步实现市级统筹。新社区则承担下沉的基本公共服务和社会管理职
能。这一改革也体现出统筹与扁平化并重的原则。

同时,市级政府机构如农业、水务等职能部门实行大部门制;市直各职
能部门进驻功能区办公;社区设有综合服务中心,相关职能部门延伸服务设
立窗口,实行集行政管理、社会事务、便民服务于一体的"一站式"办公。

(三)加强社区职能的实践

成都市锦江区调整街道职能。

为改变街道"重经济、轻管理、弱服务"的现象,将街道工作中心从发展
经济转移到强化社会管理和公共服务上来,2008年6月,成都市锦江区将街
道承担的招商引资、协税护税、经济统计等经济管理职能剥离,加强其基层
党建、城市管理、公共服务、社区建设、安全监督、应急管理、社会稳定、社会
治安综合治理等8个方面职责。

2009年9月,锦江区为打破行政区划界限,统筹推进重点产业和重点区
域发展,整合全区要素资源,依照产业分工,设置中央商务区、创意产业商务
区、生态商务区、金融街商务区、沙河商务商业区5个功能区。各功能区管

委会主要负责区域内发展战略、产业规划、招商引资、企业服务等经济活动。管委会下辖综合部、产业一部、产业二部和投资服务中心,为辖区内所有企业提供"一站式"服务。

功能区的设立,进一步有利于街道和区直部门各自职能的归位,有利于资源整合。同时,锦江区以街道新的职能为预算编制依据,将其预算管理体制由"一级财政管理体制"调整为"部门预算管理体制",取消其预算自主分配权,取消其"协税护税分成"和"超税收任务奖励",统一其预算外收入的统筹比例。按照街道职能调整后的事权,区财政按照每个街道125万元、每个社区24万元的标准安排公共服务和社会管理专项资金。取消对街道的经济目标考核,增加对其履行社会管理和公共服务职能情况的绩效评估。建立街道与区属部门的联动机制,相关部门参加街道办事处主任办公会议、社区综合管理事务专题协调会议、每月街道领导与居民共商和谐社区发展例会等。

四川省德阳市实行社区服务管理一体化。

加强和创新社会管理的"德阳路径"的特点,是把城乡社区作为"水之源",以社区为服务管理基本单元,夯实社会管理基层基础,转变乡镇(街道)职能,使之由"政府的脚"变成"居民的头",不再考核其经济指标完成情况,让其干部腾出时间和精力做好社区服务管理工作。德阳市按"岗随事设、费随事转、权随责定"原则调整社区管理机制,让群众"进一道门、上一个网、办所有事",将劳动就业、民政救助等35项政务服务全部前置到社区,由相应部门聘请代办员、协管员在社区蹲点办理,形成了"1+N"代办模式。

四川加快建立社会管理重心下移新机制。

2011年,四川出台《关于贯彻落实〈中共中央、国务院关于加强和创新社会管理的意见〉的实施意见》指出,把城乡社区管理作为加强和创新社会管理的重要切入点,加快建立社会管理重心下移新机制;通过把县(市、区)及相关部门的部分社会管理权限下放、公共服务事项委托办理等方式,将更多的人、财、物集中到乡镇(街道);逐渐调整乡镇(街道)机构设置,成立社会管理和公共服务机构,明确并强化乡镇(街道)基层党建、城乡管理、公共服务、社区建设、安全监督、应急管理、社会治安综合治理及社会稳定等职能,并建立以加强和创新社会管理服务为重点的乡镇(街道)目标考评体系;强化城乡社区自治功能,逐步建立行政管理与群众自治有效衔接和良性互动的基层自治机制,加快建立健全以社区党组织为核心、以群众自治组织为主体、以政府部门派驻社区力量为依托、以物业管理机构和社会组织为补充、驻社区单位和社区群团组织密切配合、社区居民广泛参与的新型社区管理体系。

(四)公安扁平化改革与社会治理体制创新

在社会治理中,公安占有极为重要的作用,公安体制的创新与社会治理体制创新密切关联。

长期以来,大多数地级以上城市公安管理层级架构是"市局—分局(主要依据市区划分)—派出所"这样的三级制。2005年,吉林省辽源市全面撤销公安分局和派出所,成立警署,架构变为"市局—警署"两级制;但此后又恢复原有的"市局—区分局—派出所"三级制。同年,黑龙江省大庆市撤销市区的70个派出所,全市重新设置为20个分局,架构变为"市局—分局"两级制。

2010年年初,河南省公安厅决定在新乡、商丘、济源、郑州4个省辖市进行警务机制改革试点。6月,新乡率先撤销6个公安分局,整合成立12个派出所,管理架构变为"市局—派出所"这样的两级制。警力向派出所一线倾斜,"110"接处警时间由过去的5分钟压缩到3分钟,一线基层警力由过去的25%升至70%,综合绩效考评成绩领先全省。8月,河南省召开全省公安机关警务机制改革暨社会管理创新工作会,决定年底前推广"新乡模式",在全省各省辖市公安局全面推进警务机制改革,即按照扁平化的原则,各省辖市撤销公安分局,成立大派出所,规模一般在100人左右,管辖范围人口控制在10万至20万之间。派出所内设机构相对统一,是"四队一室",即案件侦查大队、治安管理大队、社区警务大队、交通巡防大队和勤务综合室。另外,还设立市局派驻的集执法、执纪、督察为一体的监督室。

改革后的派出所是基层作战单位,实行实战化的体制机制,具有县级公安机关的执法权责。以郑州市为例。2010年年底郑州市市区原有的10个公安分局撤销,原有的114个派出所整合为29个。目的是"充实一线、减少层级",精简机关警力,将工作重心和警力下放到基层,建立高效运行的警务机制,提高警方驾驭社会治安局面的能力。以前"110"的运作经常要经过公安分局的中转,改革后"110"信息可直达各派出所,有利于指挥统一、反应灵敏、协调有序、运行高效,有利于提高效率和效能。市区基层民警占总警力的比例也由改革前的23%变成66%。同时扩大派出所管理权限,方便群众解决问题。

四、宁波社会治理体制的现状与问题

宁波在社会治理体制领域做出了积极的创新探索，造就了诸如"81890"这样的社会治理创新的城市名片，积累了大量丰富的经验，为全国其他城市提供了良好的借鉴。

（一）宁波社会治理创新概况与案例介绍

2010 年，宁波市被浙江省委、浙江省政府确定为全省社会管理创新综合试点城市，被中央政法委、中央综治委列为全国 35 个社会管理创新综合试点城市之一。2011 年，宁波市创新和完善八大服务管理体系，即社会化公共服务保障体系、多元化社会矛盾调处体系、动态化社会治安防控体系、现代化新型城市管理体系、系统化综合信息管理体系、人性化实有人口管理体系、法治化依法规范管理体系和集成化社会力量联动体系。八大体系包括 38 项具体工作，其中有 12 项工作实行项目化管理。宁波市初步形成全市范围内较为完善配套的社会管理体系。

2012 年，宁波又重点启动建设 10 个新项目，包括志愿服务组织培育、特殊人群管理服务、应急管理、群众利益诉求表达、公民思想道德建设、城市交通疏堵保畅、社会治安防范、食品安全监管、社会心理干预和城市管理综合执法。这些项目全部属于社会关注的热点问题。

2012 年 9 月，宁波市出台《宁波市社会管理创新"十二五"规划纲要》，对社会管理八大领域进行了全面规划，提出了"八优化一完善"工作要求，设置了 48 项预期性约束性指标，并确定 68 项重点项目，建立全覆盖、宽领域、多层次的社会管理创新规划体系。力求通过"十二五"期间的努力，率先形成具有宁波特色的新型社会管理体系，为全省乃至全国提供样板。社会管理考核指标将纳入全市各级政府领导班子和领导干部的绩效考核。

2013 年，宁波市安排确定了市级社会管理创新重点项目 15 个，包括重大决策社会稳定风险评估机制等 5 个深化实施项目、食品安全监管体系等 5 个推广实施项目，以及生态环境保护工作机制等 5 个试点实施项目。其中，生态环境保护工作机制、社会信用体系、群众利益诉求表达和解决机制、城市管理综合执法体制、流动人口服务管理体系等重点项目，涉及当前亟待解决的突出问题和全局性问题。

宁波社会组织发展也取得显著成就。截至 2014 年年底,宁波共有依法登记的法人社会组织 5759 家,其中社会团体 2315 家、民办非企业单位 3384 家、基金会 60 家(含驻甬基金会 52 家)。市本级共有法人社会组织 872 家,其中社会团体 543 家、民办非企业单位 321 家、基金会 8 家。每万人拥有法人社会组织数量达到 7.6 个(全国为每万人 3.7 个),法人社会组织的会员总数达到 450 余万人次(包括单位会员和个人会员),吸纳就业 7 万余人。此外,宁波城乡基层还活跃着 11081 个经过备案的基层社区社会组织,涵盖城乡基层社会各个领域。2014 年年初,海曙区、北仑区、鄞州区被评为全国首批"社会组织创新示范区"(全国 70 个,浙江省共 5 个);海曙区、北仑区、鄞州区以融合性组织为依托、新老市民共建共享的社会融合模式,获得首届中国社会创新奖和第六届中国地方政府创新奖。

宁波社会治理创新案例介绍。

一是 81890 服务中心。

81890 服务中心于 2001 年由宁波市海曙区委、区政府设立,目的是提升社会管理和公共服务水平,建设服务型政府。81890 是由政府提供公共运作成本,无偿为市民、企业提供全方位的需求信息服务,是"拨一拨就灵"的谐音。81890 以信息处理为枢纽,把公共服务的规划方(宁波市海曙区人民政府,负责规划、组织、融资、监管)、供给方(即 81890 加盟企业、志愿者、非营利机构、政府机构等)、使用方(居民个体、社会组织、企业、政府机构)紧紧连在一起,形成了一个综合工作机构——政府公共服务中心。它汇聚了大量供求信息资源,链接了政府职能部门的审批职能、服务企业、志愿者等,为市民提供行政、家政、社区、民生等各类高效优质的功能服务。服务措施是"三个全",即"全天候、全方位、全程式跟踪监督服务";服务方式是通过电话、短信、网站等多种渠道为市民提供各类服务;服务模式是"政府搭台、市场运作、社会参与"三位一体。

截至 2014 年 12 月,81890 有职员 67 人,开通 23 条电话热线,24 小时服务,日均受理 3000 余件;设有中国 81890 服务网,日均点击量 2 万余人次;拥有 850 多家加盟企业,4000 多家社会组织,85 万名志愿者,并且与党政部门实现互动。市民、企业只要通过 81890 求助电话、短信、微博或进入 81890 服务网站,加盟企业、志愿者、政府服务部门等就可以即时响应。至 2014 年 12 月,共为市民解决求助事项 780 多万件。据宁波市零点调查公司民间调查显示,市民对求助结果的满意率达 99.87%,市民从 81890 网站获取服务信息量达 5050 多万人次。2008 年,81890 向全市拓展,成立了 8 个分中心。

　　截至 2015 年 3 月，81890 根据社会需求，不断拓展出 70 多项服务功能。它们是：

　　81890 呼叫平台、中国 81890 服务网、社区服务培训中心、中国家庭服务业协会社区服务研究会、81890 服务业协会、失物招领中心、81890 城区社会化管理信息系统、81890《爱晚亭》栏目、81890 月湖老年网、《81890 社区天地》栏目、《东南商报》81890 专版、宁波市 81890 党员服务中心、81890 爱心超市、宁波市海曙区 81890 志愿者协会、81890 老年人应急呼叫系统、81890 短信求助平台、81890 外商投资热线、81890 未成年人服务平台、81890 培训基地、81890 博士服务站、宁波市首批对外宣传基地、宁波市 81890710 流动党员服务中心、服务型政府教学科研基地、来甬就业短信服务平台、81890 企业服务平台、81890 文明创建平台、81890 光明电影院、宁波市 81890 党员志愿者指导中心、《81890 生活现场》栏目、81890 光明图书馆、宁波市首批社会资源访问点、81890 光明俱乐部、81890 光明网吧、宁波市教学科研实践基地、生活现场·福彩帮助热线、81890"遥控一键通"话机、"一找灵"GPS 定位系统、《钱江晚报》81890 专版、81890 企业人才服务促进中心、宁波市职工职业技能培训基地、81890 物业报修平台、宁波大学法商学院 81890 校园服务队、《巴士资讯站——81890 咨询专栏》、特殊教育需要服务平台、81890 婚庆服务平台、浙江省干部教育培训现场教学示范基地、81890 常青藤俱乐部、81890 光明俱乐部盲童学校分部、《904 生活网》栏目、《81890000 快报帮你问》栏目、81890 官方微博、81890 门诊预约挂号服务平台、宁波市区 81890 出租车电话预约服务平台、81890 海曙区企业服务平台"红盾 e 家"、"海曙小微"维护、海曙区 81890 居家养老援助服务中心、海曙区 81890 区长热线、81890 药品查询服务平台、81890 心声沟通电话联谊俱乐部、宁波市 81890 志愿服务中心、宁波 81890 鹊桥会、宁波市 81890 汽车维修救援服务平台、宁波 81890 鹊桥会相亲网、宁波市中级人民法院 81890 小巷法官服务平台、海曙区法院 81890 房屋漏水评估服务平台、81890"当代雷锋"孙茂芳工作室、宁波工程学院 81890 实习基地、宁波广播电视大学文法系 81890 教学实践基地、海曙区社区学院 81890 宁波市志愿者培训基地、奉化市捷达物业服务有限公司 81890 宁波市志愿者培训基地、《909 芝麻街》栏目、宁波市妇联 81890 妇女儿童服务专线。

　　81890 的主要首创者、时任宁波市海曙区政府副区长的社会治理学者许义平教授总结说，81890 创造的社会公共服务模式，是技术创新、组织创新和制度创新三位一体的产物：技术创新，是指 81890 是信息化条件下的服务供给模式;组织创新,是指 81890 是公共服务发展中出现的一个高级组织形态,对公共服务的生产安排起着枢纽性的作用;制度创新,是指 81890 带来了生产方式的变革,以 81890 为核心的服务网络的分工水平具有先进的生产力意义,这也是 81890 的生命力所在。

81890 的运作,充分体现了信息化大背景下各个社会治理主体良性互动的原则,体现了统筹与扁平化并重的社会治理原则。政府的一些服务部门和单位原来都有各种热线电话,但多而散,市民感到不方便,而通过 81890 信息平台,可以及时将市民对于城市公共管理的呼声、意见和建议传达给相关部门、单位。81890 成为市民、企业、社会组织、志愿者与政府等多主体沟通的中介和桥梁。如设立的 81890 企业服务平台,加强了政府资源与企业需求信息的对接,将全区 56 个党政部门服务职能纳入平台,服务内容包括政策服务、法律服务、融资服务等 14 大类 868 项,为企业提供全天候、全方位、全程式跟踪监督服务。区纪委负责对党政部门处理情况的考核监督,考核分比例占部门目标考核的 10%。

81890 得到了市民的充分肯定和社会的普遍认可,成为宁波政府管理创新、社会治理创新的一个名片,先后获得"全国文明单位""全国创先争优先进基层党组织""全国五一劳动奖状"等 170 多项荣誉。2002 年中国家庭服务业协会,2004 年、2007 年、2009 年商务部分别向全国推广,目前全国已有 200 多个城市相继采用 81890 服务模式。十六大召开期间,《人民日报》《经济日报》分别全面介绍了宁波 81890 的成功经验。

二是宁波市象山县的"和村惠民四步法"。

浙江省象山县积极探索农村社会治理新路径,形成以和谐村庄、实惠居民为宗旨的"和村惠民四步法",契合扁平化管理、信息管理、绩效评估以及社会资本等先进的治理理论,体现了统筹与扁平化并重的原则,对于我们思考农村社会治理创新问题,具有普遍的启发意义。

从 2009 年开始,浙江省象山县针对新形势下农村基层社会治理中存在的村两委民主决策机制不健全、村民利益诉求渠道不畅、村民参与治理的程度不高、村庄基本公共服务缺失等问题,积极探索农村基层社会治理新模式,先后推出"村民说事""村务会商""民事村办""村事民评"等一系列制度。具体内容如下。

"村民说事"——建立群众利益诉求机制。

各村设立村民说事室,每月固定 1~2 个说事日,由村党支部(党委)主持召开说事会,组织村民理性地表达利益诉求。参加说事会的人员包括提出说事申请的村民、村两委成员、村监事会成员、村民代表、村老干部、老党员、联村干部等。说事范围既涉及农村经济社会改革发展、和谐稳定等方面的大事、难事,又包括事关群众切身利益的急事、杂事。说事规定了流程:"公示—申请—酝酿—说事"4个程序,先向全体村民公示召开说事会的时间,接着有意向的村民向村干部提出说事申请,再由申请参加说事的村民充分酝酿说事的内容,最后组织召开说事会,听取村民的意见、建议等,全程记录说事内容,确保事事有迹可循。

"村务会商"——建立健全民主协商的村级治理模式。

每村设立村务固定"会商日",由村党支部(党委)书记定期主持召集村级班子召开村务联席会议或联席扩大会议,邀请村民代表和村民参加,讨论、解决和监督村内各项事务。根据事项的大小、轻重缓急分类处理:对村民的一般诉求,由村四套班子当场进行答复办理;不能当场解决的,立即商议解决方案,落实专人承办,并将处理结果递交下期会议。对一般性村级事务决策事项,由村党支部(党委)书记主持,村委会主任提出会办意见,经村四套班子集体讨论决策。对村级重大决策事项,先由村四套班子集体会商,再根据"五议两公开"程序会商决定。针对群众普遍关注的村级财务问题,在村务会商议事时,对本期资金使用、支出和下期资金使用情况进行通报,明确每一笔收支的日期、来源、用途等各项要素,由村四套班子进行联合审签,并进行公示。这样一来,确保了会商的议题能具体落实。

"民事村办"——公共服务体系建设初具规模。

通过整合党员服务中心、社区便民服务中心等资源,建立"民事村办"服务室、专职民事代办员等制度,同时依托镇、县等服务平台,实现村、镇、县三级联动,分类、分级流转办理模式。主要提供政策咨询、公益服务、证照审批等6类服务。对话费充值、养老保险、建房手续、纠纷调解等一般性民事诉求,由民事代办员全程代办,村民不出村就可享受到"证照村里办、补贴村里领、信息村里询、矛盾村里调"的一站式便捷服务。对自来水管道破损、溪坑被冲毁等重点民事诉求,由村干部根据责任分工领衔包办。对一些突发性事件、村民融资等重大民事诉求,由镇村干部组团联办,必要时由联片领导或县级有关部门协助办理,做到上下联动,高效回应群众需求。每月月末将当月民事办理情况进行公示。将"民事村办"制度落实情况纳入农村基层党建工作和乡镇机关干部联村工作考核内容,推动实现全覆盖。

"村事民评"——建立、完善以群众满意为导向的民主评价机制。

针对群众对村两委信任度下降、干群隔阂较深、村务透明度不高等问题,象山县采用上级党组织问、村干部述、群众评的评价方式,建立村级事务客观、科学评价模式。评价主体来源广泛,主要有:素质较高、正义感较强的村民代表、村民组长、普通民众等,固定每月召开 1 次"村事民评"会议,每年年末召开总结会议。评价内容主要涉及干部工作作风、村务决策、民事办理、财务开支、项目建设、村庄发展等方面。凡是评价中反映的问题,要进一步整改落实,并作为下一次"村事民评"的重点评价内容。

象山县"和村惠民四步法"完善了各个主体良性互动的农村社会治理结构,充分体现了统筹与扁平化并重的原则。象山县通过整合党员服务中心、社区便民服务中心等资源,建立"民事村办"服务室,实行专职民事代办员等制度,将部分权限下放至镇级、村级;"民事村办"服务室成为一个承担社会治理和公共服务功能的平台,纵向上整合了县、镇、村的社会治理职能,横向上整合了政府各部门下放至村的职能,使村民不出村即可享受到方便、快捷和高质量的公共服务,提升了政府服务能力和水平。而遇到重大、突发事件时,又可直接向县有关部门反映,体现了沟通、回应等现代治理理念的精髓。

据统计,截止到 2014 年 9 月上旬,"村民说事""村务会商""民事村办"制度已在全县 18 个乡镇(街道)、490 个行政村全覆盖,累计召开说事会 8700余次,收到各类议题 1.1 万多项,解决率达到 96.3%;累计召开村务会商会议 6000 余次,确定村级重点项目 987 项,其中顺利开工建设 904 项,帮助村民解决生产资金、技术等方面困难 2000 余件,纠正不规范财务票据 600 余张,涉及金额 800 余万元。全县专兼职民事代办员达 4300 余人,累计办理为民服务事项 3.15 万起,办结率 98.9%,办结时间平均提速 62.3%。而"村事民评"制度已覆盖全县 18 个乡镇(街道)、30% 以上的行政村,累计召开各类评议会 1091 场次,群众参与"评"事 1637 件,落实解决村事民事 1408 件。

(二)宁波社会治理体制存在的问题

一是社会治理层级较多。

目前,宁波市市区还是"市—区—街道—社区"这样两级政府、四级治理的模式,各县(市)则是"县(市)—街道—村社"这样一级政府、三级治理的模式或"县(市)—乡镇—村社"这样两级政府、三级治理的模式。随着经济、社会、科技等方面迅速发展,这些模式显现出一个问题,即层级过多,不利于提高治理效率。

二是市、区、街、社工作关系还需进一步理顺。

2014 年暑假期间,我们专门走访社区工作人员,对宁波市、区、街、社的

工作关系,对宁波社区减负情况进行了一些调查。通过对问卷的统计分析,我们得到如下信息:

社区在协助街道、区直部门工作和回归居民自治这两个职责的分工中,前者所占工作分量比重偏大。有 75% 的人认为两者比例约为 5∶1,16.67% 认为是 3∶1,6.25% 认为是 2∶1,2.08% 认为是 1∶1。

近年来开展社区减负和实施事项准入制度后,社区工作人员认为社区承担区里部门工作的事项并未显著减少:91.67% 的人认为是没有减少,6.25% 的人认为减少程度在 50% 以下,2.08% 的人认为减少在 50%~80%。没有人认为减少 80% 以上。

开展社区减负和实施事项准入制度后,87.5% 的人认为区里部门对社区的考评总结(包括创建活动)没有减少,6.25% 的认为减少在 50% 以下,6.25% 的认为减少在 50%~80%,没有人认为减少在 80% 以上。

对于近年来开展社区减负和实施事项准入制度的实际效果的评价,2.08% 认为效果很好,56.25% 认为效果一般,41.67% 认为没有任何实效。

被问及影响社区减负和事项准入制度效果的主要原因时,大多数人认为是区里部门、街道认识不到位,仍把大量工作放在社区;当然区直部门与街道也有难处。他们认为目前对社区形成较大工作压力的区直部门包括统计局、文明办、计生部门、卫生部门等,但几乎没有人列举出在社区减负方面对社区帮助较大的区直部门。

被问及目前社区工作哪些方面压力大时,答案是:台账、普查调查、创建活动、各种考核评比、拆迁等区里中心工作。

被问及对于社区减负与转型这一问题还有什么想法和意见时,回答包括:希望社区减负可以落到实处,不要雷声大雨点小。希望上级部门能减少社区的行政档案方面的工作,使社区有更多时间深入居民家中,成为联系居民和政府之间的纽带。各部门职责不清,主管与协助分不清,服务与监管分不清,希望有关部门可以对此做出改善。希望社区可以回到为居民服务的本职工作中来。

这次调查,揭示出目前宁波社区工作仍然存在的一些问题:社区仍承担了大量街道和区政府部门派下的事务,社区在自治方面有效精力投入不足。虽然宁波创新性地进行了社区"减负"工作,取得了较好的效果,但这涉及市、区、街、社这四者关系的进一步理顺,更涉及政府机构改革和职能转变等深层次问题。社区回归本位,尚需不断努力。

三是各类社会组织在社会治理中的能力偏弱。

宁波社区社会组织较为发达,但也存在单体小、实力差等问题。如 2014 年,民政部公布全国首批 70 个社会组织建设创新示范区,宁波市海曙区成功入选。截止到 2014 年 10 月底,海曙区登记备案的社区社会组织共 1480 家,但是其中 80% 达不到民政部门登记所需的资金、人员、场地等条件,只能在街道备案,社区社会组织的整体实力依然弱小。目前,宁波有活力的社会组织仍以社区社会组织为主,专业社会组织在社会治理中的功能和角色尚未显现。与广东、上海等先发地区相比,宁波市对社会组织的扶持力度还有待加强。

五、对宁波社会治理体制创新的思考

宁波社会治理体制创新,主要内容包括探索扁平化治理,减少社会治理的层级,重新定位街道和社区职能,积极培育社会组织发展,发挥其在社会治理中的重要作用。

(一)探索减少社会治理层级

传统科层制的多层级管理,面临现代社会的日趋复杂,知识与信息要素的日显重要,城市规模与人口的急骤攀升,社会治理问题比较突出等问题,逐渐显出效率较低、反应迟缓等。而扁平化管理以其敏捷、灵活、快速、高效的特点,成为解决科层制弊端的一种模式。管理扁平化,主要就是减少管理层次,整合职能机构,精简管理人员,建立一种紧凑而富有弹性的新型组织模式和管理模式,使金字塔状的组织形式"压缩"成扁平状的组织形式。

国内很多地区就减少政府管理层级,加强基层社会治理能力的现代化进行了大量的创新实践。湖北黄石、安徽铜陵、甘肃嘉峪关、贵州贵阳、黑龙江大庆等市的做法值得借鉴。这其中既有一般的地级市,也有作为省会城市的大城市。

这些城市可以提供给宁波在探索减少社会治理层级方面的经验。

一是探索撤销街道,减少政府管理层级,城市管理由原来的"二级政府(市、区)、四级管理(市、区、街道、社区)"变成"二级政府(市、区)、三级管理(市、区、社区)"。

二是突出扁平化管理的理念。黄石市遵循"减少层级、重心下移、充实一线"的原则;嘉峪关市社区管理扁平化的改革思路是"精简管理层级,优化整合资源,实行区域化管理,加强党的基层组织";大庆市则以"减少管理层级,突出公共服务,强化居民自治"的社会治理体制创新,入选社会治理 2014 年十佳经验城市。

三是伴随着区、街、社权责的重新厘清,充实社区的公共服务平台,加强社区职能。如 2010 年铜陵市铜官山区 6 个街道被十几个社区公共服务中心替代,整合后的大社区,领导核心是社区党工委,隶属区委,此外还有社区居委会和社区公共服务中心,实行三块牌子、一套人马。适宜社区办理的 60 多项行政职能分解到社区公共服务大厅的就业、救济、治安、计生等 7 个服务窗口,"一厅式"审批和"一站式"集中办理,居委会则还原自治功能。街道原有的经济发展、城管执法等职责收归区级职能部门。社会管理、服务事务等职责部分下放到社区。

2014 年年底,国家发展和改革委等发布的《国家新型城镇化综合试点方案》中"安徽省国家新型城镇化综合试点工作方案要点",在谈及"探索社区管理新体制"时说,"探索区直接管理与服务社区体制";这是从国家层面对撤销街道、推行城市社会治理扁平化探索的肯定。

四是同时积极探索相关领域的创新,如区机构改革、公安体制改革等。

黄石市在推行撤销街道的同时,进行区级机构改革,各区区直部门均由 37 个精简到 25 个。城区原有的 6 个公安分局、28 个派出所撤销,成立 7 个新的公安分局,社区民警由以前"挂名"的 108 名增至专职的 223 名,一线民警由 819 人增至 1357 人,占总警力的 85.7%。每个社区都有 1 个警务室、1 至 3 名社区民警,并将全市城区划分为 25 个网格化治安巡控区,24 小时囤警街头,边巡逻盘查边接警出警。

大庆市针对公安系统基层警力不足、效率不高、分工过细、忙闲不均、指挥环节过多、群众缺乏安全感等问题,于 2005 年实施"1+5"的公安体制改革。"1"即以扁平化和综合执法为特征的改革,包括纵向管理体制改革和横向机构改革,变市局—分局—派出所三层管理为市局—分局两层管理(原先的 70 个派出所全部撤销,合并成 20 个分局),变分局多部门、多警种、多派出所为"三警种、一部门"(社区警务、治安巡防、刑事侦查和法制综合室)。"5"即在扁平化基础上推行警务指挥、社区管理、交通管理、消防管理、出入境管理等 5 项改革。

河南则在全省进行了公安体制扁平化改革。

嘉峪关市在推行撤销街道、实现社区管理扁平化的同时,也进行了城乡户籍一元化、社会细胞和谐化、社会服务集约化等其他社会治理创新。

(二)调整区、街、社权责关系,加强社区职能

第一,推行社区管理扁平化。

进一步调整街道职能,把公共服务下沉到社区,最大程度为居民提供更多、更便捷的优质公共服务。江苏省无锡市从 2000 年开始逐步建成了 500 多个社区事务工作站和 600 多个农村社区服务中心,两者简称为社工站。2008 年,无锡市推行社区扁平化管理,把政府职能部门的服务项目"打包"分配下沉到社区,劳动保障、民政事务、老龄残联、计划生育、综合治理、法律咨询等 24 类 88 项行政事务统一交由社工站办理,设立专门的办事大厅,提供一站式服务,把政府社会管理与公共服务的触角直接延伸到居民家庭。这样的社区扁平化管理,在组织上解决了多层次等级制政府长期以来无法解决的问题,让社会管理和公共服务在社区层面有了一个扁平化的组织和实体的平台,平台不仅纵向整合了市政府、区政府和街道的社区管理职能,横向整合了政府各个部门的社区管理工作,而且还进一步整合了党组织领导、居委会民主自治和政府社会管理与公共服务职能。宁波要进一步转变街道职能,进一步改变街道"重经济、轻管理、弱服务"的现象,将街道工作中心从发展经济转移到强化社会管理和公共服务上来。

借鉴江苏"一委一居(村)一站一办"和扁平化社区管理新体制的经验。一委即党委,一居即居委会,一站即管理服务站,一办即综合治理办公室。加强社区党组织建设,健全社区党员代表议事制度,深化社区党组织公推直选工作,探索设立区域性社区党委。加强社区居(村)委会建设,优化社区布局规模。加强社区管理服务站建设,"居行自治、站司事务",积极承接公共服务和公益服务事项。加强社区综治办建设,牵头协调社区警务治安、信访调解、帮教服务、流动人口管理与服务等事务。扁平化社区管理,即按照"一人多岗、一专多能,分片包干、责任到人,资源整合、信息共享"的原则,归并整合区直部门、街道下移到社区的机构或职能,在统一的平台上实现跨部门、跨区域的工作整合、资源共享;确保权随责走、责随事转,切实使公共财政向社区倾斜、公共资源向社区聚集,减少中间层次,缩短管理过程,增大管理幅度,实现信息共享。江苏这一社区新体制创新,有助于理顺纵向上的社区与区直部门、街道的关系,理顺横向上的居委会与社区各类组织的关系;强化党在基层的执政基础,强化公共服务向基层的延伸,强化基层的综合治理与平安建设;同时,这一新型社区治理架构,有助于居委会从原先承担的繁重行政事务中解脱出来,集中精力搞好社区自治。

第二，扎实推进社区减负。

南京市社区减负的经验值得借鉴；取消社区台账，南京在全国是第一家。

2012 年 2 月，南京市政府按照能删就删、能并就并、全面压缩的原则，决定大力压缩影响社区工作、增加社区负担的各种会议、台账、材料、报表，规范面向社区的各类检查评比和创建达标活动。2013 年 9 月，南京市实施社区减负的"四减"（减台账、减机构、减网络、减考核）、"两增"（增自治服务、增群众满意）、"一考核"（考核奖惩），并具体明确了"四个取消""两项整合"和"两项机制"。

"四个取消"，一是取消 25 项社区（村）工作任务与指标，将本该由部门和街镇承担却下移至社区承担的工作任务、政策法规没有明确由社区承担的工作任务、社区实际无法承担的工作任务取消。二是取消 41 项社区（村）市、区创建达标评比。此前社区（村）的各项创建达标评比共有 82 类，社区"为创建而创建"，此次改革，除国家、省级的创建达标评比，市、区两级的精简 80%。三是取消 41 个社区（村）组织机构，只保留依法应设立的组织机构。四是取消 72 项社区（村）纸质与电子台账。原来的社区台账涉及 41 个部门 151 项，其中市、区两级要求做的台账有 84 项，本次取消了 72 项，减少了 85.7%，剩下的台账以后一律转到电子台账上，仅保留服务对象基础信息、开展活动记录以及需要个人签字的原始资料。

原来南京共有近 20 个社区（村）网络平台。"两项整合"，一是全面整合社区（村）各类信息网络，整合成智慧社区（村）平台，作为社区（村）综合信息平台，实现社区（村）信息统一采集、资源互联共享，减轻社区负担，形成全市统一的"智慧社区（村）"系统。二是将原来各部门进入社区（村）的各类考核评比一律纳入和谐（平安、文明）社区（村）统一考核，以年度为单位一次性实施考核，分两部分（总分 100），工作评价（30 分）和群众评价（70 分）。"两项机制"确保细则执行落到实处。一是明确管理机制，各级党委政府按分级管理原则组织实施。二是明确督查机制，由市、区纪检监察部门负责督查。

宁波市海曙区在社区减负方面，也有积极的探索。

2012 年 6 月，海曙区探索建立社区工作准入制实施细则，出台《海曙区 2012 年部门工作进社区指导目录》，在全市率先出台社区"减负"指导目录。原来，海曙区部门进社区的工作多达 97 项，考核台账多、创建活动多、普查调查多、信息平台多、挂牌多、盖章多，这"六多"影响社区工作。这次减负，为社区削减工作事项 56 项，削减率达 63%，其中创建活动由 41 项减到 5

项,统计调查项目由 36 项减到 4 项,档案台账由 47 套合并为 6 套。规定未经准入的工作,一律不准延伸至社区,目的是为社区"减负扩能",让社区工作人员从压力中释放出来,解决好社区职能归位和社工角色归位的问题。海曙区主要领导表示,今后该区各部门也将转变工作作风,进社区的部门会定期接受群众的"考核";执行不力或屡受群众投诉的职能部门,将被督促整改。

宁波市应在已有的社区减负成就的基础上,借鉴外地经验,进一步向前推进。编制公共服务进社区目录,严格落实工作"准入制"。凡依法应当由社区协助的事项,要为其提供必要的经费和工作条件;凡委托社区办理的有关服务事项,要实行"权随责走、费随事转"。规范针对社区的各种会议、台账、材料、报表、考核、评比、创建,各部门要充分应用综合信息系统,改变工作、检查和考核方式,实行台账电子化,减轻社区负担,形成良好的政社互动机制。

(三)积极促进社会组织发展

以创新体制机制、完善扶持政策、拓展发展空间、规范管理方式、提升作用效能为重点,加快形成政社分开、职权明确、依法自治的现代社会组织体制,充分发挥社会组织在社会建设和管理中的基础作用,为宁波市经济社会科学发展跨越发展做出积极贡献。

一是积极培育扶持社会组织。

突出社会组织发展重点。大力发展行业协会商会类社会组织。重点培育发展工业支柱产业、优势产业和新能源、新材料、新兴产业等行业协会商会。支持具有产业、产品和市场优势的行业成立省级乃至全国性的行业协会;支持国内外知名行业协会商会在宁波市设立区域总部或分支(代表)机构。

大力发展城乡社区服务类、科技类社会组织和公益慈善类社会组织。培育发展镇(街道)体育运动、文化娱乐等社区组织,建立结构合理、专业化程度高的社区社会组织体系,形成基层政府、基层自治组织与社会组织密切合作的现代治理机制。

改革创新登记管理体制。加大实行直接登记的力度。申请成立行业协会商会类、科技类、公益慈善类、城乡社区服务类的社会组织,直接向民政部门申请登记,社会组织业务主管单位改为业务指导单位。

实行城乡社区社会组织登记备案。大力培育发展城乡社区社会组织,对符合登记条件的,依法予以注册登记;对暂不符合登记条件的,由乡镇政府(街道办事处)负责辖区内社区社会组织的备案工作。降低准入门槛。

探索一业多会。引入竞争机制,可按国民经济行业分类的小类标准设立行业协会商会,允许同一行业按产业链各个环节、经营方式和服务类型设立行业协会商会,允许成立跨区域性行业协会商会。

推行行业协会商会与行政机关脱钩。推动行业协会商会与行政机关在人事、机构、职能、财务、资产等方面彻底分开,禁止其与行政机关合署办公,禁止其财务由行政机关直接管理,依法确保其享有决策、人事、财务等方面的自主权,切实改变行政化倾向。

按照"统一登记、各司其职、协调配合、分级负责、依法监管"的社会组织管理体制要求,坚持法律监督、群众监督、舆论监督有机统一,建立政府、社会监管和社会组织自律相结合的监管体系。

建立政府职能转移和购买服务制度。全面梳理和分解政府部门承担的职能,制定政府向社会组织购买服务的指导意见和目录,将适合以市场化方式提供的公共服务事项,交由具备条件、信誉良好的社会组织承担。按照公平、公正、公开的原则,建立竞争择优机制和绩效评价机制,为社会组织参与社会服务提供均等机会。

加大资金政策扶持力度。建立公共财政对社会组织的扶持、激励机制,按照政府购买服务的方式,重点购买具有示范导向作用、获得 3A 级以上评估等级的社会组织提供的服务。对符合条件的社会组织,依照国家规定进行公益性捐赠税前扣除资格认定和非营利组织免税资格认定,保证社会组织依法享受税收优惠待遇。鼓励金融机构在加强风险控制的前提下为符合条件的社会组织提供信用担保和信贷支持,拓宽社会组织筹资渠道。

建立社会组织公共服务平台。加快建设社会组织孵化基地,以场地、资金、能力建设等方面的优惠政策吸引社会组织入驻,提供后勤保障、管理咨询以及信息、网络、培训等服务。成立社会组织促进会和社会组织服务中心等枢纽型社会组织,为社会组织提供公共服务项目策划、产品推介、信息发布、政策咨询、业务培训等服务。

二是优化社会组织发展环境。

引导社区社会组织参与社会服务。以社区居民需求为导向,规范文体类社区社会组织,扶持提供公共服务类、协同社区管理类社区社会组织,培育公益志愿类社区社会组织,有针对性地发展农村专业经济协会,创新培育金融类互助会,构筑类型多样、功能丰富的社区社会组织体系。鼓励社区社会组织为居民提供养老助残、慈善帮困、就业援助、教育培训、医疗卫生、科技文体和法律咨询等服务。支持工会、共青团、妇联和科协、文联、侨联、残联、工商联等群众团体发挥枢纽作用,带动和引领相关领域的社区社会组织在城乡社区服务与管理中发挥作用。

促进社会组织依法参政议政。逐步增加社会组织代表在党代表、人大代表、政协委员中的比例和数量。建立重大行业决策征询社会组织意见制度,各级政府在制定出台涉及公共服务和公共安全管理等领域的政府规章、公共政策、行政管理措施和行业发展规划之前,应通过一定方式征求和听取相关社会组织的意见建议。引导社会组织积极参与创新社会管理的相关政策制定和理论研究工作。在行业协会商会探索建立行业发言人制度,及时发布相关行业涉及公共利益的重要信息。

引导社会组织成为社会就业的补充渠道。鼓励社会组织通过整合社会资源拓展就业空间和容量,积极吸纳各类专业人才。政府扶持就业的财税政策以及推进社会再就业基金投入、职业培训、咨询服务等工作,要及时将社会组织及其工作人员纳入其中,不断完善社会组织就业机制和环境。

三是构建社区、社工、社会组织的三社联动机制。

为着力解决多头管理、多头指挥、资源分散、效能低下的社区管理问题,需要构建社区、社工、社会组织的三社联动机制。国内很多地区,就"三社联动"机制进行了积极探索。北京市朝阳区的"五联"工作法、杭州市上城区的"三社行动模式"、济南市市中区的"四社合一"机制、广州在街道建立"一队三中心"管理与服务平台等,彰显了地方特色和创新。通过系列服务载体建设,吸引更多的专业社会工作者、社会服务组织进入社区,形成政府与社会组织、民间力量之间的良性互动,从而满足社区居民多样化、个性化服务需求。

第六章　行政区划体制与区域协作体制创新

行政区划是一种重要的行政资源。近年来，本着提高行政效率、降低行政成本、利于资源整合等原则，行政区划体制改革迈出较大步伐。而跨行政区之间的协作，是近年来的一个明显趋势，这有利于区域间资源互补、整合和优化配置，产生 1＋1 大于 2 的效果。

一、行政区划体制创新

近年来的行政区划体制改革，主要包括撤县（市）设区、乡镇改街道、行政区撤并等多种方式。

（一）行政区划的含义与体制创新的必要性

行政区划是国家对行政区域的划分，是根据国家政治统治和行政管理的需要，充分考虑经济联系、地理条件、民族分布、历史传统、风俗习惯、地区差异和人口密度等因素，将国土划分为若干层次、大小不同的行政区域系统，并在各个区域设置地方国家权力机关和行政机关等。广义的行政区划还包括对已有行政区域的调整，包括建制变更、行政区域界线变更、行政机关驻地迁移、隶属关系变更、行政等级变更等。①

行政区划是国家一种重要的行政资源，也是国家行使行政权力的一个

---

① 杜祖鹏：《现代政治学概论》，同济大学出版社 1989 年版，第 129 页。

重要方式,在国家的公共管理中占有重要地位,具有重要意义。①

一是有利于拓展城市发展空间。

一个城市的市区如果受到面积的局限,将不利于资源的集聚,不利于发挥主城区的辐射带动作用。通过科学合理的行政区划调整,可以有效拓展城区的面积,更好地发挥城区对于周围经济社会发展的辐射带动作用。通过撤县(市)设区、撤并乡镇、镇改街道等途径,城市可以根据经济社会发展需求统一规划、统一建设,更加科学合理地进行产业布局,有利于城镇化发展。

二是有利于推动城乡一体化发展。

合理进行撤县(市)设区、撤并乡镇、镇改街道等行政区划调整,有利于资源配置和生产力布局的合理化,提高土地和公共服务设施的利用率,促进产业布局合理化,进一步理顺城市管理体制。农村居民进入城市,促进城市的资源集聚,推动城市建设的发展,推动城乡一体化,加快城镇化进程。

三是有利于推动整合资源和政府管理创新。

行政区划单元直接界定了地方各级政府的经济利益主体地位,在财政税收、干部考核等因素的影响下,谋求本行政单元内利益的最大化成为常见现象。适当的行政区划调整和区域协作,可以减少政府管理的层级,减少经济社会要素流动的障碍,使得要素可以更多地在市场规律的作用下,实现集聚发展和规模效益的最大化。合理的行政区划调整和区域协作,可以促进政府管理创新,是加快推进城镇化进程最具根本性的动力之一。

(二)撤县(市)设区和乡镇改街道

自20世纪80年代实行市管县体制后,各地纷纷开展撤县(市)设区和镇改街,以实现中心城市扩展,增强其带动力、辐射力,有效配置资源。

"撤县(市)设区"后,市一级在财政、人事、规划、基础设施建设、土地、治安、行政综合执法等方面加大了统筹领导的力度,在同一区域增加了只由一

---

① 关于行政区划地域的大小和数量,德国地理学家克里斯塔勒有"中心地学说",认为每个不同等级的行政区都有实行其管理职能的行政中心,即在那里设立管理机构以实现其管理职能;最利于行政管理的中心地体系,应当是由各基层单位距上级行政单位中心距离相等及各基层单位的面积又相等的一级级行政区组成。这样,各级行政都由位于等边六边形中心点的行政管理中心,基层行政中心接近六边形的各角,最小行政管理单位为7的基层单位组成。其层次自上而下以7的倍数递增,如只有一级,则其基层单位为7,如为两级,则其基层单位为49,以此往下类推。但这是理想状态,客观实际要复杂得多。

个行政主体行使权责的事项的比例,无疑提高了行政效率。另外,一些乡镇改设为市区的街道后,区域的许多行政职能改由市、县、区级政府统筹行使,也相应减少了管理层级,体现了统筹和扁平化并重的色彩。

撤县(市)设区的依据主要是国务院批转的民政部 1993 年 38 号文件《关于调整设市标准的报告》。由于经济社会发展速度加快,各地撤县(市)设区的申请越来越多,民政部于 1996 年出台一个《市辖区设置标准》,允许直辖市和地级市设立市辖区,其中市区总人口在 300 万人以上的城市,平均每 60 万人可设立 1 个市辖区。最小的市辖区人口不得少于 25 万人,其中非农业人口不得少于 10 万人。中心城市郊县(县级市)改设市辖区,须该县(市)就业人口中从事非农业人口不得低于 70%,第二、三产业产值比重达到75% 以上。改设市辖区的县(市),全县(市)国内生产总值、财政收入不得低于上一年本市市辖区对应指标的平均水平。

1997 年后,"县改市"步伐开始减缓,"县(市)改区"的数量开始激增。1978 年市辖区 408 个,1997 年增加到 727 个,2008 年是 856 个,2015 年 4 月为 834 个。县级市的数量在 1996 年达到 445 个的最高峰后就逐年下降,到2008 年时已经降为 368 个,2013 年 2 月为 369 个。截至 2015 年 4 月为 364个。县级市数量下降的主要原因,是地级市为扩张规模,撤县级市改为市辖区。从 1997 年年底到 2012 年这 15 年间,县(市)改为市辖区的共有 158 个,其中县改区 71 个,县级市改区的 87 个。

不少地市级热衷于"撤县建区",有"市管县"财政体系与"省管县"财政体系之间存在矛盾的原因。通过撤县(市)设区,地级市还可以在最短时间内扩大中心城市建成区的面积,城建用地能够比较容易获得一个大的增长。另外,根据有关规定,区一级政府可按增值税、营业税、收入税总和的 7% 提取城市建设税(费),而县一级没有这一税种。区政府在提取城市建设税后交到市政府由市里统一安排,如果市政府经济比较强,往往会返还更多资金支持区级城市建设。

对于撤县(市)设区工作的评价,应该本着客观态度。当时制定设立市辖区标准的民政部部长多吉才让强调,我国地域辽阔,各大城市之间以及单个城市内部城区之间在区位、规模、经济发展水平、产业特色等方面有较大差异,因此不能相互效仿、一哄而起。要从本地的实际情况出发,充分调查研究,按照精简、效能的原则,合理调整大中城市市区行政区划,从严控制县(市)改区,防止大中城市市区范围不合理地盲目扩大。

要处理好扩权强县、省直管县与撤县(市)设区的关系。如果一味简单地推行扩权强县、省直管县，给所有的"市扩区"工作泼冷水，就忽略了地级市辐射带动作用较强的现实优势，是偏颇的；尤其是一些地级市市区的体量较小，所管或代管的县(市)较少，如果一味强调省直管县，地级市统筹的力度和开展工作的空间就很小了，显然不合适。其实，对于距离市区不是很远的县或县级市来说，变为市辖区更利于区域整体资源的整合。

对于县改市工作，十八届三中全会《决定》指出，完善设市标准，严格审批程序，对具备行政区划调整条件的县可有序改市。

撤县(市)设区案例分析。

近几年来，撤县(市)设区呈逐渐增多趋势。如2011年：

四川省宜宾市行政区划调整，南溪撤县设区。

昆明市区划调整，呈贡撤县设区。

重庆撤销大足县和双桥区，设立大足区和双桥经济技术开发区；撤销万盛区和綦江县，设立万盛经济技术开发区和綦江区。双桥、万盛经开区主要负责经济发展和开发建设工作，党务、社会事务分别由大足、綦江区委、区政府统筹管理。

长沙撤销望城县，设立望城区。长沙原有城区面积为954.6平方公里，在全国省会城市中列第22位。望城正式成为长沙第六区后，城区扩张一倍，总面积达到1923.6平方公里。望城职能、体制和区划不改，实行"城乡一体"的管理体制，享有县级管理权限。望城全境纳入长株潭"两型社会"综合配套改革试验核心区，成为长沙大河西先导区建设的主战场。

2012年撤县设区的主要案例有：

广东省清远市行政区划调整，清新撤县设区。

青岛市行政区划调整，撤销市北区、四方区，设立新的市北区。撤销黄岛区、县级胶南市，设立新的黄岛区。国务院《关于同意山东省调整青岛市部分行政区划的批复》指出，要加大区域资源整合力度，优化总体布局，促进区域经济社会协调健康发展。将市北、四方区合并为一个区，有利于解决目前两区行政区域过于狭小、人口和产业密度过高、公共资源难以统筹利用、社会管理难以统一协调等突出问题，实现城市中心区统筹规划、集约建设和精细管理；将黄岛区与胶南市合并为一个区，有利于合理布局和充分利用西海岸发展空间，推动西海岸区域统筹协调发展。

广东省揭阳市行政区划调整，揭东撤县设区，揭阳的城市扩容提质迎来新的大机遇，奠定"打造粤东发展极，建设幸福新揭阳"的城市空间发展大格局，也有利于"汕潮揭同城化"。

四川省雅安市行政区划调整，名山撤县设区。

以江苏省为例，近年来区划调整动作频频：

2009年，南通市将通州撤县设区。

2010年，徐州市将铜山撤县设区。

2011年，扬州市将江都撤县设区，又将邗江区的李典、头桥等5镇并入广陵区；撤销维扬区，原维扬区的行政区域与邗江区合并。调整后，扬州市区的土地面积从1024平方公里扩大到2310平方公里，户籍人口从122.4万增至229.1万。目的是扩大中心城市规模、提升城市综合竞争力、优化生产力布局和资源配置、推动经济社会转型升级，同时优化市区政区结构、更好地提升城市公共服务水平。

2012年，苏州市撤销沧浪区、平江区、金阊区，设立姑苏区，吴江撤市（县级）设区。

2013年，泰州市代管的姜堰撤市设区。

2013年，南京市撤销秦淮区、白下区，设立新的秦淮区；撤销鼓楼区、下关区，设立新的鼓楼区；撤销溧水县，设立溧水区；撤销高淳县，设立高淳区。南京市由11区2县精简为11个区，中心城区由6个减为4个，南京市出现"无县"的新格局。原来的秦淮区、白下区、鼓楼区、下关区发展空间局促，产业同构，不利整合。调整后将实现主城区资源优化配置、产业布局整合集聚。按国务院《长江三角洲地区区域规划》，南京要成为辐射长三角、带动中西部的重要门户，国家综合交通枢纽和科技创新中心。两县撤县设区，有利于南京统筹区域整体发展和城乡一体化发展。南京将进一步发挥沿江港口、历史文化和科教人才资源优势，体现南京作为长江三角洲城市群副中心、北翼中心城市的功能作用。溧高地区作为南京的南大门和连接苏皖两省的桥梁，是承接苏南、辐射皖南的枢纽。

目前，江苏全省100个区县中，有55个区、22个县、23个县级市，市区的数量首次超过县和县级市。

2013年以来，除江苏省外，其他撤县（市）设区的还有：

2013年10月，山东省济宁市将兖州撤市设区；撤销市中区、任城区，设立新的任城区。

2013年11月，浙江省绍兴市撤销绍兴县，设立绍兴市柯桥区；撤销县级上虞市，设立绍兴市上虞区；将原绍兴县的孙端等三镇划归绍兴市越城区管辖。规划调整后，绍兴市区面积由362平方公里扩大到2942平方公里，人口由65.3万增加到216.1万。调整有利于统一规划、合理布局、共享资源，加快城乡一体化发展;有利于有效集聚资本、技术、人才、信息等高端要素,促进绍兴城市经济发展、产业转型升级;有利于实现功能优化、互补互利、融合发展。

2013年11月,江西省赣州市撤销县级南康市,设立赣州市南康区。

2013年11月,广东省梅州市撤销梅县,设立梅州市梅县区。原来的梅州市是广东省唯一仅有一个市辖区的城市。梅江区是1988年梅县地区改为梅州市时,从当时的梅县市(县级市)中划分出来的一个县级区,梅州市、梅江区、梅县"三府同城"。梅县是梅州市县域经济最为发达的县,梅江区与梅县新县城建成区早已连成一片,但市、县同城难以统筹,公共服务和基础设施不配套、不衔接。在新一轮城市总体规划中,梅州市提出了打造100万人口的粤闽赣边区域性中心城市的发展目标。至2012年年底,梅江区面积仅有298平方公里,实际建成面积只有35平方公里,是全省地级市中市区面积最小的市之一。城市规模小,承载力低,难以辐射带动1.59万平方公里、517万人口的地区发展。调整梅州市行政区划后,将全面拓展梅州中心城区发展空间和有效优化城镇与产业布局。

2014年2月,广州市撤销黄埔区、萝岗区,设立新的黄埔区;撤销县级从化市,设立从化区;撤销县级增城市,设立增城区。改区之后,广州下辖11个区,进入"无县"城市时代,市辖面积由3843.43平方公里扩大到7434.4平方公里。

2014年年底,杭州市撤销县级富阳市,设立杭州市富阳区。

2015年,天津市撤销宁河县、静海县,分别设立宁河区、静海区。天津市行政区划由13区、3县变为15区、1县的格局,仅剩蓟县尚未划区。此次进行区划调整是对京津冀协同发展的顺势而为。

重庆市继于2011年撤销万盛区和綦江县设立綦江区、撤销双桥区和大足县设立大足区后,又于2014年撤销璧山县、铜梁县,分别设立璧山区、铜梁区,于2015年撤销潼南县、荣昌县,分别设立潼南区、荣昌区。目前重庆市的行政区划是23个区、15个县(自治县)的格局。

2015年11月,国务院批复同意北京市密云县、延庆县撤县设区,北京市由14个区、2个县的行政区划格局,变为下辖16个区,实现完全城区化管理。两县撤县设区,是北京市经济发展积累到一定程度的必然结果,也是北京城市化进程进入新阶段的重要标志;有利于加强两地的城市规划、建设和管理,提升产业发展层次,提高公共服务质量,缩小两地与其他区的差距,推动全市均衡发展;有利于完善首都城市功能,为有序疏解非首都功能、优化首都发展空间布局提供更大尺度,深入落实好首都城市战略定位;有利于推动京津冀协同发展,进一步增强北京对周边的辐射带动作用,提升区域发展的整体水平。

目前,很多城市在谋划撤县(市)设区。

如杭州积极争取将代管的临安撤市改区,福州市谋划福清、长乐、闽侯的撤县(市)改区,青岛市谋划即墨、胶州的撤市改区。据统计,目前仅在贵州、云南、陕西三个省份,提出撤县设市(区)的县份已经超过40个。

陕西省于1997年撤销临潼县,设立西安市临潼区。2002年撤销长安县,设立西安市长安区。2002年撤销耀县,设立铜川市耀州区。2003年撤销宝鸡县,设立宝鸡市陈仓区。目前,咸阳市准备把兴平(县级市)撤市设区,汉中市准备把南郑撤县设区。西安市准备把户县、高陵县撤县设区。高陵县是西安市近郊县,距西安市区仅5公里,距西安咸阳国际机场仅10公里。

贵州省遵义县距离遵义市20多公里,绥阳县到遵义市40多公里。2010年7月,贵州省明确,遵义市要围绕中心城区构建200万人口的大城市,遵义县要撤县设区。2011年年底,遵义市提出要加快遵义县、绥阳县撤县设区步伐,推进仁怀、桐梓、绥阳、湄潭与中心城区同城化发展,形成中心城区和4个卫星城市共同构成的黔北城市群。

2002年,成都市新都县、温江县完成撤县设区,形成了9区4市6县的格局。2012年10月,成都市发改委出台《关于促进全域成都"三圈一体"融合发展的若干意见》,明确提出,成都市要适时启动新一轮体制调整,大致会从中心城区区划调整、二三圈层撤县建区、区(市)县乡镇"托管"三个层面进行。探索圈层之间区(市)县乡镇(街道)采取托管等方式成片联动建设发展,就是借鉴成都市高新区的经验,在双方自愿的前提下,以行政代管的方式,用一个强镇去带动一个弱镇发展。2015年年底,成都市双流县撤县设区。

安徽省寿县、凤阳县的区划调整,一直是热议的话题。

安徽省凤阳县归地级滁州市管辖,但距离100多公里;凤阳紧邻地级蚌埠市,距离只有20多公里。凤阳与蚌埠地域相连,历史相承,文化同源,产业互补,交通衔接。

寿县归地级六安市管辖,但距离60多公里,寿县距离淮南市仅20多公里。解放初期,在淮南三镇的基础上设立淮南煤矿特别行政区,1952年设立为市,现辖五区一县,其中凤台县古称州来,清雍正年间从寿州划分出来。

淮南工业经济发达;而寿县历史文化旅游资源丰富,曾是战国楚国首都,古称寿阳、寿春、寿州等,是汉朝、魏晋南北朝时期地方第一级军政机构——扬州牧或扬州刺史的治所,是与荆州、邺城(今河北省临漳县)、襄阳等并列的全国最著名的军事重镇之一,现有修于宋朝、保存完好的古城墙。寿县还是国务院 1986 年公布的全国 62 座历史文化名城之一。

寿县与淮南之间历史文化联系不可分割,而现在的行政分割不利于文化旅游资源的整合。西汉淮南王刘安即建都寿春,而古代名窑寿州窑主要的旧址即在淮南市大通区的上窑镇。刘安组织著作《淮南子》、传说发明豆腐的地方八公山是文化旅游胜地,位于今寿县古城以北 2 公里,却属于淮南市的八公山区。山下周边的八公山镇等属于淮南市,而寿县又有八公山乡。这样,以八公山命名的行政区划在当地就有三个,很容易混淆。

2007 年,安徽省制定《沿淮城市群规划》,指出构建超大型都市区是区域整体发展和国内城市组合竞争态势逼迫下的需要,也是这些城市、城镇区位依存、交通依赖、产业互补、文化共融等现实因素催发的必要。要从行政区域经济走向都市区经济,克服要素流动障碍,剔除行政羁绊,真正建构由虚到实、竞争合作、统筹协调的要素流通体系。《规划》指出,沿淮城市群包括淮北、亳州、宿州、蚌埠、阜阳、淮南六市市域和六安的寿县、霍邱县两县。《规划》提出打造蚌埠—淮南都市发展区,范围包括蚌埠市区与淮南市区,还有怀远、凤阳、凤台、寿县城区等,以中心城市带动沿淮城市经济的发展。积极促进"同城"策略,发挥互补优势和叠加效应,构建淮河流域"中心高地"。要积极争取凤阳为蚌埠市辖域,适时将怀远县、凤阳县撤县设区;争取寿县北部为淮南市辖域;加大撤乡并镇步伐。

就寿县、淮南而言,如能达成行政区划整合,两地历史文化旅游资源将得到有效融合,对于淮南扩展城市规模、发挥大城市辐射功能,对于寿县城市建设、城乡统筹,对于两地文化旅游发展,对于促进蚌埠—淮南城市一体化,都将具有重要的积极意义。

近年来,一些地方的撤县(市)设区工作遇到阻力,折射出府际之间在这一问题上的认识差异,也提示我们在推进撤县(市)设区工作时要积极而又稳妥。

一是浙江黄岩撤市设区。

1994 年浙江台州撤地设市,所属县级黄岩市撤市,设为黄岩区;而同时设立的路桥区,也是由原黄岩市分割而来。

原黄岩市当时已跻身全国百强县(市)、浙江省十强,正在向中等城市靠拢,并享有部分地级行政权。撤市设区后,黄岩失去相对独立的财权和大部分独立的审批权、人事权等事权。原来县级黄岩市每年只需要向省上缴基数已定的预算内财政和超基数财政收入的20%。撤市设区后,黄岩失去了财政收入大户——路桥镇,还要多缴纳超基数财政收入的30%给台州市。

1994年4月黄岩市人大会议期间,160名人大代表(占总数的70%)联名上书中央、国务院和民政部,要求撤销台州地委撤地设市的报告。1995年3月,黄岩区人大要选举台州建市之后的第一届市人代会代表,全体代表站在会场门口拒绝进场,罢会一天。后又通过法定程序首先罢免了他们认为"抵制不力"的区人大常委会主任,在选举市首届人大代表时纷纷弃权,结果无一候选人超过半数,选举宣告失败;相反的,黄岩"两会"以绝对多数票分别通过了"要求恢复黄岩市"的人大决议案和政协建议案。

1995年3月下旬,浙江省委书记办公会议对黄岩问题进行专题研究,《纪要》明确指示:"黄岩撤市设区后,财政体制相应改为区级财政体制,但考虑到该地实际情况,原县一级财政的利益格局基本维持不变,原则上保留县一级事权。"

自此,对于独立财权和事权的主张成为黄岩区每年人大的重要内容,黄岩区在每年"两会"上必须向大会专项报告财权事权的落实情况,以及区里在过去一年中为之所做的工作。2003年黄岩区"两会"召开之前,人大代表和政协委员要求先落实黄岩财权事权再开会,使预备会一波三折。3月20日区人大会议开幕,23日就因无法顺利进行而休会。25日,70余名人大代表、政协委员赴杭州向省委、省政府报告,要求督促台州市尽快落实黄岩县一级的财权事权。因为没有确切回音,黄岩两会持续休会长达8个月。这一届人代会恰逢换届选举,新一届人大常委会、政府、法院、检察院无法产生,黄岩区出现了罕见的地方国家机关"留守"的现象。

9月,130多位黄岩区人大代表、政协委员与台州市领导对话。10月,台州召开常委扩大会议决定,黄岩区上缴市级财政数目由原来的每年地方财政收入的30%调整为5%,黄岩区原则上保留县一级事权。这一方案使2004年黄岩区财政可支配收入少上交市里1亿多元。于是,黄岩区"两会"于2003年11月复会,顺利选出区级地方国家机关。值得关注的是,2003年黄岩区十三届人大代表总人数260人中,企业家超过了35%,公职人员近51%,农民身份的代表3人,以教师和医生等独立身份参加的代表9人。

二是湖北省大冶市撤市设区。

2005年,湖北省大冶市不满上级撤市设区的决定,酿成群体性事件,撤市设区未果。

黄石是湖北一个地级市,辖大冶市、阳新县和黄石港区、西塞山区、下陆区、铁山区四个城区及一个国家级经济技术开发区——黄石经济技术开发区。黄石城区与大冶市中心直线距离仅约 20 公里。2005 年,大冶市在全国县域经济排名中是第 262 位,为湖北省前列;2012 年冲入全国县域经济基本竞争力百强县名单,成为湖北唯一的全国百强县市。

2005 年 8 月 4 日,一些大冶市市民因不满黄石市将大冶市撤市改成大冶区,在黄石市政府前请愿,与警察发生冲突。5 日晚上,一些受伤者在大冶市青龙山公园集会。6 日,大冶市近 2 万民众参加集会活动,黄石市政府办公大楼的门窗和办公设施损坏,武黄高速公路的南北交通被切断 2 个多小时。后来黄石市宣布鉴于条件不成熟,暂停撤市设区。

湖北省委对此的定性是:该事件起因是不满撤市改区,由大冶市少数领导干部组织策划,大冶市直有关部门负责人及少数退休干部组织发动,少数矿主出资,社会闲散人员参与的有严重违法行为的群体性事件。大冶市一名市委副书记,一名市委副书记、副市长,民政局局长三人被开除党籍、撤销行政职务;市人大常委会副主任、党组书记和市政协主席、党组书记两人被撤销党内一切职务,被责令分别辞去市人大副主任、市政协主席职务。

三是浙江长兴撤县设区。

浙江省湖州市下辖吴兴区、南浔区两区和长兴县、安吉县、德清县三县。2013 年 5 月,湖州准备对长兴县撤县设区。为了减少阻力,湖州承诺“五不变”——名字不变,区域范围不变,财政体制不变,县级管理权限不变,县级管理体制不变。但长兴县一些基层干部和群众反对的声音依然比较强烈,不少人主张“宁市不区”,即主张长兴撤县而成为县级市。

财政收入、城市规模在浙江不算强的湖州市,在杭州都市圈、南京都市圈之间,想通过扩大城区规模、增强市级统筹能力而谋求发展。2012 年长兴县财政收入 62.2 亿元,占湖州全市的近 1/4,湖州市的中心城区吴兴区只有长兴县的一半。由于实行“省直管县”财政体制,长兴县每年的财政收入80％留给自己,20％交给省里。如果变成区之后,一半要交给湖州市。变区之后,许多审批权、规划权也将上收到湖州市。这是两者认识分歧的主要原因所在。鉴于此,湖州市、长兴县宣布暂缓长兴撤县设区工作。

撤镇设街案例分析。

《城市街道办事处组织条例》(1954 年制定,2009 年废止)第二条规定:10 万人口以上的市辖区和不设区的市,应当设立街道办事处。

撤镇设街后,由乡镇管理模式向城市管理模式转变,工作重心将转到城市建设管理上,可以强化社区建设,利于统筹城乡发展。改革开放以来,这项工作伴随城市化进程而从未间断,尤其是市、县的驻地镇和郊区镇。

2011年8月,丽水市下辖、代管各县(市、区)开始全面撤城关镇、设街道办事处。丽水市委认为,撤镇设街道是优化城乡区划布局,统筹城乡协调发展的一项重要战略举措,有利于推动城乡统筹发展,有利于提升城市化发展水平,有利于提高社会管理和服务水平。全面推进撤镇设街,就是要通过行政架构的调整,科学布局,统筹规划,进一步放大中心城区的辐射效应,加大以城带乡、以工哺农力度,加快实现城乡共同发展。还能拓展城市建设空间,延伸城市发展腹地,加快中心城区的规划、开发、建设进程。

温州构建"1650"发展新格局。2011年行政区划调整前的温州共有290个乡镇、街道,其中包括118镇、142乡、30街道,平均规模43.75平方公里,比省均小34平方公里;平均人口2.55万,其中有80个小乡小镇常住人口不足1万。乡镇的多而小、小而全,导致乡镇发挥不出规模效益,重复建设,资源浪费,而部分特大镇发展空间不足,制约了温州城市化的推进,也不利于城乡统筹。

这次调整,是重组全市乡镇行政区划,构建以都市型功能区、大中小城市和区域性中心镇为重要支点的温州城镇发展新格局,使政府在更大范围内安排城市功能布局,资源优化配置,提升基层公共服务和行政管理效能;理顺县(市、区)、乡镇(街道)两级管理体制,达到精简机构、降低成本、优化服务、提升效能的目的。调整后,温州市镇街整合为140个乡镇、街道,减少一半还多,其中65个镇、6个乡、69个街道,乡镇平均面积达138.7平方公里,平均人口达7.45万。

这次调整的总体目标概括为"1650"。"1"指一个主中心,范围包括当时的鹿城、龙湾、瓯海三区,向东扩展到洞头和瓯江口,向北吸纳瓯江北岸和上塘镇,成为温州大都市核心区。三个市区实施"两级政府、三级管理、四级网络"的体制,乡镇除特殊的以外,原则上都改为街道。"6"指6个副中心,即乐清、瑞安、平阳、苍南、文成、泰顺六县的城区,并吸纳周边小乡镇,发展成大都市副中心,原则上也实行街道建制。各主、副中心区可根据城镇规划和产业发展实际建设功能区,设立管委会。功能区内可有若干个街道办事处,县(市)级部门可在功能区内设立直属分局。"50"指通过对小乡镇的整合,培育一定数量、人口达3万以上的区域性中心镇,最终发展为小城市,成为推动城乡一体化和新型城市化的重要节点。调整后,可在原乡镇驻地设立便民服务中心或过渡性办事处,过渡期为 3 年。对省级培育的中心镇及有条件的地方,可实行"区镇合一"的管理体制,即功能区管委会与镇政府两块牌子、一套班子、合署办公,并下设若干办事处。

2012 年,南京市部署开展撤镇设街工作,113 个街镇(其中 84 个街道、29 个镇)将整合为 96 个左右,并逐步落实市辖区全部为街道建制。其中,2012 年浦口、六合区大部分镇实施撤镇设街,溧水和高淳两县政府驻地镇争取列入省县城镇撤镇设街区划改革试点。到 2013 年,浦口和六合区全部镇实施撤镇设街,溧水和高淳两县经济社会发展较好的开发区所在镇视情实施撤镇设街。

2012 年 12 月,西安市高陵县撤销泾渭、鹿苑、崇皇三个乡镇建制,设立三个街道,高陵成为陕西全省乃至西北地区首个作为县级行政区设立街道的县份,为高陵下一步撤县设区奠定基础。

而湖南省衡山县店门镇脱县归区的案例,则折射出地级市扩大城区规模与省直管县这两个工作思路的差异。

衡阳市是湖南省一个地级市,地处南岳衡山之南,现辖石鼓区、南岳区等 5 个市辖区,衡山县、衡阳县等 5 个县,代管县级耒阳市、常宁市。南岳区只有 185 平方公里,下辖 5.4 万人口,却是南岳衡山的主要所在地,人均GDP 排在衡阳市各区县前列;但经济结构单一,旅游产业占全区 GDP 总量的 80%;区里需要发展其他产业如房产业、文化产业,但缺乏土地。另外,南岳区是一块"飞地",在地理上受衡山县的店门镇与衡阳县的集兵镇、樟木乡阻隔,与衡阳市里的各城区都不"接壤",在旅游通道等方面也要找衡山县协调。

2009 年年底,湖南省委党校提出《湖南省省直管县体制改革建议方案》,主张先对各个县的财政进行省直管,随后再对各县的行政进行省直管;可以撤县并市,即设立副地级市。具体到衡阳市,《方案》主张将衡山县、衡东县、南岳区撤县合并成一个副地级的衡山市,由省直管。方案指出,这是依据衡山这一旅游资源而涉及的划分,对整个衡山地区的发展都有裨益。

衡阳市则很关注把衡山、南岳区继续留在衡阳市区。因为南岳区不仅每年有 20 多亿元的旅游效益,作为五岳之一的南岳衡山对衡阳市的综合效益更是无法估量。于是,2010 年 6 月,衡阳市提出"扩城连岳"方案,计划把衡阳县的集兵镇、樟木乡划并给石鼓区,把衡山县的店门镇划并给南岳区,指出这是为解决南岳区行政"飞地"问题,南岳区能与石鼓区接壤,衡阳市的整个城区就连成一片,并为南岳区发展突破缺水、缺地的瓶颈。

而店门镇是衡山县面积最大的乡镇,也是农业大镇,农业收入占全县GDP1/3。店门镇脱县归区的方案,遭到衡山县一些民众反对,出现多人堵路风波。于是,衡阳市委、衡山县委宣布暂时停止店门镇的区划调整工作。

(三)以行政区撤并为主的区划调整

除撤县(市)设区、撤镇设街外,近年来许多城市进行了以行政区合并为主的区划调整探索。

2005 年,广州市东山区和芳村区分别并入越秀和荔湾区。原芳村区的发展较荔湾落后,而荔湾地域狭小。属于老城区的原东山、越秀两区,地域面积小,合并后,越秀区属地域大大拓宽。又以广州开发区和南沙开发区为依托,分别设立萝岗区和南沙区,这是为了利用原开发区所拥有的强大科技、经济实力将欠发达的地区快速带动起来,加快广州东部、南部的农村城市化。

2010 年,位于北京市中心的东城、崇文、西城、宣武四个区撤销,同时成立两个新的行政区作为首都功能核心区——东城区和西城区。这四个城区发展一直不平衡,东、西城发展比较快,宣武、崇文发展较慢,四区整合能够缓解北京发展空间不均衡问题,同时会大大提高行政效率,减少重复建设,合理配置资源。

2009 年,上海市南汇区划入浦东新区。2011 年,上海市黄浦、卢湾两区合并成新的黄浦区。黄浦、卢湾两区合并后,有利于在更大范围内统筹资源配置,推进黄浦江沿江的统一规划和开发。2015 年,上海撤销闸北区、静安区,设立新的静安区。

2011 年 7 月,安徽省撤销地级巢湖市。安徽原有行政区划中,一些中心城市规模较小,政区规模差距较大。地级巢湖市位于安徽省中部,辖庐江、无为、和县、含山四县和居巢区,与经济较为发达的合肥、芜湖、马鞍山等市相邻。撤销地级巢湖市的行政区划调整是:撤销居巢区,设立县级巢湖市,由省直辖,合肥市代管;无为县划归芜湖市;和县的沈巷镇划归芜湖市鸠江区;含山县、和县划归马鞍山市。调整后,合肥所辖区县市达 9 个,面积约 1万平方公里,人口约 800 万人,人口占全省 10%以上,与全国省会平均水平相仿。区划调整的目的是带动江淮城市群发展,使合肥、芜湖、马鞍山更好发挥中心城市辐射带动作用,在更大区域范围内统筹安排生产力布局和基础设施建设,培育引领全省发展的核心增长极,扩大整个长三角的发展空间。

2012 年 11 月,贵阳市撤销花溪区、小河区,设立新的花溪区。设立观山湖区,将乌当区的金阳街道、金华镇、朱昌镇和清镇市的百花湖乡划归观山湖区管辖。

天津市滨海新区则是以行政区划调整促进发展的典范。

1994 年,天津市决定 10 年基本建成滨海新区。2000 年设立滨海新区工委和管委会,作为市委、市政府的派出机构,行使协调功能,辖区内各区政府、各功能经济区管理机构之间的合作、协调机制不够健全。此时的滨海新区包括塘沽区、汉沽区、大港区 3 个行政区和天津经济技术开发区、天津港保税区、天津港区 3 个功能区以及东丽、津南区两个行政区的部分区域。后来功能区拓展为 9 个。"大"区套"小"区,"区"中有"区",被称为"三方四国"的"独联体"。时任中央政治局委员、天津市委书记的张高丽同志用"五个问题"来概括滨海新区所存在的体制掣肘:一是规划难以统一实施;二是产业聚集效应难以实现;三是整体优势难以发挥;四是资源配置难以优化;五是管理效能难以提高。张高丽说,滨海新区能不能成为深入贯彻落实科学发展观的排头兵,很大程度上取决于新区能不能尽快建立充满活力、富有效率、更加开放、有利于科学发展的体制机制。

2009 年 11 月,天津撤销塘沽区、汉沽区、大港区,设立滨海新区,以原塘沽区、汉沽区、大港区的行政区域为滨海新区的行政区域。撤销新区工委、管委会,组建新区区委、区政府。组建两类区委、区政府的派出机构,一是塘沽、汉沽、大港 3 个工委和管委会,主要行使社会管理职能;二是 9 个功能区党组和管委会,主要行使经济发展职能。起初的 9 个功能区包括先进制造业产业区、临空产业区、滨海高新区、临港工业区、南港工业区、海港物流区、滨海旅游区、中新天津生态城、中心商务区。调整后的滨海新区行政架构统一,分工明确,精简高效。新区区委、区政府在得到市级充分赋权的前提下,可以对新区区域内经济社会的发展进行高效的统筹领导。同时,赋予新区更大的自主发展权、自主改革权、自主创新权。凡属于天津市权限范围内的,新区可以自行决定的事情,原则上都下放给新区。凡新区能办的事,支持先行先试。

2013 年 11 月,鉴于部分功能区的"单极"突破与新区的全面、均衡、协调、可持续发展目标存在着矛盾,滨海新区需要进一步协调各支柱产业之间的关系、各个功能区之间的关系,以及经济发展与其他领域发展的关系。各个功能区承担的功能分立,不能更好地实现资源的优化配置。天津市决定撤销塘沽、汉沽、大港 3 个城区的工委和管委会,由滨海新区区委、区政府统一领导各个街镇的工作。滨海新区分别设置街镇工作委员会、街镇委员会，两委员会今后合署办公，协调指导街镇工作。

此轮改革仅涉及的厅局级干部就有 51 人之多。国家发改委国土与地区经济研究所副所长、中国区域经济学会副秘书长肖金成说，滨海新区新一轮行政体制改革涉及部门之广、人员之多、利益之复杂、规模之大，在中国其他地区是前所未有的。

另外，四大经济特区范围扩大到全市，也属于广泛意义上的行政区划调整。

2010 年 7 月，深圳经济特区扩容，范围从原来的罗湖、福田、南山、盐田四区扩大到全市，将宝安、龙岗两区纳入特区范围，深圳进入"大特区"时代，101 项特区法规开始在全市适用，长期以来困扰特区内外执法的"一市两法"问题得到解决，也有利于全市范围内的资源整合、配置。厦门经济特区范围扩大到全市，并实现行政区划、经济特区、台商投资区"三区合一"。汕头、珠海经济特区范围扩大到全市，也具有类似意义。

2015 年 10 月，《湖南省乡镇区划调整改革工作方案》公布，湖南省目标合并乡镇 500 个以上，减幅约 25%；合并建制村 16000 个以上，减幅约 39%。重点是合并 1 万人以下的小微乡镇和人口不足 5000 人的民族乡，以及 1000 人以内的建制村，但不搞"一刀切"。

二、区域协作体制创新

跨行政区之间的协作，是近年来的一个明显趋势，这有利于区域间资源互补、整合和优化配置，产生 1 加 1 大于 2 的效果。

(一)区域协作体制创新概述

近年来，国家出台、批准了一些作为国家战略的区域规划(意见)和各类新区、试验区，如：西部大开发、东北地区振兴、中部崛起、珠江三角洲地区改革发展规划纲要(2008—2020 年)、进一步推进长江三角洲地区改革开放和经济社会发展的指导意见、辽宁沿海经济带、皖江城市带(承接产业转移示范区)、中部地区城市群、山东半岛蓝色经济区、成渝经济区、关中—天水经济区、海南国际旅游岛、云南建设面向西南开放重要桥头堡、中央苏区、中原经济区(以河南省为主)、浦东新区、天津新区、重庆两江新区、西咸新区、北部湾经济区、沈阳经济区（国家新型工业化综合配套改革试验区）、黔中经济区、滇中经济区、鄱阳湖生态经济区，重庆市"全国统筹城乡综合配套改革试验区"、成都市"全国统筹城乡综合配套改革试验区"、武汉城市圈"全国资源节约型和环境友好型社会建设综合配套改革试验区"、长株潭城市群"全国资源节约型和环境友好型社会建设综合配套改革试验区"、深圳市综合配套改革试验区、国家资源型经济转型发展综合配套改革试验区（山西省）、深化两岸交流合作综合配套改革试验区（厦门市），等等。

这里面都包括行政区划调整和区域协作体制改革的内容，如成都市积极推进撤县（市）建区工作，深化乡镇、村综合改革，探索乡镇党政"一肩挑"，适时进行乡镇区划调整和撤乡镇建街道、村组合并和撤村建社区等。

另外，各省也有一些重大的区域协作规划，四川省 2011 年开展的天府新区建设，目标是再造一个"产业成都"，其范围则涉及成都市的高新区南区、龙泉驿区、双流县（今双流区）、新津县，眉山市的彭山县、仁寿县，资阳市的简阳市，共 3 市、7 县（市、区）、37 个乡（镇）。

区域协作是跨乡镇、县、市甚至是省际的，传统的行政区划分割有时会使这种协作的实际效果大打折扣。为使区域协作达到良好效果，突破行政区划体制对资源要素的阻隔，建立有力的统筹协调和领导机构，建立顺畅的区域协作体制，甚至进行必要的机构、区划调整，这都是十分重要的。

（二）区域协作体制创新案例分析

从湖南长株潭"两型社会"建设改革试验区、海南国际旅游岛、陕西西咸新区、重庆两江新区这四个区域协作的案例分析，可以更加清楚顺畅的区域协作体制的重要，以及适时进行区划调整的必要。

湖南长株潭"两型社会"建设改革试验区。

2009 年，湖南省设立长株潭"两型社会"建设改革试验区领导协调委员会办公室，为湖南省长株潭"两型社会"建设改革试验区领导协调委员会的常设办事机构，正厅级，归口省发展和改革委员会管理。省长株潭办核定行政编制 35 名。其中主任 1 名，由省发展和改革委员会主任兼任，副主任 4 名，常务副主任由省发展和改革委员会一位副主任兼任。内设 4 个机构：综合处、改革处、规划局、发展处（加挂世界银行贷款长株潭城市发展项目办公室牌子）。

湖南省明确长株潭办的主要职责为：按照"省统筹、市为主、市场化"的原则，负责全面统筹、谋划、协调长株潭城市群"两型社会"试验区改革建设中的规划引领、产业发展、资源利用、体系建设、政策支持、体制机制创新等各项工作。具体包括:研究提出综合配套改革重大政策和重要措施,组织起草有关综合性法规和文件;组织编制综合配套改革总体方案,指导协调各专项改革方案的编制和实施,统筹管理重大改革试验项目,协调改革中的重大问题;组织编制长株潭城市群经济社会发展总体规划、区域规划、长株潭核心地区空间开发与布局规划,指导、协调长株潭城市群区域各专项规划和相关市域规划的编制和实施;对试验区范围内各类空间管制区域的划定进行指导、协调……

湖南明确了"省长株潭办与长株潭三市政府事权划分与相互关系",即省长株潭办负责统筹协调相关重大问题;综合配套重大改革项目,经省长株潭办初审、省长株潭领导协调委员会审定并报国家批准后组织实施。重大基础设施项目、重大产业项目和利用长株潭城市群资源开发的重大项目立项经省长株潭办协同省直有关部门统一审查和研究确定后,报省长株潭领导协调委员会和省政府审定,由长株潭三市分别组织实施。省长株潭办负责对三市实施情况进行监督和评价考核。

湖南还明确了"省长株潭办与省直有关部门的关系",包括:相关重大事项由省长株潭办会同省直有关部门研究确定,省直有关部门按照各自职能进行管理,实施中的矛盾和问题由省长株潭办负责统筹和协调;长株潭城市群的重大改革、重大基础设施建设、重大产业项目布局、重要资源整合、城市群资源的开发利用,由省长株潭办协同省直有关部门统一研究并制定实施方案,按程序报批后组织实施;省直有关部门现行的项目立项、审批、监管以及向国家有关部门申报争取支持等行政管理职能不变。对于涉及长株潭城市群的规划与具有区域性影响的重大建设项目,需经省长株潭办的协调与审查。

长株潭办这样的职责厘定明晰,有利于相互配合、形成合力、推进工作。

海南省统筹规划六大旅游经济功能区。

城乡体制分割,制约着海南省农村旅游、土地等潜在资源优势的充分发挥。在18个市县加一个农垦的区域行政格局下,海南省各个市县都具有一定的开发自主权和管理权,造成了低水平重复开发,区域资源需要优化、整合、配置、互补。

2010年国家发改委批复的《海南国际旅游岛建设发展规划纲要(2010—2020)》提出,海南是我国最大的经济特区和唯一的热带海岛省份,具备发展成为我国旅游业改革创新的试验区的体制优势、资源优势、区位优势。要科学引导海南国际旅游岛建设的空间布局。要立足当前、着眼长远,城乡统筹、全省统筹,优化资源配置和发展布局,控制好开发节奏和时序,努力提高资源的整体利用效率。要根据不同区域的资源条件,按照区域协调发展的原则,形成特色鲜明、优势互补的区域发展格局,遵循"统筹规划、政府引导、环境协调、差异化发展、控制开发强度"的原则。

按照《纲要》,国际旅游岛建设分为东、西、南、北、中五个功能组团和一个海洋功能组团。北部组团以海口为中心,包括文昌、定安、澄迈三市县,重点发展文化娱乐、会展、金融保险、生物制药、高新技术等产业。南部组团以三亚为中心,包括陵水、保亭、乐东三县,重点发展酒店住宿业、文体娱乐、疗养休闲、商业餐饮等产业。中部组团包括五指山、琼中、屯昌、白沙四市县,发展热带特色农业、林业经济、生态旅游、民族风情旅游、城镇服务业等。东部组团包括琼海、万宁两市,发展壮大滨海旅游业、热带特色农业、海洋渔业、农产品加工业等。西部组团包括儋州、临高、昌江、东方四市县和洋浦经济开发区,集中布局发展临港工业和高新技术产业,积极发展生态旅游、探奇旅游、工业旅游、滨海旅游等。海洋组团包括海南省授权管辖海域和西沙、南沙、中沙群岛。

《纲要》指出,全省重要旅游资源的规划权和重大旅游项目的审批权集中到省一级。坚持统一规划、统一开发,原则上由省、市县政府主导土地一级市场开发,根据规范和审批的建设项目有序供应土地。

六大功能区的划分,省级统筹旅游的规划、审批和土地开发等,有利于资源整合和资源价值最大化,有利于突破现有行政区划限制和条块分割的体制障碍。

中国(海南)改革发展研究院专家则进一步指出,海南要按照一个大城市的思路推进城乡一体化的体制机制创新,打破分散的行政区划体制,按照空间毗邻、资源互补、容易实现组团式发展的原则,以三亚、海口、儋州、琼海、五指山为中心形成五大旅游经济功能区,作为经济一体化、社会一体化、行政一体化制度建设的平台,形成"省下辖五大区域性中心城市"的行政格局;通过城乡规划与区域规划高度统一,形成大城市、中等城市、小城镇优势互补,组团式发展的空间格局。为此,建立高规格的全省城乡一体化管委会,负责总体协调;组建五大功能经济区城乡一体化管委会,负责各自区域内跨市县资源整合、开发相关事宜。其次,在五大功能经济区经济社会一体化程度比较高的情况下,在管委会的基础上组建中心城市政府机构或区级政府机构,突破省管市县格局,最终形成全岛行政一体化的新格局。

2015年6月,中央全面深化改革领导小组第十三次会议同意海南省就统筹经济社会发展规划、城乡规划、土地利用规划等开展省域"多规合一"改革试点。这有利于海南打破行政区划的壁垒和部门利益的藩篱,最大限度发挥资源利用的效益。

而陕西省西咸新区与重庆市两江新区的管理体制,目前则存在深化创新的较大空间。

陕西省西咸新区。

2002年,陕西提出"西咸一体化"的构想。2006年,西安、咸阳两地实现电信并网。2009年,国务院批复《关中—天水经济区发展规划》,"西安大都市"作为经济区的核心被多次提及。

2010年2月,陕西省推进西咸新区建设工作委员会办公室暨西安沣渭新区、咸阳泾渭新区管委会挂牌成立,西咸新区建设正式启动,省市共建,以市为主。西咸办的主要任务是协调分属两市的两个管委会,协调力度有限,新区开发缓慢。

2010年12月,《国家主体功能区规划》明确西咸新区为国家重点开发区之一,西咸新区建设上升为国家战略。2011年5月,陕西省通过《西咸新区总体规划》,决定设立西咸新区管委会,由一位副省长挂帅,撤销西咸新区建设工作委员会办公室,原本"省市共建,以市为主"的管理体制转变为"省市共建,以省为主",目的是通过管理体制的改革创新,进一步提高行政效率,降低运行成本,减少重复建设,有效合理地配置土地、资金、人才等资源,对新区各组团进行统一规划、同步建设、错位发展、整体推进,打造成西安国际化大都市的主城功能新区和新的经济增长极。

西咸新区划分为空港新城、沣东新城、秦汉新城、沣西新城和泾河新城,即"3+2模式"。而新区也就形成了两市、五城、多区县、多乡镇并存的西咸新区行政区域结构特征。新区包括西安、咸阳两市的7个区县、23个乡镇。882平方公里的地域中,西安市不足300平方公里。五个新城中,空港新城、泾河新城、秦汉新城完全属于咸阳地域,但又交错隶属于不同的区县。另外两个新城中,沣东新城的小部分属咸阳,大部分属西安;而沣西新城恰反之,其所属区县关系更为复杂。

为促进两市融合,省里在任命五个新城的主要负责人时,特地安排了两市之间的异地任职。考虑到诸多因素,陕西省对于西咸新区实行三个不变:行政区划不变、统计口径不变、利益格局不变。

而为推进西咸新区建设,推进两市之间区域协作的有效开展,加大西咸新区管委会的统筹、领导力度是必需的;甚至要站在全省的高度,对区域内阻隔资源要素合理配置的现有行政区划体制进行调整。

2014 年 10 月底,陕西省出台《关于加快西咸新区发展的若干意见》,在项目建设、城乡统筹、规划实施等方面赋予西咸新区省、市级管理权限及部分社会事务管理职能;要求省级部门提出支持西咸新区发展的简政放权清单,除需国家审批核准或国家明确规定由省级政府部门审批核准外,其余审批权限放给新区办理。同时,对新区管理体制进行一些变更:将西安、咸阳两市及相关县(市、区)涉西咸新区的经济及相关社会事务管理权委托西咸新区行使,并将原由西安托管的沣东新城、咸阳托管的秦汉新城划归西咸新区管理,对新区范围内的街道、乡镇逐步实行托管;完善新区内相关县区党政主要负责人的调整任免征求西咸新区党工委意见的机制。

重庆两江新区。

2001 年,重庆成立北部新区,面积 157.59 平方公里,含重庆经济技术开发区、重庆高新技术产业开发区及重庆出口加工。北部新区所管辖的礼嘉镇和人和、鸳鸯、大竹林、天宫殿、翠云 5 个街道,都属于渝北区这一行政区。

2010 年,重庆成立两江新区。同时,北部新区成为两江新区的核心区。2008 年成立的重庆两路寸滩保税港区(简称"重庆保税港区")也是两江新区的重要组成部分。

而从行政区划上看,两江新区涵盖江北区、渝北区、北碚区 3 个行政区的部分区域,规划总控制范围 1200 平方公里。其中涉及江北区的街镇有观音桥、寸滩等 11 个,涉及渝北区的街镇有人和、鸳鸯等 18 个,涉及北碚区的街镇有水土、复兴等 4 个。

两江新区开发建设领导小组组长由市长兼任,副组长由其他市领导兼任。领导小组下设两江新区管理委员会(党工委),是市政府(市委)派出机构,负责统筹两江新区范围内规划布局、开发建设、统计、宣传及其综合协调等;按照重庆市政府授权,负责鱼石片区的基础设施和功能开发建设;受市政府委托,代管北部新区管委会和两路寸滩保税港区管委会。两江新区开发有限公司属两江新区管委会直接领导,负责片区开发。

开始时,两江新区在开发平台上采取"三拖一"模式:两江新区管委会直接管理 3 个管委会,即北部新区管委会、两路寸滩保税港区管委会、新成立的一个工业开发区管理机构,三个平台拉动两江新区发展。具体包括"协管、代管、直管"三种模式。协管是指两江新区与江北、渝北、北碚三个行政区的关系，以类似公司化的形式运行。由两江集团这一两江新区组建的政府投融资平台，按照 55∶45 的比例与 3 个行政区联合组建开发公司，共同推动开发建设、利益共享。3 个行政区负责管理社会事务如征地、拆迁、安置等，两江集团负责建设开发、投融资及招商引资。"代管"是指两江新区与北部新区、保税港区等机构的关系。"直管"则是指两江集团直接负责的面积达 238 平方公里的两江工业开发区。

两江新区、北部新区（寸滩保税港区）、市经济技术开发区（高新技术产业开发区或重庆出口加工区）都属于经济类的功能区。应该说，两江新区这样的层级管理体制较为复杂，两江新区一些区域的经济工作的管辖结构是：两江新区—北部新区（寸滩保税港区）—市经济技术开发区（高新技术产业开发区或重庆出口加工区）—街道（镇），层级显然太多；而两江新区范围内的街道（镇）同时又分别属于江北区、渝北区、北碚区 3 个行政区的行政管辖，社会事务的管理不可避免存在交叉问题。

2012 年 11 月，重庆市人大财政经济委员会在市三届人大常委会第三十八次会议上所做的《关于两江新区开发开放情况的调研报告》中指出：对 1200 平方公里而言，两江新区管辖范围有限，直管的功能开发区仅 380 到 444 平方公里；两江新区管委会统筹能力不够强的问题比较突出，不能一竿子插到底，使决策不能更果断、更迅速、更便捷。各行政区、功能区工作的重点都不一样，对统筹协调形成合力带来一些困扰。因此，需要加强两江新区管委会对 1200 平方公里范围内统一规划、统一布局、统一政策等方面的统揽能力，避免无序竞争和重复建设，强力推动两江新区全域开发。

2013 年 9 月，重庆市决定变更两江新区管理体制，构建"1＋4＋4"体系，即两江新区管委会统筹负责江北区、渝北区、北碚区等 3 个行政区（部分区域）和北部新区，直接负责保税港区公司、江北嘴集团、港务物流集团、悦来集团这 4 个原属市国资委系统的公司，以及两江工业开发区、鱼复工业园、水土高新园、龙兴工业园 4 个园区。

但两江新区行政主体多元、利益格局复杂、重叠架构等问题仍然没有得到有效解决。其实，两江新区可以借鉴天津滨海新区的经验，撤销北部新区，做实两江新区，使之成为行政区，直辖街道、乡镇，街镇主要承担公共服务职能；同时下设经开、高新区、保税港区、出口加工区等一些功能区，承担经济功能。

三、宁波行政区划与区域协作存在的问题

(一)行政区划体制存在的问题

新中国成立以后,宁波的行政区划处于不断调整的过程中。到 1992 年 5 月,宁波推行撤区(区公所)、扩镇、并乡工作。全市 37 个县属区公所全部撤销,乡镇总数由原来 347 个减少到 150 个,实行了区、县(市)直辖乡镇的行政体制。1994 年宁波被确定为副省级市。2002 年 2 月,国务院正式批复同意撤销鄞县,设立宁波市鄞州区。目前,宁波市辖海曙、江东、江北、镇海、北仑、鄞州 6 个区,宁海、象山 2 个县,慈溪、余姚、奉化 3 个县级市,共有 76 个镇、10 个乡、66 个街道、680 个居民委员会和 2543 个村民委员会。

从将宁波建设成为长江三角洲南翼的区域经济中心城市和现代化国际港口城市这一目标定位来看,宁波的行政区划还存在一些问题。

一是行政区划调整滞后于城市发展需要。

目前中心城市核心区块的行政区划基本还是因袭 20 世纪 70 年代的划分,城市本体不大不强,一定程度上存在"强县弱市"的格局。处于中心城区的海曙区、江东区经济总量大,人口密度高,但发展空间狭小。同时,过小的行政区划也导致行政资源浪费。而新三区地域面积较大,经济发展不均衡,优质空间难以优先开发(见表 6-1)。在规划统筹方面存在一些亟待解决的问题,突出表现在:规划统筹决策机制不健全,城市发展整体性、协调性不够;规划编制主体多元、自成体系,各类规划之间衔接不够,城市发展空间存在一定程度的碎片化;城乡一体化水平有待提高,城乡基础设施与公共服务设施配置不均,系统性不强,城市空间利用效益相对比较低,城市品质难以提高等。[①]

表 6-1　2014 年年末宁波各区县市户籍人口数和经济总量

地区	人口(万人)	人口密度(人/平方公里)	陆地面积(平方公里)	经济总量(亿元)	人均 GDP(元)	人均 GDP 排名
海曙区	29.8	10293	29	541.1	181577.1812	3
江东区	28.1	8274	34	470.6	167473.3096	4

①　宁波市人民政府:《宁波市人民政府关于强化规划统筹促进城乡全面协调发展的若干意见》,2014 年 1 月 7 日。

续表

地区	人口 (万人)	人口密度 (人/平方公里)	陆地面积 (平方公里)	经济总量 (亿元)	人均GDP (元)	人均GDP 排名
江北区	24.3	1167	208	303.4	124855.9671	6
北仑区	39.0	635	614	991.7	254282.0513	2
镇海区	23.2	977	237	645.6	278275.8621	1
鄞州区	85.2	639	1334	1297.8	152323.9437	5
余姚市	83.7	586	1428	807.7	96499.40263	8
慈溪市	104.6	792	1321	1111.6	106271.5105	7
奉化市	48.4	379	1277	309.2	63884.29752	11
象山县	54.9	394	1393	388.7	70801.45719	9
宁海县	62.6	341	1838	409.8	65463.25879	10

数据来源:宁波政府网。

二是同一个城市功能区分属多个行政区。

如面积不大的三江片中央商务区块分属海曙、江东、鄞州、江北四个不同行政区域,而宁波机电工业园区分属于镇海、江北两个行政区。行政区划的分割,不利于城市功能区的统一规划、整体开发和整体提升。

三是行政区划调整滞后导致资源配置分散。

如镇海新城与江北区的中部地域毗邻,基础设施相连,如果共同整合为中心城市的北部商贸商务中心(包括这两个区的行政中心),则可以节省大量宝贵的土地资源。象山港湾优质岸线、四明山区优质生态等区域未来战略性空间资源,因为区划分割而难以实现资源整合并加快统筹发展。类似的问题影响了区域培育新兴经济形态、加快转型升级发展的步伐。

四是中心城区的集聚、辐射和带动能力有待提升。

"县强市弱"的格局,使得宁波主城的特色和品位难以充分彰显;做大做强城市经济、推动城市空间合理布局、优化提升产业结构、集约利用要素资源、完善城市功能等各项任务十分繁重。

五是市级政府统筹力、调控力有待加强。

城市规划体制方面,新三区名义上是规划分局,但实际上规划还是各区自行决定;土地管理体制方面,老三区的土地出让金由市级统筹,而新三区基本上由各区支配;建设和管理体制方面,市级只负责老三区建设和管理,新三区自我建设和管理。财政体制方面,区划调整后新三区仍然享受县级财政待遇,相比老三区实行的"半级财政",其独立性强,分税方式不同导致各区的财政灵活性不同。这导致市级政府较难做到市级层面的有效统筹,难以集中力量提供市级层面的公共产品与服务,如尖端科研机构、优质高等教育、顶尖医疗院所、一流文化设施等,而这些又在很大程度上体现了城市综合竞争力强弱,决定了高层次人才的去留。总之,由市级统筹推进城市建设和管理的工作体制机制尚待完善。

(二)区域协作体制存在的问题

一是区域协作体制不够健全。

2014年年初,宁波市政府发布《关于强化规划统筹促进城乡全面协调发展的若干意见》,但各项工作的展开还需时日。专职部门系统研究、制定和实施市域统筹协调发展规划与政策的工作力度尚需加强。同时,缺乏区域合作的运作平台,包括合作区域组成的双边、多边机构和具有一定权威的第三方协调机构,导致难以对区域协同发展进行总体协调,区域发展各自为政。同时,政策体系仍不完善,相关的行政管理、财政管理、规划管理、干部考核、利益调整等方面都有待规范。

二是区域之间利益协调体系仍未建立。

在区域之间利益分配机制上,行政色彩太浓,未能充分发挥市场"无形的手"对资源配置的基础性作用,造成资源配置的不科学和不经济;在利益谈判机制上,尚未建立完善的跨区域资源配置的利益谈判制度,各利益主体缺乏行之有效的博弈管道;在利益补偿机制上,尚未形成一套政府和市场相结合的利益补偿机制,财政转移支付制度不够完善,多样化的补偿手段尤其是市场化补偿的相关机制还没有形成。

三是市域功能体系尚不健全。

中心城市作为市域增长极的极化效应和辐射功能尚有待提升,市域空间布局不尽合理,辐射带动能力较弱,综合竞争力不强,综合服务功能不够健全,要素集聚度偏低。市域各功能区块协调性较差。县域发展缺乏区域之间的关联性,县域之间功能重叠和经济同构并存,没有形成优势互补的功能区块,影响了市域整体功能的提高;城乡规划引领经济社会和建设发展的作用尚未充分发挥,各领域各层次规划的统筹协调不够。

四是区域公共服务仍不均衡。

目前以县域统筹为主的财政体制和公共设施及服务机构属地建设、使用、管理的现状,导致县域之间在公共服务上不平衡。城乡二元经济社会结构没有根本改变,城乡在就业、卫生、教育、社保、环保、文化等方面仍存在较大差距。公共财政体制仍不够完善,公共财政在公共服务均等化中的作用尚未得到充分发挥;公共产品多元供给机制尚未形成,缺乏鼓励、引导社会资本参与公共产品供给的有效动力。

四、对宁波行政区划和区域协作体制创新的思考

2013 年,宁波规划构建大中小城市协调发展、城乡一体、开放式、组团型、网络化的"一核两翼多节点"大都市区新格局,逐步实现全域都市化。这是我们思考宁波行政区划和区域协作体制创新工作的前提。

(一)适当进行行政区划调整

近年来,各地加快了行政区划调整的步伐,为扩张城市规模、利于资源整合、发挥集聚辐射作用、统筹城乡发展、增强区域竞争力等提供良好的行政区划体制保证,如北京、上海、天津、重庆、南京、杭州、青岛、长沙、合肥等。详见本章第一节的有关介绍。

宁波在行政区划调整方面,有过成功经验。2002 年鄞县撤县设区后,宁波市区的面积由 1033 平方公里增至 2413 平方公里,人口由 126.14 万增至 199.14 万,很大程度上增加了城市体量。2014 年年底,宁波市辖区常住人口为 355.13 万人。但总的来看,与其他大城市相比,宁波城区体量偏小,这是一个不争的现实。见表 6-2。

表 6-2　一些城市基本情况(2014 年年底)

城市	大连	青岛	厦门	深圳	杭州	成都	广州	武汉
市区面积(平方公里)	2517.57	3239	1597.99	1203.75	4881	1418	7434.4	8468.18
市辖区数量	6	6	6	6	9	9	11	13
市辖区常住人口(万人)	300	487.59	381	837.49	889.2	1435	1192.68	1033.80

宁波市近年来也在积极谋划进一步的行政区划调整。2014 年 8 月,宁波市核心城区重点区块鄞奉片区控制性详细规划获市政府批准。按照规划,鄞奉片区将发展成为一个以商务、居住和文化休闲商业为核心的滨水复合功能区;今后 3 年,宁波市将以重点功能区块建设为抓手,全力推动宁波

城市走向全域都市化。2014年，奉化市提出要全力推动新型城镇化，推进城乡统筹建设；加强与宁波中心城市对接，加快融入宁波步伐。2014年9月，《中共宁波市委关于深入推进新型城市化提升城乡治理水平的决定》指出，健全区域统筹发展机制。适时调整行政区划，谋划启动撤县（市）建区，改革完善市区财权、事权，调整理顺各市级功能区与行政区的体制关系。2015年宁波市政府工作报告中指出，要加快宁波都市区规划建设，完善主体功能区规划，有序推进行政区划优化调整，增强市域统筹能力和区域发展活力。

宁波要按照资源统筹的原则，积极借鉴国内近年来行政区划调整的经验，大力推进适当的行政区划调整工作，包括撤县（市）设区、撤镇设街、镇街归属调整等。重点是撤县（市）设区，做大中心城市的板块，尽快考虑奉化或慈溪、余姚等县、市并入宁波市区的问题。同时，合理调整6区格局，适当进行并区、扩区调整。因为三江片城区面积偏小，机构重叠，资源分散，产业雷同，发展空间狭窄，效益难以发挥的弊端日益凸显，中心城市的实力不强，人口、空间和经济规模不大。

行政区划调整是一个比较敏感的问题。既要从资源整合、有利于最大程度发挥资源的效益这一角度考虑，又要兼顾到各方面的心理、文化因素尤其是经济利益的平衡。既要积极谋划、扎实推进，不能畏难而退、裹足不前，又要深谋远虑、稳妥进行。要正确处理撤县（市）设区与扩县强权两者之间的辩证关系，充分论证，当撤则撤，当扩则扩。外地一些由行政区划调整引起的问题值得关注，如湖北大冶撤市设区、浙江黄岩撤市设区和浙江长兴撤县设区等。

行政区划调整可以考虑分步骤、分阶段进行。把敏感的行政隶属规划放缓，首先加强经济共同体的建设，加强区域协作，使大家为了共同的发展优势自愿走到一起，然后深入到税收、财政等方面，等到区域协作格局初步形成时，行政区划的调整就会瓜熟蒂落、水到渠成。因为区域协作经常是行政区划调整的先声，这样的事例很多，如前面所讲过的天津滨海新区的行政区实体化。

（二）合理划分市、区（县、市）权责

区划调整的一个深层次问题，就是财政问题。

不少地方为了顺利推进区划调整工作，在财政上都照顾到了基层的利益和积极性。要理顺撤县（市）设区后区与市的关系。厘清各级政府权责，做好权责的统筹与下放。首先要充实市本级公共财政，加强全市统筹性的

公共财政服务能力,以提高市级政府的统筹力、调控力。

鄞县在撤县设区区划调整时,被给予了特殊的政策,除规划管理在宁波市总体规划指导下进行外,财政体制、土地管理权限等都保持不变。从过渡期结束后的 2005 年至 2009 年,市、区财政实行"比例分享"体制;2010 年起进一步实行分类统筹,兼顾市与区的利益关系,适当平衡负担能力。经过几次微调,从而逐步向市辖区财政体制转换。总体上体现三大特点,即适当提高市级财力统筹比例,基本保持县级财力分成格局,基本明确了市与区同城建设的责任。这有利于调动区、市两级积极性。

但从目前来看,作为宁波市六个城区之一的鄞州区,区级财政收入与宁波市本级财政收入相差无几。2012—2014 年宁波市本级与鄞州区财政比分别为 163.93:136.22(1.20)、169:153.3(1.10)和 176.37:166.2(1.06),这在全国所有副省级以上城市中是少见的。详见表 6-3。

表 6-3   一些副省级以上城市市本级与所辖财力最大行政区(不包括开发区)区级财政收入情况(2013 年)   (单位:亿元)

城市	宁波	深圳	厦门	杭州	广州	南京	大连	青岛
A:市本级财政收入	169	1047	313.37	184.59	484.67	125.07	283.34	269.7
B:最大财力辖区财政收入	鄞州 153.3	宝安 133.6	思明 46.60	萧山 126.52	番禺 73.0	江宁 156.4	甘井子 59.7	市南 110
A/B	1.10	7.8	6.72	1.46	6.64	0.80	4.7	2.45

这种状况,不利于宁波从市级层面加大统筹力、调控力,影响宁波全域城市化的质量和进程。因此,在宁波市本级与鄞州等城区区级财政问题上,适当增加前者的分享比例,是情理当中之事。

(三)树立统筹和"全域都市化"理念

一是建立全市一盘棋的规划统筹机制。

强化城市总体规划统领作用。2015 年,国务院批复原则同意《宁波市城市总体规划(2006—2020 年)(2015 年修订)》,提出了重视城乡统筹发展、合理控制城市规模、完善城市基础设施体系、建设资源节约型和环境友好型城市、重视历史文化和风貌特色保护等要求。要充分发挥城市总体规划在统筹发展中的纲领性作用,牢固树立城市总体规划对土地利用、产业布局、基础设施和公共服务设施综合部署、统筹布局、相互协调的基础地位。

实现市区范围内城乡规划统一组织编制和审批。建立城乡规划编制年度计划制度,城乡规划编制计划经规划委员会审议,市政府批准实施。除法律法规另有规定的,原则上各类涉及空间的规划由城乡规划主管部门联合区和有关部门编制。市城乡规划主管部门可以根据需要编制分区规划,落实总体规划发展意图,指导详细规划编制,统筹各片区发展。

二是创新规划统筹管理方式。

改革规划体制,建立"多规合一"统筹工作格局。推动国民经济和社会发展规划、城乡规划、土地利用规划、生态环境保护规划等多个规划的相互融合,解决现有的这些规划自成体系、内容冲突、缺乏衔接协调等突出问题,强化政府空间管控能力,实现国土空间集约、高效、可持续利用,建立统一衔接、功能互补、相互协调的空间规划体系。这是加强区域协作重要的规划基础。

(四)加快基础设施建设

一是加快交通设施建设。

交通设施能够有效地将市域各地连接起来,提高中心城区的辐射作用,使各县(市)、乡(镇)更快地融入宁波都市圈;科学合理的交通网络有利于区域协作的开展,也常常是行政区划调整的必要前提。

大力推进轨道交通等基础设施建设,构建内联外通、高效便捷的综合交通运输体系。构筑现代化的对外交通网络,完善港口基础设施,加快建设机场三期扩建工程,加快推进"六线一枢纽"铁路网建设,基本形成"两环十射"高速公路主骨架,巩固提升宁波综合交通枢纽地位。加快建设"轨道网",建设形成"口字形"城市快速路网,加快跨江通道建设,构建高架、地面和地下有机衔接的立体交通网络。强化市县交通衔接,加快市域轨道、货运枢纽、国省道、县乡干线公路等建设。

二是加快城乡市政设施建设。

以市政建设为保障,提升宁波区域整体城镇化水平,缩小城乡差距。合理分配城乡市政工程建设资源,做到统筹规划,协调发展。以轨道交通建设为契机,大力推行新城新区、城市主干道、各类园区地下管网综合管廊模式。加快建立健全地下管网统一信息库和管理系统,统筹电力、通信、给排水、燃气等地下管网的改造建设,实行统一规划、统一施工、统一管理,强化安全管控。加快智慧城市基础设施建设,推进城镇百兆光纤工程和宽带乡村工程,全面推进"三网融合",实现中心城公共场所无线网络全覆盖。强化城乡基础设施连接,推动水电路气等基础设施城乡联网、共建共享。

三是合理布局公共服务设施。

统筹布局教育、卫生、文体、养老等设施,加大新城新区、卫星城和中心镇公共服务设施建设力度,推进优质公共服务资源均衡配置。加强公共服务网络向农村覆盖,健全城乡公共服务体系,提高农村公共服务保障水平。创新公共服务供给方式,扩大政府购买服务范围。用良好的公共服务资源带动欠发达地区的城镇化水平,均衡区域发展进程。

第七章　行政三权协调体制创新

本章探讨建立行政决策、执行、监督三权相互制约、相互协调体制的实践经验及对宁波的启示。

一、新中国成立后统筹和行政三权协调体制的探索

行政三权制约与协调的关键之一,是决策权与执行权的分设,决策离不开统筹。统筹色彩的存在,是行政三权协调体制的题中应有之义。

(一)行政三权协调的含义及与统筹的关系

2008 年,党的十七届二中全会通过了《关于深化行政管理体制改革的意见》,指出要实现决策权、执行权、监督权既相互制约又相互协调,解决政府职能转变不到位,政府机构设置不尽合理,部门职责交叉、权责脱节和效率不高,有些方面权力仍然过于集中,且缺乏有效制约和监督等突出问题。

中央编办负责人就此问题指出,三权既相互制约又相互协调,指的是政府内部的职权配置形式和相互关系。通过相关职能及其机构的整合,合理配置和运用三权;根据授权情况,这三种职权有的由不同政府部门分别行使,有的由同一个部门的不同内设机构或下设机构分别行使。具体组织和运行形式,还要在实践中逐步探索和完善。

2013 年,党的十八届三中全会通过的《中共中央关于全面深化改革若干重大问题的决定》提出,优化政府组织结构。转变政府职能必须深化机构改

革。优化政府机构设置、职能配置、工作流程,完善决策权、执行权、监督权既相互制约又相互协调的行政运行机制。统筹党政群机构改革,理顺部门职责关系。积极稳妥实施大部门制。

行政三权分设关键之一是决策权与执行权的分设,决策离不开统筹。行政三权分设的目的是明确的,即合理配置和运用三权;而为达到此目的,目前尚无统一的模式,存在不同路径,中央与地方进行了有益的探索,如大部门制模式、深圳模式、富阳模式、佛山模式、全面深化改革领导小组模式等。这些有关行政三权协调体制的探索,都具有浓厚的统筹体制色彩。而"大统筹体制"即设置超越于政府各部门的,主要担负决策、统筹职能或其支持职能的机构,这在当前很有必要。

(二)新中国成立后一些中央机构设置的统筹色彩

政务院(1949.10—1954.9)和第一、二届国务院(1954.9—1965.1)机构设置中的统筹色彩。

1949 年政务院组建时,周恩来为总理,董必武、陈云、郭沫若、黄炎培为副总理,谭平山等 15 人为政务委员。政务院下设 4 个委员会,董必武、陈云、郭沫若、谭平山分别兼任政治法律委员会、财政经济委员会、文化教育委员会和人民监察委员会主任。此外还设立 30 个部、委、院、署、行。政法、财经、文教委员会协助政务院,联系和指导与其工作有关的国务院部门(外交部、情报总署、华侨事务委员会 3 个部门除外),详见表 7-1。

表 7-1 政务院 3 个委员会联系和指导部门情况

政务院下设委员会	所联系、指导国务院部门
政法委员会	内务部、公安部、司法部、法制委员会和民族事务委员会
财经委员会	财政部、贸易部、重工业部、燃料工业部、纺织工业部、食品工业部、轻工业部、铁道部、邮电部、交通部、农业部、林垦部、水利部、劳动部、人民银行和海关总署
文教委员会	文化部、教育部、卫生部、科学院、新闻总署和出版总署

三个委员会有权力对其所属各部门和下级机关颁发决议和命令,并审查其执行;监察委员会负责监察政府机关和公务人员是否履行其职责。可见,三个委员会起到了统筹作用,其所联系、指导的部门的重大决策权被分别集中,决策权与执行权在一定程度上得以分立。

按照 1954 年《宪法》规定,政务院改称国务院,国务院即中央人民政府。《国务院组织法》对原政务院机构进行调整,撤销政法、财经、文教、监察 4 个委员会,除国务院直属机构、职能机构外,又设置了 8 个办公室、1 个秘书厅。第一到第八办公室分别管理政法、文教、重工业、轻工业、财金贸、交通、农林水、企业改造与工商行政管理领域的工作,协助总理分别掌管有关的国务院部门,国务院总理、副总理兼任国务院办公室主任或一些重要部门的领导。详见表 7-2。

表 7-2　第一届国务院总理、副总理兼任国务院办公室主任或重要部门领导情况

国务院总理、副总理	兼任情况
周恩来(总理)	外交部部长
薄一波	国务院第三办公室主任、国家建设委员会主任、国家经济委员会主任
李先念	国务院第五办公室主任,财政部部长
邓子恢	国务院第七办公室主任
陈毅	外交部部长
陈云	国家基本建设委员会主任
彭德怀	国防部部长
李富春	国家计划委员会主任
贺龙	体育运动委员会主任
乌兰夫	民族事务委员会主任

副总理林彪、邓小平、聂荣臻没有这样的兼职。这一时期国务院第一、二、四、六、八办公室主任,分别是罗瑞卿(中央政治法律委员会副主任、公安部部长)、林枫(中共中央副秘书长)、贾拓夫(中央财经委员会副主任、轻工业部部长、国家经委第一副主任)、王首道、李维汉(中央统战部部长)。

1959 年组成了第二届国务院机构,总理是周恩来。同年国务院机构精简后,保留 6 个办公室,分别负责外事、工业交通、财贸、农林水、政法、文教领域的工作。副总理兼任了国务院办公室主任或一些重要部门的领导,详见表 7-3。

表 7-3　第二届国务院副总理兼任国务院办公室主任或重要部门领导情况

国务院副总理	兼任情况
陈毅	国务院外事办公室主任、外交部部长
薄一波	国务院工业交通办公室副主任、国家经济委员会主任
李先念	国务院财贸办公室主任、财政部部长
邓子恢	国务院农林水办公室主任
聂荣臻	科学技术委员会主任
陈云	国家基本建设委员会主任
彭德怀	国防部部长
李富春	国务院工业交通办公室主任、国家计划委员会主任
贺龙	体育运动委员会主任
乌兰夫	民族事务委员会主任
罗瑞卿	国务院政法办公室主任、公安部部长
林彪	国防部部长
习仲勋	国务院秘书长

　　副总理邓小平、谭震林、陆定一没有这样的兼职,国务院文教办公室主任由中共中央宣传部副部长张际春兼任。此时的国务院各办公室也起到了统筹作用,国务院各工作部门的重大决策权被分别集中,决策权与执行权在一定程度上得以分立。

　　中共中央书记处的统筹色彩(1956—1966 年)。

　　1956 年,党的八大设立了中共中央政治局常委会,作为党的最高决策机构;又组建了新的中共中央书记处。作为毛泽东选定的新书记处的主要负责人,邓小平开始主张这个机构是政治局的办事机构。毛泽东则指出,书记处是中共中央的直属机构,凡是中央的事情都要管;对外一律用中共中央的名义,直接对他本人和中央政治局常委负责。凡是党政军各方面送中央政治局常委的报告、文件都要先送书记处。一般问题,书记处讨论决定,即可下达、执行;重大问题,书记处先拿意见再报中央常委、政治局讨论、决定。可见,毛泽东所定位的书记处,既是中共中央最高决策的支持机构,又是中央日常的决策机构。

　　1958 年,中共中央成立财经、政法、外事、科学、文教 5 个领导小组,小组具体工作归口于书记处,书记处下设 20 多个具体办事机构——中共中央书记处办公室,涉及党、政、军等所有领域,成为对全国党、政、军等所有领域工作进行统筹的机构。毛泽东多次指出:"大政方针决策在政治局,具体部署在书记处,小平负责办。"①原来由中央政治局主持召开的会议,在八大之后多数责成书记处办理。书记处在邓小平主持的 10 年间,为我国社会主义建设的积极探索做出了重要贡献。当然,这种体制是在当时毛泽东所主张的党政关系框架下设计并运作的,具有很强的时代特色。

而新中国成立后一直存在的一些中央议事协调机构,如中央财经领导小组、中央农村工作领导小组、中央外事工作领导小组、中央宣传思想工作领导小组、中央党的建设工作领导小组、中央政法委、中央社会治安综合治理委员会、中央维护稳定工作领导小组等,也都起到了对重要工作领域的综合统筹作用。

二、近年来统筹和行政三权协调体制的探索

近年来在积极探索统筹和行政三权协调体制方面,主要有大部门制模式、深圳的"委厅—局办模式"、富阳的专门委员会模式、佛山的地方党政领导兼任部长首长模式,以及全面深化改革领导小组模式等。

(一)大部门制模式

2008 年进行的国务院机构改革,一个最大的特征就是大部门制的施行,这对于构建行政三权协调体制具有两个重要意义。

一是国家发改委宏观统筹、宏观决策作用的加强,以及具体管理职能向其他部门的转移。多年来,发改委不仅执掌宏观调控权,还拥有微观项目审批权,原来国务院工作部门与发改委存在上百项微观项目审批权的交叉。为使发改委更好地专注于国家中长期规划的制订,更好地履行宏观调控职能,这次机构改革中国家发改委的工业行业管理、能源行业管理等职能分别划入新组建的工业和信息化部、国家能源局等。

二是大部门涉及的业务领域更加广阔,宏观决策权集中、决策权与执行权在大部门内部或大部门与管理的国家局之间进行划分成为可能。这次机构改革整合完善了重要的行业管理体制。如新组建工业和信息化部,整合

---

① 中共中央文献研究室:《毛泽东在一九五九年》,中央文献出版社 1992 年版。

原来国家发改委的工业管理、国防科工委除核电管理以外的职责，以及信息产业部和国务院信息化工作办公室的职责。该部主要管规划、政策、标准，指导行业发展；管理两个国家局：国家国防科技工业局、国家烟草专卖局。新组建交通运输部，整合原来交通部、中国民用航空总局的职责，以及建设部指导城市客运的职责；管理两个国家局：国家民用航空局、国家邮政局。该部主要职责是拟订并组织实施公路、水陆、民航行业规划、政策和标准等。

在各省（自治区、直辖市）、市、县的这轮机构改革中，推行大部门制成为主要特色，而大部门制对行政三权协调的上述影响，也同样在各地不同程度地显现出来。如重庆市直辖以来积极推进大部门制，2000 年构建"大交通"体制，将市交通局、公用局、港口局、计委及经委等有关部门的交通运输管理职能进行整合；2006 年整合组建市文化广播电视局，40 个区、县全部实行文化、广播电视、新闻出版三合一体制，向"大文化"迈进；2008 年市农委挂牌成立，由原农业局、农机局、农办与农综办合并而成，形成"大农业"格局。而在 2009 年的改革中，市经济委员会和市信息产业局合并，组建市经济和信息化委员会；市人事局、市劳动和社会保障局合并，组建市人力资源和社会保障局。

在 2013 年进行的国务院机构改革和职能转变方案中，大部门制依然是重要的特色。党的十八届三中全会的《决定》也指出，积极稳妥实施大部门制。

（二）深圳的"委厅—局办模式"

2003 年，深圳市宣布将推行"行政权三分"试点，撤并、调整政府部门，设置若干决策局，执行局和一个监察局。决策局只有决策权，执行局只有执行权，监察局和审计局将作为监督部门直属市长管辖。这引起国内外极大关注。

"行政权三分"改革的脉络是：整个市政府按照大行业、大系统分成决策、执行和监督三个"职能块"。每个决策部门对应设立几个执行部门。比如经济决策部门可以设一个决策机构，也可以设两个（如发展计划局、经贸局），然后把该领域的事务按照部门化原则和管理幅度设几个执行部门（如内贸局、外贸局等）。重大决策主要由决策部门来制定。它和执行部门之间订立绩效合同，执行部门按照法规、政策、办法来运作，履行其绩效合同，实现其责任、目标、任务等，形成纵向的制约关系。每个决策部门设两类咨询机构。一是服务于决策局局长的咨询机构，设在政府内部；二是制约决策局局长权力的咨询机构，它可以劝告、修改甚至否决决策局的决定。制约决策局职权的咨询机构由非政府官员组成，理想的结构是本专业专家占 1/3，非专业专家占 1/3,退休或退居二线的资深局级干部占 1/3。这样形成横向的制约机制。决策部门设置采取渐进的方式,开始可以多些。决策部门的级别较高。市里的监察局、审计局统一履行监督职能;政府机构设一个监察室,人员由市里派驻,垂直领导,使得监察的权力大、地位高。

政府部门融决策、执行、监督为一体,自定规则、自己执行、自我监督,容易形成权力垄断,造成"弱政府、强部门"。深圳的改革致力于建设"现代公共型政府",从"部门性"转向"公共性"。这样,政府部门决策、执行、监督三种职能将被剥离开来,构建分离制约又能协调运转的新体制。通过合理分解权力,实现权力的有效制约,使决策更民主、科学,执行更透明、公正,监督更有效、有力。同时,执行机构重组中还把一些可以由社区、中介组织和其他非政府组织承担的职能放下去。

市交通局试点以前,每个区都有一个交通分局,机构设置和市局基本上下对口,每一个分局的业务"五脏俱全"。实行改革试点后,市交通局组建了规费征收办、稽查分局等 8 个专业分局作为执行机构,全市的规费、稽查等业务都由相应的专业分局统管,各区则不再设置交通分局,市交通局作为市政府的决策部门,其任务是调研、预测、规范、监管和战略规划等。进行类似改革的还有市国土局。

这是深圳市较早在上下级政府之间就行政三权划分进行的一次有益尝试。它与近年来一些撤销街道建制,一些在市、区、街、社之间权责重新划分的积极尝试一样,都属于上下级之间的权责调整。

但是,深圳市规划中的决策部门最开始规划是 3 个,后来则成为 12 个、21 个。这样构想的改革意义不大,改革由此沉寂。

2009 年 5 月,深圳市开始进行机构改革,市政府设置 31 个工作部门,比改革前减少市政府机构 15 个。舆论普遍认为这是深圳重启"行政权三分"改革,有的称之为"行政权三分:委、局、办并行",但笔者认为称为"委厅—局办模式"更符合这次改革的基本精神。改革后深圳市政府机构统称为工作部门。7 个"委"是主要承担制定政策、规划、标准等职能并监督执行的大部门。局、办共有 23 个,"局"是主要承担执行和监管职能的机构,"办"是主要协助市长办理专门事项、不具有独立行使管理职能的机构。另有 1 个市政府办公厅。委厅归口联系一部分局、办,对其重大政策、重要事项进行统筹协调,对执行情况实行监督和综合指导。

起初,真正由委厅联系的局、办仅有 8 个:统计局由发展和改革委员会联系,地税局由财政委员会联系,药品监督管理局由卫生和人口计划生育委员会联系，住房和建设局、水务局、气象局由人居环境委员会联系，法制办、金融办由办公厅联系。可见委厅对局、办的统筹作用不是很强，行政三权分设原则尚未充分表现出来。

另外，7个委员会也并非全是单纯的决策和监督部门。如由市卫生局、市人口和计生局整合组成的市卫生和人口计生委，与改革前的两部门一样并行决策、执行和监督的职能。

2012年4月，机构过于庞大的市科技工贸和信息化委员会撤销，分为市经济贸易和信息化委员会、市科技创新委员会（加挂市高新技术产业园区管理委员会牌子）；同时撤销市农业和渔业局（市海洋局）。这样，深圳市政府整体是8个委、22个局办、1个市政府办公厅；由委厅联系的局办有7个。

(三)富阳的专门委员会模式

2007年，浙江省富阳市（今为杭州市富阳区）探索党政领导兼任"虚拟"的专门委员会主任模式。

富阳改革的出发点，是解决工作部门之间协调不力问题。美国学者卢瑟·古利克(Luther Gulick)曾论述分工和协调的关系，认为分工是必要的，同时在明确分工的基础上应采取积极有效的方式进行协调。① 根据英国20世纪90年代末"联结政府"的改革经验，有学者主张优化整合政府资源，再造工作流程，建立起较为完善的"内联"式政府治理结构。

富阳市主要领导认为，政府运作方式常常表现出部门的"散"和"乱"，缺乏统筹整合。各类规划各自为"规"，生产力布局各自为"阵"，资源配置各自为"营"，部门力量各自为"战"。为达成淡化部门意识、打破行政壁垒、优化资源配置、增强整体合力的效果，2007年年初浙江省富阳市构建起"4＋13"体制。"4"即在市四套班子层面建立工业化战略推进领导小组、城市化战略推进领导小组、作风建设领导小组和决策咨询委员会。"13"即在不涉及编制变革的前提下，设立计划统筹、规划统筹等13个"虚拟"的专门委员会，每个专委会由一名市委副书记、六名副市长分别担任主任，组成部门包括各个职能相关的部委办局，详见表7-4。

---

① 古利克：《组织理论按语》，参见彭和平、竹立家等：《国外公共行政理论精选》，中共中央党校出版社1997年版，第65—66页。

表 7-4　2007 年富阳市政府专门委员会情况

专委会	涉及的主要政府部门
计划统筹委员会	发改局、财政局、国土局等
规范统筹委员会	规划局、发改局、国土局等
公有资产管理运营委员会	财政局、市府办、发改局、国土局、经济开发区等
土地收储经营委员会	国土局、市府办、发改局、财政局、规划局、监察局、审计局、公共资源交易中心等
体制改革委员会	发改局等
社会保障委员会	劳动保障局、民政局、总工会、残联、发改局、财政局等
工业经济委员会	经贸局、市府办、外经贸、发改、财政、国土、规划、经济开发区、国税、环保、工商、安监、质监、供电、科技、统计、人民银行等
环境保护委员会	环保局、市府办、发改局、经贸局等 17 个单位
重大工程建设委员会	重点办、规划局、交通局、建设局、320 环线外移指挥部、鹿山新区推进指挥部等
城乡统筹委员会	农办、建设局、国土局、"百千"办、新农村建设办等
社会事业发展委员会	文化局、教育局、卫生局、体育局、计生局、科技局、电视台、文化广播新闻出版等事业单位
现代服务业发展委员会	发改局、工商局、经贸局、统计局、建设局、民政局等
运动休闲城市委员会	体育局、旅游局等

　　三个领导小组是议事机构，只议不决，而由市委常委会或市委常委扩大会议乃至四套班子联席会议做出重大决策，交给 13 个专门委员会负责实施；专委会也具有重大事项的决策建议权和一般事项的决策权，这样就把部门分散的决策权更多集中、上升到政府层面，很大程度上避免了部门既决策又执行所带来的弊病。

　　专委会实行主任负责制，如规划统筹委员会的主任是一位副市长，副主任当中则有市委常委、常务副市长以及其他副市长。专委会成为架设在政府各部门、各单位之间的"立交桥"，目的是构建起包括大计划、大财政、大国土、大三农、大工业、大商贸、大建设、大交通、大环保、大社保、大监管在内的工作格局。

　　如城乡统筹委员会所整合的几个部门以前是各自为政，按照原先分工，市政府分管农业的副市长有时协调不灵。原来富阳市涉及"三农"工作的部门很多，仅以"三农"扶持资金而言，分散在农办、农业、水利水电、林业等农口部门,还有交通、建设、文化、教育、卫生、旅游等非农口部门,各个部门缺乏沟通协调机制,往往各自为政立项拨款,很少沟通信息。如农业休闲观光项目,既可以向农办申请农业综合开发资金,还因为有水库、干鲜果种植、畜禽养殖、观光农业、道路建设而可分别向水利水电局、林业局、农业局、旅游局、交通局申请扶持资金。城乡统筹委员会成立后,办公室设在农业委员会,分管农业的副市长兼任城乡统筹委主任,农委主任兼任办公室主任,形成"大三农—大城乡—大统筹"格局。城乡统筹委在对20个组成部门有关"三农"的职能认真梳理后,把涉农政策重新划分为七方面:农业产业结构调整、农业产业科技应用、农业产业化经营、农村基础设施建设、农民培训转移、农村改革发展和阶段性专项工作,编制了"三农"建设年度项目计划和预算。久受争议的涉农资金也从各个部门全部整合上收到城乡统筹委员会,统一拟定资金投向重点,统一立项,统一管理,统一验收。

2008年,"4+13"调整为"5+15",即四套班子层面增设监督管理委员会,专委会层面增设招商委员会、信息化工作委员会。同时又健全"大党建、大纪检、大效能、大监督"格局。

"专委会"是从政府层面出发的,把现代政府统筹理念和传统部门分工体系有机结合起来,变政府分工为政府统筹,起到优化资源要素配置、实现整合部门力量的作用,达到增强党委的战略引导能力、政府的统筹整合能力、各级各部门的执行创造能力、三力合一力的目标。通常的大部门制改革,是将职能相近的部门重组成一个更大的部门,这是加减法;而现代社会是社会化大分工,很多工作都相互关联,一个部门不可能把一项工作全部管到位,如政府工作多涉及资金问题,但一个财政局不可能并入两个以上的"实体性"的"大部门"。富阳改革的一个基本经验是做"乘除法"而不是做"加减法","虚体性"的大部门体制,变部门负责制为政府集中制、政府正副首长负责制。兼任各专委会主任的各位副市长全权负责该专委会,每个专委会完全代表政府立场,副市长从原来的"大局长"变为真正意义上的"市长",便于树立政府的权威,建立真正意义上的政府。

富阳还在继续探索,目标之一就是彻底打破传统的分工体系,不设农业副市长、工业副市长等,把专委会这一模式变虚拟为实体,各位副市长兼任各专委会主任。

富阳专委会模式体现了科学发展观的根本方法,即"统筹兼顾";也符合现代政府管理的新趋势,即回应性调适、总体性统筹、系统性集中、制约性协调、总揽性分别等。所以,富阳的"专委会"模式包含的价值十分丰富。

(四)佛山的地方党政领导兼任部门首长模式

佛山模式即大部门制、党政机构统筹设置、地方党政领导兼任部门首长、垂直部门属地化,推行扁平化管理。

2009 年 3 月,广东省部署省市县政府机构改革,明确的要点之一是:鼓励市县对职责重叠或相近的党委、政府部门和人民团体机关,采取合署办公或一个机构多块牌子的办法统筹设置。

同年 9 月,佛山市顺德区以党政联动推进大部门体制改革为重点,统筹区委、区政府机构设置,对职能相同、相近、相关部门的机构进行整合,把全区原有的 41 个党政机构精简为 16 个,即:区政务监察和审计局与区纪委机关合署,区委办、区政府办、区委决策咨询和政策研究室合署,区文体旅游局与区委宣传部合署,区司法局与区委政法委合署,区委社会工作部与区民政宗教和外事侨务局合署,区委组织部(区机构编制委员会办公室),发展规划和统计局,经济促进局,教育局,公安局,财税局,人力资源和社会保障局,国土城建和水利局,卫生和人口计划生育局,市场安全监管局,环境运输和城市管理局。建立起大保障、大规划、大经济、大建设、大监管、大文化等工作格局。

同时,顺德区将对原属省、市垂直管理部门进行体制改革,主要特色是属地化。具体为:省垂直管理机构中,区食品药品监督管理局、工商行政管理局、质量技术监督管理局整合相关职责划入区市场安全监管局;区地方税务局整合入区财税局。市垂直管理机构中,市规划局顺德分局整合入区发展规划和统计局;市公安局顺德分局更名为顺德区公安局;市社会保障基金管理局顺德分局更名为顺德区社会保险基金管理局,由区人力资源和社会保障局归口联系;市国土资源局顺德分局整合入区国土城建和水利局。

而 16 个大部门的"首长",都由区领导(包括 5 个常委和 6 个副区长)和 5 个与常委、副区长行政级别一样为副处级的区"政务委员"兼任、担任,基本上实行了扁平化管理。纪检、监察、审计、信访职能集中由纪委(政务监察和审计局)行使。

2010 年 6 月,佛山市其他四区(禅城区、南海区、三水区、高明区)也基本采取顺德模式,核心是转变职能,重点是以党政联动推进大部门体制改革,按照"决策民主化和扁平化、执行集中化和统一化、监督外部化和独立化"的原则,建立党政决策权、执行权、监督权既分工清晰又统一协调的高效运行新机制。区党政机构减至 16 个,党政机构主要负责人由区领导或副处级干部兼任,实现党政决策和管理的扁平化。区委书记、区长、区委副书记和常务副区长,可不兼任大部门负责人。市垂直管理的国土、规划、社保基金等机构,纳入区大部门制改革;省垂直管理的地税、工商、质监等部门暂时维持现体制不变;区公安分局维持分局体制和名称不变,单独设置,仍是市公安局的派出机构,但是占区机构编制个数。全局性重大决策集中由区联席会议行使,联席会议成员由区委常委、区人大常委会主任、正副区长、区政协主席、区人大常委会常务副主任和党政大部门主要负责人组成。决策由部门执行。而区纪委(区政务监察和审计局)负责对党政大部门的工作进行纪律和绩效监督,并向各部门派驻纪检(政务监察)机构或专职人员。

这样,佛山五区改革后,其政府部门在全国县(市、区)级政府中最为精简。2010 年 11 月,广东省决定在全省 25 个县(市、区)推广顺德模式。2012年又在全省推广。

2013 年 8 月,顺德区发布《顺德区深化综合改革规划纲要》,指出顺德新一轮的改革以厘清关系为原则,重点是"建立目标导向的大部门首长负责制",向大部门赋权,尤其强化决策职能,增强其自主性和行政权威。《纲要》强调,第一个重点就是完善大部制改革,进一步理顺和细化区委区政府与区属大部门、区属大部门之间的权责划分,建立政府工作流程。《纲要》提出推行党代表公推直选、人大代表公开直选这两个直选,导入"专业、开放、透明、参与、问责、回应、协同"等良治核心价值。后来,禅城区、三水区等地有大部门重新分解的情况,但主要是以微调为主。

党的十八届三中全会《决定》在论述"优化政府组织结构"时说:"统筹党政群机构改革,理顺部门职责关系。"顺德区、佛山市和广东省的机构改革思路,与这一主张是吻合的。

(五)全面深化改革领导小组模式

党的十八届三中全会决定,在中央层面成立全面深化改革领导小组(简称中央深改小组)。小组有四大职能:负责改革总体设计、统筹协调、整体推进、督促落实。2013 年 12 月 30 日,中央政治局召开会议,决定成立中央全面深化改革领导小组,由习近平任组长。

中央深改小组的主要职责是,研究确定经济体制、政治体制、文化体制、社会体制、生态文明体制和党的建设制度等方面改革的重大原则、方针政策、总体方案,统一部署全国性重大改革,统筹协调处理全局性、长远性、跨地区跨部门的重大改革问题,指导、推动、督促中央有关重大改革政策措施的组织落实。中央深改小组下设经济体制和生态文明体制改革、民主法制领域改革、文化体制改革、社会体制改革、党的建设制度改革、纪律检查体制改革 6 个专项小组。

自 2014 年 1 月起到 2015 年 12 月底，中央全面深化改革领导小组召开 19 次会议，对全面深化改革做出一系列部署，审议及审议通过 100 余份规则、方案、意见等重要文件，涉及经济、文化、司法等各个议题；关于财税体制、户籍制度、央企负责人薪酬制度、考试招生制度、足球等方面的改革方案、细化意见相继出台，并逐步实施。详见表 7-5。

表 7-5　中央全面深化改革领导小组会议情况

会议	召开时间	审议情况
第一次会议	2014 年 1 月 22 日	审议通过《中央全面深化改革领导小组工作规则》、《中央全面深化改革领导小组专项小组工作规则》、《中央全面深化改革领导小组办公室工作细则》、《中央深改小组下设 6 个专项小组名单》、《中央有关部门贯彻落实党的十八届三中全会〈决定〉重要举措分工方案》
第二次会议	2014 年 2 月 28 日	审议通过《中央全面深化改革领导小组 2014 年工作要点》、《关于党的十八届三中全会〈决定〉提出的立法工作方面要求和任务的研究意见》、《关于经济体制和生态文明体制改革专项小组重大改革的汇报》、《深化文化体制改革实施方案》、《关于深化司法体制和社会体制改革的意见及贯彻实施分工方案》
第三次会议	2014 年 6 月 6 日	审议《深化财税体制改革总体方案》、《关于进一步推进户籍制度改革的意见》 审议通过《关于司法体制改革试点若干问题的框架意见》、《上海市司法改革试点工作方案》、《关于设立知识产权法院的方案》
第四次会议	2014 年 8 月 18 日	审议《中央管理企业主要负责人薪酬制度改革方案》、《关于合理确定并严格规范中央企业负责人履职待遇、业务支出的意见》、《关于深化考试招生制度改革的实施意见》 审议通过《关于推动传统媒体和新兴媒体融合发展的指导意见》、《党的十八届三中全会重要改革举措实施规划（2014—2020 年）》、《关于上半年全面深化改革工作进展情况的报告》
第五次会议	2014 年 9 月 29 日	审议《关于引导农村土地承包经营权有序流转发展　农业适度规模经营的意见》、《积极发展农民股份合作赋予集体资产股份权能改革试点方案》、《关于深化中央财政科技计划（专项、基金等）管理改革的方案》

续表

会议	召开时间	审议情况
第六次会议	2014 年 10 月 27 日	审议《关于加强社会主义协商民主建设的意见》《关于中国（上海）自由贸易试验区工作进展和可复制改革试点经验的推广意见》《关于加强中国特色新型智库建设的意见》 审议通过《关于国家重大科研基础设施和大型科研仪器向社会开放的意见》
第七次会议	2014 年 12 月 2 日	审议《关于农村土地征收、集体经营性建设用地入市、宅基地制度改革试点工作的意见》《关于加快构建现代公共文化服务体系的意见》《关于县以下机关建立公务员职务与职级并行制度的意见》《关于加强中央纪委派驻机构建设的意见》 审议通过《最高人民法院设立巡回法庭试点方案》《设立跨行政区划人民法院、人民检察院试点方案》
第八次会议	2014 年 12 月 30 日	审议通过《关于 2014 年全面深化改革工作的总结报告》《中央全面深化改革领导小组 2015 年工作要点》《贯彻实施党的十八届四中全会决定重要举措 2015 年工作要点》
第九次会议	2015 年 1 月 30 日	审议通过《关于贯彻落实党的十八届四中全会决定进一步深化司法体制和社会体制改革的实施方案》《省（自治区、直辖市）纪委书记、副书记提名考察办法（试行）》《中央纪委派驻纪检组组长、副组长提名考察办法（试行）》《中管企业纪委书记、副书记提名考察办法（试行）》
第十次会议	2015 年 2 月 27 日	审议通过《中国足球改革总体方案》《关于领导干部干预司法活动、插手具体案件处理的记录、通报和责任追究规定》《深化人民监督员制度改革方案》《上海市开展进一步规范领导干部配偶、子女及其配偶经商办企业管理工作的意见》
第十一次会议	2015 年 4 月 1 日	会议审议通过《乡村教师支持计划（2015—2020 年）》《关于城市公立医院综合改革试点的指导意见》《人民陪审员制度改革试点方案》《关于人民法院推行立案登记制改革的意见》《党的十八届四中全会重要举措实施规划（2015—2020 年）》
第十二次会议	2015 年 5 月 5 日	会议审议通过《关于在部分区域系统推进全面创新改革试验的总体方案》《检察机关提起公益诉讼改革试点方案》《关于完善法律援助制度的意见》《深化科技体制改革实施方案》《中国科协所属学会有序承接政府转移职能扩大试点工作实施方案》

续表

会议	召开时间	审议情况
第十三次会议	2015 年 6 月 5 日	审议通过《关于在深化国有企业改革中坚持党的领导加强党的建设的若干意见》、《关于加强和改进企业国有资产监督防止国有资产流失的意见》、《关于完善国家统一法律职业资格制度的意见》、《关于招录人民法院法官助理、人民检察院检察官助理的意见》、《关于进一步规范司法人员与当事人、律师、特殊关系人、中介组织接触交往行为的若干规定》
第十四次会议	2015 年 7 月 2 日	审议通过《环境保护督察方案（试行）》、《生态环境监测网络建设方案》、《关于开展领导干部自然资源资产离任审计的试点方案》、《党政领导干部生态环境损害责任追究办法（试行）》、《关于推动国有文化企业把社会效益放在首位、实现社会效益和经济效益相统一的指导意见》
第十五次会议	2015 年 8 月 19 日	审议通过《关于改进审计查出突出问题整改情况向全国人大常委会报告机制的意见》、《关于完善人民法院司法责任制的若干意见》、《关于完善人民检察院司法责任制的若干意见》、《统筹推进世界一流大学和一流学科建设总体方案》、《全面改善贫困地区义务教育薄弱学校基本办学条件工作专项督导办法》、《关于建立居民身份证异地受理挂失申报和丢失招领制度的意见》
第十六次会议	2015 年 9 月 15 日	审议通过《关于实行市场准入负面清单制度的意见》、《关于支持沿边重点地区开发开放若干政策措施的意见》、《关于推进价格机制改革的若干意见》、《关于鼓励和规范国有企业投资项目引入非国有资本的指导意见》、《关于深化律师制度改革的意见》、《法官、检察官单独职务序列改革试点方案》、《法官、检察官工资制度改革试点方案》、《关于加强外国人永久居留服务管理的意见》
第十七次会议	2015 年 10 月 13 日	审议通过《关于加强和改进行政应诉工作的意见》、《深化国税、地税征管体制改革方案》、《关于进一步推进农垦改革发展的意见》、《关于国有企业功能界定与分类的指导意见》、《关于完善矛盾纠纷多元化解机制的意见》
第十八次会议	2015 年 11 月 10 日	审议通过《全国总工会改革试点方案》、《上海市群团改革试点方案》、《重庆市群团改革试点方案》、《关于加快实施自由贸易区战略的若干意见》、《关于促进加工贸易创新发展的若干意见》、《推进普惠金融发展规划（2016—2020 年）》、《关于深入推进城市执法体制改革改进城市管理工作的指导意见》、《国家高端智库建设试点工作方案》

续表

会议	召开时间	审议情况
第十九次会议	2015 年 12 月 9 日	审议通过《国务院部门权力和责任清单编制试点方案》、《关于做好新时期教育对外开放工作的若干意见》、《关于整合城乡居民基本医疗保险制度的意见》、《关于解决无户口人员登记户口问题的意见》、《中国三江源国家公园体制试点方案》、《关于在全国各地推开司法体制改革试点的请示》、《公安机关执法勤务警员职务序列改革试点方案》、《公安机关警务技术职务序列改革试点方案》、《中央全面深化改革领导小组 2015 年工作总结报告》、《中央全面深化改革领导小组 2016 年工作要点》

中央深改小组体制的确立,是中央为整合资源、加强统筹、加强改革的顶层设计而做出的重大部署,也是在构建统筹体制方面的重要探索,属于"大统筹体制"的一种,即设置一个超越于政府各部门的,主要担负决策、统筹职能的机构,这在当前很有必要。

按照中央要求,各省(自治区、直辖市)和各市级地方党委也都成立了全面深改领导小组。

(六)随州机构改革案例分析

应该说,不同层级的地方,由于担负的职责侧重点不同,未必设置一一对应的工作部门,而应本着因地制宜的原则。广东省在机构改革方面强调不要上下对口,积极推进市县大部门制改革,是值得肯定的。

事实上,一些地方的上级部门出于各种考虑,常希望下级地方设置对应的部门,这是影响市下级机构合理设置的一个主要原因。

以湖北省随州市为例。1994 年,除公检法和武警、军队外,县级随州市实现了省直管。2000 年,随州由省直管县级市升格为地级市,在全国较早地开展了地方上的大部门制探索。其基本思路是"合并同类项":职能基本相近的单位,能合并的尽量合并设置;职能衔接较紧的单位,采取挂牌设置;职能交叉的单位,能不单设的尽可能不单设。不搞上下对口,不搞横向看齐。对工作量不大或从实际出发暂不需要单设的机构,进行压缩和合并,严格控制机构数量。起初设置了 55 个市级机构,比其他地级市少设十几个。

但改革后不久,市直机构增加了近 10 个,主要原因是一些上级机构认为下级地方不独立设立相应机构就不利于开展工作,而市里一些机构也想分离独立。如 2005 年市科协换届选举,省主管单位接到方案后不予批准,理由是随州市科协与科技局合并,不是独立单位,最后是科协独立。文化局、文物局、体育局、新闻出版局合并成文体局后,上级机构也不满意,一度表示不到随州市视察、调研。农村能源推广中心在其他地级市是一个单独机构,在随州则是市农业局下属的一个科级单位。上级对口部门坚持要求将中心升格为一个副处级机构。随州市开始不同意,结果是 2006 年省里原拟下达给随州的 1 万口沼气池改造的指标削减近半,相应减少经费投入 450万元。类似的,科协、宗教局、残联、法制办、规划局等也分离出来。

应该说,湖北省委、省政府,随州市委、市政府精简机构、整合资源的决心一直是坚定的。2004 年,一些部门擅自更改机构名称、提高机构规格,市领导直接找相关负责人谈话,责令整改、做书面检讨。党的十七大后,大部门制成为全国机构改革的主流趋势,随州市乘势巩固成果。到 2008 年,随州市直有 16 个党政群机关加挂了 24 块牌子,15 个事业单位加挂了 27 块牌子。如市统战部、民族宗教事务局、台湾工作办公室和台湾事务办公室实行四块牌子、一套人马,市档案局与市档案馆、市党史办、市地方志编纂办公室实行四块牌子、一套人马,外事、侨务和旅游合并为外事侨务旅游局,社科联、作协、文明办、网络办、外宣办挂在宣传部。

虽然编制总量少,但随州市始终坚持向深化改革要编制、向科学管理要编制、向提高效率要编制,打造高效率低成本政府。这几年,为了防止陷入机构常见的"缩编—膨胀—缩编—膨胀"怪圈,历届市委、市政府咬定编制"一个也不增"。时任随州市市长的傅振邦说,首先需要地方主导层面形成共识;而改革的大思路,是围绕政府职能转变和部门职能定位,划定政府的边界、部门的边界;该放给基层的就放给基层,该放给社会的就放给社会,该放给市场的就放给市场;除此之外,还要讲求部门间的横向协同;政府绩效怎么样、改革成效怎么样,应取决于被服务对象的体验和评价。因此,随州建立了外在评价和横向比较机制。

到 2013 年 4 月,随州市直财政供养在职人员控制系数为 0.3% 以内,远低于省平均水平。其下辖的随县,面积为省内最大,人口近百万,也仅设立党政机构 45 个,事业单位 348 个,比同类县(市)少近 40%。

三、对宁波行政三权协调体制创新的思考

2015 年年初,宁波市委、市政府召开全市政府职能转变和机构改革动员大会,加快推进政府职能转变,努力提高政府治理能力。根据新的改革方

案,宁波市政府工作部门将从原来的 43 个缩减至 40 个(含特设机构 1 个)。

时任浙江省委常委、宁波市委书记刘奇说,要用好政府"有形之手",放活市场"无形之手",完善社会"自治之手",才能推动政府职能向提供优质公共服务、维护社会公平正义、创造良好发展环境的根本转变。谈及如何加快政府职能转变和机构改革,他说到几个方面——简政放权、机构和人员"瘦身"以及效率最优化等。简政放权,也就是把该放的权力切实放下去,又要推动政府管理由注重事前审批向注重事中事后监管转变;精简机构,给机构和人员做"减法",又要给服务质量和效率做"加法";深化改革提高效能,大幅减少政府部门对资源的直接配置,推动资源配置实现效益最大化和效率最优化,同时依法规范行政行为,推进法治政府建设。

这次机构改革较大的变化有:

组建市卫生和计划生育委员会。将市卫生局除用人单位职业卫生监督检查等相关职责以外的职责、市人口和计划生育委员会的计划生育管理和服务职责及市食品安全委员会办公室的食品安全标准管理、风险监测等职责,整合划入市卫生和计划生育委员会。将市卫生局的用人单位职业卫生监督检查等相关职责划入市安全生产监督管理局;将市人口和计划生育委员会的研究拟订人口发展战略、规划及人口政策等职责划入市发展和改革委员会。不再保留市卫生局、市人口和计划生育委员会。

组建市商务委员会。将市贸易局、市对外贸易经济合作局的职责,整合划入市商务委员会。不再保留市贸易局、市对外贸易经济合作局。此外,市市场监督管理局已于 2014 年上半年组建并挂牌运行。

其他市级部门(单位)调整还包括:市政府金融工作办公室由市政府办公厅管理的机构调整为市政府工作部门;不再保留市服务业综合发展办公室,其职责划入市发展和改革委员会;市政府办公厅增挂市政府研究室牌子;市科学技术局增挂市知识产权局牌子;市政府国内经济合作办公室更名为市经济合作局,继续挂市对口支援工作办公室牌子;市农业机械化服务总站(市农业机械化管理局)由市政府直属事业单位调整为市农业局管理的副局级事业单位,撤销市农业机械化服务总站增挂的市农业机械化管理局牌子。

改革后的宁波市人民政府工作部门如下:

市政府办公厅(挂市政府研究室牌子)、发展和改革委员会(挂物价局牌子)、经济和信息化委员会、教育局、科学技术局(挂知识产权局、地震局牌子)、民族宗教事务局、公安局、监察局(与纪律检查委员会机关合署办公,列入政府部门序列,不计政府机构个数)、民政局、司法局、财政局(地方税务局)(合署办公)、人力资源和社会保障局、国土资源局、环境保护局、规划局(挂测绘与地理信息局牌子)、住房和城乡建设委员会、城市管理局(宁波市城市管理行政执法局)(合署办公,挂城市管理行政执法支队牌子)、交通运输委员会(挂港口管理局牌子)、水利局、农业局、林业局、商务委员会、文化广电新闻出版局(挂版权局牌子)、卫生和计划生育委员会、审计局、海洋与渔业局、粮食局、旅游局、体育局、统计局、市场监督管理局(挂工商行政管理局、食品药品监督管理局、食品安全委员会办公室牌子)、质量技术监督局、安全生产监督管理局、外事办公室(挂港澳事务办公室牌子)、侨务办公室、法制办公室、口岸与打击走私办公室、人民防空办公室(挂民防局牌子)、经济合作局(挂对口支援工作办公室牌子)、金融工作办公室、国有资产监督管理委员会(特设机构)。

会议还对合署办公机构、挂牌机构提出从严管理的要求:合署办公机构,人、财、物实行统一管理,设一个党委(党组)和一名正职领导,不搞"明合暗分"。确因法律法规或工作需要挂牌的,不作为实体机构另行确定机构规格、领导职数,也不以挂牌机构名义配备主要领导。

宁波机构改革,应该在上述成就的基础上,继续完善大部门制,充分借鉴深圳"委厅—局办模式",富阳专门委员会模式,佛山党政机构统筹设置、地方领导兼任部门首长、垂直部门属地化的经验,在区(县市)级乃至市级机构改革中,积极探索,大胆创新。同时,充分发挥市委全面深化改革领导小组的综合统筹作用。

第八章　基于统筹和扁平化理念对宁波行政体制创新的总体思考

本章侧重从统筹和扁平化理念的角度,对宁波如何进一步推进行政体制创新进行一些总体性思考。

一、解放思想是创新的基础

创新是中华文化传统的一个主要特征,也是中华民族最鲜明的民族禀赋;民间创新、基层创新是整个社会创新体系的基础;各级领导干部应该是体制创新的模范。

(一)创新是中华民族最鲜明的民族禀赋

2014 年 1 月,习近平在会见"嫦娥三号"任务参研参试人员代表时指出,创新是一个民族进步的灵魂,是一个国家兴旺发达的不竭源泉,也是中华民族最鲜明的民族禀赋。

创新是一个民族、一个国家、一个区域、一个团体发展的不竭动力;创新是中华民族最鲜明的民族禀赋。

春秋时期,管仲辅佐齐桓公施行改革。他重新划分行政区域,将行政组织同军事编制相结合,统一军政领导,增强国防力量;进行租税改革,对井田"相地而衰征",并采取了若干有利于农业、手工业发展的政策。充分反映其思想的著作《管子》中说,圣人"治人民也,期于利民而止。……不慕古,不留今,与时变,与俗化"。他的民为邦本、通商惠贾、开放务实的思想,奠定了以创新为特色的山东齐文化的底蕴。孔子称其为"仁"，梁启超誉之为"中国之最大的政治家"。

孔子面临西周礼乐的崩坏，坚信"斯文未丧"，自觉担当起创建新文化的历史使命，在继承传统文化合理内核的同时，又为其注入新的时代内涵——"仁"，建立了"仁礼合一"的政治学说，奠定了儒学的根基。

《淮南子》原称《淮南鸿烈》，是西汉淮南王刘安召集宾客编辑而成的。《淮南子》以道家的自然天道观为核心，集法家的进步历史观、儒家的仁政学说、阴阳家的阴阳学说为一体，构建了一套黄老道家学说与实践相结合的治国理论。内容包罗万象，思想则取诸家之长，弃各家之短，是创新的一个典范，南宋史学家高似孙称刘安为"天下奇才"，当代学者胡适称《淮南子》为"绝代奇书"。

三国魏武帝曹操也是变革和创新的典型。在他的推动下，建安时代成为继春秋战国"百家争鸣"之后第二次思想解放的时代。他提出了"唯才是举"的方针，只要有治国用兵之术的人，都可以任用，彻底打破了传统道德标准的束缚。曹操奠定了以"慷慨以任气，磊落以使才"为主要特征的建安文学的基调，鲁迅认为曹操是"改造文章的祖师"，诗文"清峻"、"通脱"。在曹操父子的努力下，文学日益摆脱经学的影响而获得独立的发展，开始进入鲁迅所说的"文学的自觉时代"。

东汉末年，经学烦琐考据的弊端日益显现，玄学开始兴盛。嵇康是"竹林七贤"之一。他倡言"非汤武而薄周孔"，又提出"越名教而任自然"之说，主张返回自然，反对儒家的烦琐礼教，鲁迅称其文"思想新颖，往往与古时旧说反对"。"竹林七贤"确立了中国专制时代文人一种生存形态的典型。

朱熹是宋代理学的集大成者。他继承和发扬中国哲学兼容并包的精神，把儒学奠定在统一的世界观、方法论基础上，奉孔孟置为正宗，同时吸收董仲舒阴阳五行观、王充对董仲舒目的论的批判，张载以及周敦颐、"二程"的观点，以及佛学高度一元化的哲学和道家的思辨精神，构造出内容精深、结构精致的新儒学体系。华严宗"一即一切"的神秘主义观点，禅宗的"一法遍含一切法"，和朱熹的"一理之实而万物分之以为体"，"万个是一个，一个是万个"的精神是一致的。原来儒学世界观、方法论薄弱的短处被他克服了，理学的出现使儒学有了最成熟的形态，大大巩固了儒学在中国封建社会正统意识形态的地位。全祖望在《宋元学案》中称朱熹"致广大，尽精微，综罗百代矣"。当代台湾学者陈荣捷评论说："学者每谓朱熹集理学之大成"，"其实朱子多多创新，乃完成理学。故吾人强调不应在'集'字而应在'成'

字。"朱熹和整个理学兼容并包、自我批判、不断创新的传统,深刻地影响了宋元明清的文化发展,也深刻影响了中国近代、现代和当代的文化变革。

与朱(熹)学、陆(九渊)学并称为南宋理学三大派别的吕学(又称"婺学",婺州即今浙江省金华市),创始人吕祖谦,号东莱先生。他出生在十世官宦的家族,在北宋曾累世为宰相;吕氏一门十七人选登《宋元学案》,这是宋元时代绝无仅有的。吕氏家学不私一家,不专一师,主张"德无常师,主善为师",又主张"多识前言往行以蓄其德",重视对历史和文献典章的研究。吕祖谦继承家学传统,由经入史,调和"性命义理"与功利之学的冲突,以及朱熹理学与陆九渊心学的矛盾,开启了"言性命者必究于史"的浙东史学派和重经世致用的浙东学派,发展到清代,代表人物有黄宗羲、万斯大、万斯同、全祖望、章学诚等。

清代桐城派古文理论,是对唐宋古文以及明朝唐宋派、清初古文家等以复古为特征的文学理论的继承和创新。创始者是安徽桐城人方苞,标榜"学行继程、朱之后,文章在韩、欧之间",将古文与理学紧密联系起来。姚鼐提出的"义理、考据、词章"并重的主张,顺应了当时学术兼采的趋势。清朝末年,桐城派遭到汉学家批评。曾国藩一方面以桐城派门人自居,另一方面又进行创新,在义理、考证、文章三要素说中加入"经济",重视文章实用性,以纠正桐城派古文的空疏迂阔。在强调义理的同时,又重视古文的文艺性质,追求"文境",推动了桐城派的"中兴"。梁启超赞他是"桐城派之大成"。桐城派最后一位宗师吴汝纶适应时代的发展,关心西学,预言"后日西学盛行,六经不必尽读"。桐城派"古文家"严复翻译《天演论》等多种西方社会学著作,推动近代的思想启蒙运动,林纾(琴南)翻译大量的西洋小说。可见,桐城派具有不断创新并适应时代进步的传统。

清朝乾隆年间的戴震,是乾嘉考据学派中皖派的代表,对理学禁欲主义的极端主张进行了公开批判。他顺应商品经济发展和市民新阶层兴起的形势,主张"体民之情,遂民之欲",并说"酷吏以法杀人,后儒以理杀人"。据清代章学诚说,在戴震的影响下,一些地方的知识界出现了"诽圣诽贤,毫无顾忌""不驳朱子,即不得为通人"的状况。清末民初,章太炎、刘师培、胡适、梁启超等人,把戴震的义理学说作为反对封建思想、鼓吹民主革命的思想武器。戴震以其创新的思想开启了中国近代启蒙的曙光。

清乾嘉学派中产生了古代行政改革最成熟的理论——常州庄氏今文经学派的"《春秋》公羊学"。代表人物是庄存与,以后又传于龚自珍、魏源、皮锡瑞、廖平、康有为等。他们以公羊学阐发微言大义,表达改革思想,认为

《春秋》"立百王之制,能三统之义,损周之文,益夏之忠,变周之文,从殷之质",从而"百世以俟圣人而不惑"。龚自珍将"据乱""升平""太平"三世说改为"治世""衰世""乱世"的新三世说;魏源提出"气运之说",主张"天下无数百年不弊之法,无穷极不变之法,无不除弊而能兴利之法,无不易简而能变通之法"。这为近代资产阶级维新改良派所遵循。

第二次鸦片战争失败后,"师夷之长技以制夷"的主张逐渐被人接受,出现了一场以"求强""求富"为目标的洋务运动,而曾国藩、李鸿章等正是这场运动的核心人物之一。

胡适的新学尊重皖派考据方法,把它称为一种科学的方法。在他看来,这是中国 11 世纪以来文艺复兴思潮最重要的成果,它对于中国学术思想的意义,和培根的"新工具"、笛卡尔的"方法论"之于西方学术思想相似。他颂扬戴震拒斥形而上学、批判理学超验本体论的精神,将戴震的哲学按照杜威的实用主义路径做了解读,从认识论、方法论上对戴震的哲学做了重知主义、工具主义、理智主义的阐释和发挥。在胡适看来,中国的新造文明,是中西文化的结合,从哲学和学术思想上看,就是西方哲学与皖派汉学的融合。胡适认为,皖学在现代社会的更新和发展所产生的新皖学,是中国新文化运动唯一正确的方向。这些论断惊人地预示了今天乃至今后中国思想发展的基本脉络。

上述所提到的创新,多数是文化的核心层面——哲学和思想领域的创新。没有这些创新,就难以想象中华文化能够达到今天的卓越水平。创新对一个社会物质文明、精神文明和政治文明建设的重要推进作用是显而易见的。近年来经济和社会事业发展迅速的地区,都有一个共同的原因,就是思想解放,提倡创新。

一方面,创新需要责任感,更需要勇气。因为创新是有一定风险的,这需要一个人具有高度的责任意识,具有高度的智慧,更要具有无私无畏的勇气和胆魄。创新者有时要付出沉痛的代价。比如朱熹因得罪权臣,他的学说被宋宁宗斥为"伪学",朱党被斥为逆党,甚至有人上书请斩朱熹。但是,朱熹不为所动,仍然天天与诸生讲学不休,以阐扬大道为己任。他去世九年后才被平反昭雪。学识渊博的戴震一生颠沛流离,39 岁时才考中举人,其后六次会试都名落孙山。究其原因,也是他因为反对程朱理学而为当时的正统人士所不容。另一方面,宽松的环境可以为创新提供难得的沃土。齐桓公对管仲的宽容、理解、信任和支持,是管仲得以在齐国顺利进行改革创新的关键。桓公不计较管仲射中其带钩之仇,任用为相,尊称仲父。管仲通脱不羁，又有贪图钱财、不讲友谊、贪生怕死、奢侈僭越等许多不好的名声，但桓公视其大体，不计其小节，这殊为难得。再如淮南王刘安，"为人好读书鼓琴"，招募的宾客和术士最多时达到几千人，在江淮之间形成了一个著名的学术中心，这里具备组织大规模创作所需的人力、物力等条件，这才有了《淮南子》这部以奇著名的创新巨著的诞生。

所以，要实现创新，就要在社会上营造人人思考创新，人人尊重创新的良好氛围，为他们提供宽松的创新环境，对创新者宽容体谅，不急于下结论，不嚼舌头，不扣帽子。这样，创新者才能充分施展才华，而其宝贵的创新成果又会使社会大受益处。

创新需要高度的智慧。其中一个关键的问题是如何处理好继承和发展的关系。在古代中国，"创新"一词通常与"通变"相提并论。司马迁在《史记·报任安书》中有"究天人之际，通古今之变，成一家之言"之谓，又在《太史公自序》中提到了"承敝通变"，都是讲如何处理古和今、继承和发展的关系。"通变"正是司马迁整个思想的精华体现，也是《史记》之所以魅力无穷的关键所在。"通"即贯通，就是对古今之变做贯通的思考。为了"成一家之言"，司马迁采用了三种方法，即批评、会通和创新。批评就是敢于发现和挑战现有成果中的弊端，不唯书不唯上，不盲从权威。司马迁敢于"述汉非"，对汉朝的不合理之处进行批评。"会通"就是对前人遗留下来的传统，从新的现实视角进行审视，使理论成果融会贯通，最后达成创新，即开出新观点、新思路、新体系、新局面。刘勰的名著《文心雕龙》专门有《通变》一章，说"通则不乏"，"变则可久"。他主张"通变"是有因有革，而不是尽变前人。在《赞》中则强调革新，有"日新其业""趋时必果""望今制奇"之谓。

上述创新的事例，无一不是并重批评和会通，而以创新为旨归的。如朱熹能够构建起一个精致的儒学思想体系，就是继承和发扬了中国哲学兼容并包的传统，正确运用了批评、会通和创新的方法。这对我们今天的创新，仍有启发意义。

（二）民间与基层创新是社会创新体系的基础

创新的方式，包括官方推动型和民间自生型，或者说体制内创新和体制外创新。按照新制度主义的话语，也可以说成是供给主导型创新和需求诱致型创新。官方推动型的、体制内的或者说供给主导型的创新，是指由官方借助行政、经济、法律手段自上而下组织实施的创新；而民间自生型的、体制外的或者说需求诱致型的创新，是指创新主体为确立预期能导致自身利益最大化的制度安排和权利界定而自发组织实施的自下而上的创新。民间自生型创新、基层创新是发展的重要动力,往往是整个创新链的发端,是形成社会创新体系的基础。

依据哈耶克的理论,源于控制论的"自组织""自我生成系统"概念,是指由系统内部的力量互动而创造出一种"自生自发的秩序",这种自发秩序源于内部的自我生成,有别于那种通过把一系列要素各置其位并指导和控制其运动的方式而确立起来的人造秩序,或者说是人为秩序、建构秩序。社会的进步经常遵循这样的路径:由有序稳定发展到无序失衡,再由无序失衡发展到新的有序稳定。如此循环往复,以至无穷,而每一次都达到较前更高层级的有序稳定状态。民间自生型创新,就是"自组织""自我生成系统"类型的创新,是官方创新的动力,进而能够深化创新,形成整体性创新。

提倡民间自生型创新、基层创新,尊重广大公民、组织和基层的首创精神,显得尤为重要。"春江水暖鸭先知。"个人对幸福的追求是人类社会进步的基本动力,广大公民、基层最先清楚、最能清楚我们现行的理论、观念、制度和体制中妨碍发展的那些不合时宜的东西,最渴望摆脱它们的羁绊,最能尊重市场配置资源的市场经济规律。1978 年,安徽凤阳小岗村的 18 户村民率先自发地搞大包干,迈出了中国改革开放的第一步,掀动了波澜壮阔的农村改革大潮,带动了全国整个经济体制改革的起步和发展,对我国经济、政治、文化等各个领域的改革创新都产生了重要的影响。安徽省芜湖市"傻子瓜子"品牌的创立者年广九,是改革开放后最早出现的私营经济的代表,曾被邓小平三次在重要场合谈起。有关年广九的每次争论,都在客观上深化了我们对市场经济理论的理性思考。

浙江经济的快速健康发展,最重要的也是民间创新的成功。民气舒畅,民力张扬,民智大开,形成了良性互动的官民交往模式。温州曾被评为中国"改革刀锋"的第三位,主要依靠的也正是民间创新的力量,具有独特的自发自生发展模式、市场解决模式和自组织模式。以温州为代表的浙江模式独树一帜。在这里,政府的作用虽然重要,但确又有别于许多地方的强政府干预模式、地方政府公司主义模式、干部经济模式。

(三)领导干部应做创新的模范

熊彼特认为,企业家精神是企业家追求自我实现需要的满足,是企业家为了体现自己特殊的权力和地位、展示自己的才华、获得事业成功的欲望。正是这种可贵的企业家精神使得各种创新能够不断出现和发展,促进社会的进步。虽然企业家创新的目的源于个人利益的实现和自我需要的满足,但由此带来的社会进步和社会利益的增长对整个社会来说却是至关重要的。企业家的职能就是创新,企业家是从事创造性破坏的创新者。

改革开放以来,各地涌现出的诸多真正意义上的企业家,是推动进步的直接力量,是社会的宝贵财富。政府要通过制度和政策安排,大力弘扬"企业家精神",造就一批能够勇于冒险创新、善于成功进取、乐于担当社会责任的真正的企业家队伍。同时,以企业家精神锻造公职人员,这样才能真正营造尊重创新、理解创新的社会文化氛围。

民间创新、基层创新开始时可能是一种无序状态,不利于秩序稳定。但创新就是要抛开旧的、创造新的,就是要开创过去没有的,否则就无新可言。因此,创新在开始的某些阶段的无序是可以理解的,这时就需要政府因时、因势利导和规范,将创新所可能带来的无序与乱闯带来的乱序区别开来,将创新的无序所可能带来的不利减少到最低程度,将公民、基层的首创成果进行升华。温州的创新大多走的是由民间自生型创新推动官方创新,进而升华创新,实现体制、制度变迁的路径。

在创新问题上,政府的责任在于营造适宜创新的社会政治机制和环境,保护广大公民、基层的首创精神,尊重其创新的成果。政府要通过舆论宣传、制度设计等手段,努力营造理解、宽容、支持创新的社会政治氛围,不急于下结论,不打棍子,不扣帽子;要降低创新者的创新成本,让创新者竭力尽智,发挥最大的创新才华。因为创新是有风险的,不仅需要智慧,还需要对社会的奉献精神,对个人价值的不懈追求,需要很大的胆量和勇气。

体制外的创新者如此,体制内支持民间创新的人、体制内的创新者又何尝不是如此;而从某种意义上说,支持民间创新的体制内的人,本身就是创新者。我国正处于社会转型时期,在创新方面,领导干部所起到的作用是关键的。

在改革开放初期,凡是较早突破极左路线干扰的地方,那里的领导干部思想解放、积极创新的意识都是较强的,如广东的习仲勋、杨尚昆、任仲夷,福建的项南,安徽的万里,贵州的池必卿等。

任仲夷是改革开放初期的一位先驱人物。他在辽宁、广东担任省委第一书记期间,以思想解放、作风开明著称。尤其是他主政南粤期间,开启思想解放闸门,树立了"先行一步"观念,使广东走在改革开放前沿。

党的十一届三中全会前后,邓小平同志提出让一部分人先富起来。任仲夷1977年担任辽宁省委第一书记不久,就提出"农村抓富"的口号,并在全省发动了一场"要不要富、敢不敢富、能不能富、怎么样富"的大讨论。1978 年,《实践是检验真理的唯一标准》发表的第三天,任仲夷就撰文批判"两个凡是",在真理标准问题的大讨论中最早表态支持实践标准。1979 年年初,全国出现了否定三中全会路线的"倒春寒"。这时,《辽宁日报》写了篇题为《莫把开头当过头》的农村形势述评。不少干部对此纷纷议论:"现在农村资本主义势力如此猖獗,还说是没有过头,纯粹是胡说八道。"任仲夷力排众议说:"我完全赞成记者的观点。我认为,文章的标题还应加上一句:莫把支流当主流!"他亲自跑到《辽宁日报》社,要见一见这个记者。三天后,《人民日报》在头版全文转载了这篇述评,并以编者按的形式予以肯定。

当时,"两个凡是"的极左影响还很大,他顶住压力,积极平反冤假错案。1979 年 1 月,张志新案的问题提出后,他批示公安、司法部门应尽快查清此案。2 月,他再次批示一定要迅速查清,给予平反。3 月,辽宁省委为张志新召开平反昭雪大会,追认为革命烈士。从而推动了辽宁乃至全国的思想解放。

任仲夷认为大连利于与日本、朝鲜、苏联的经济交流与合作,很想把大连建成一个对外开放的特区。后来中央认为深圳、珠海、汕头、厦门建立特区的条件更优越一些,大连建立特区的建议被搁置下来。

1980 年 9 月,中央召开省委第一书记座谈会。安徽省省委书记万里说:"我的意思是想把'不要包产到户'改为'可以包产到户'或'支持包产到户'。"会上争论很激烈,公开赞成比较突出的省份,只有贵州、内蒙古和辽宁,属于少数。

中央希望广东作为全国"四化"建设的"排头兵",经过反复挑选,最后决定任仲夷出任广东省委第一书记。他敢于为先,积极探索广东的改革开放在全国先行一步。他向到广东视察工作的国务院副总理谷牧汇报时,要求中央给特区的政策再"特"一些,同时希望不但要在深圳、珠海、汕头三个小地方搞,整个广东也要比其他省、市更加特殊、更加灵活。

1982 年,广东走私贩私现象严重,中央发出紧急通知,要求在全国开展严厉打击走私贩私、贪污受贿等犯罪行为。任仲夷为此两次被召入京汇报情况,并写了检查。他本着实事求是的态度,详细汇报了广东出现的问题及采取的措施,希望中央不要收回给予广东的特殊政策。胡耀邦等中央领导明确表示,中央给广东的政策不会变,但要总结经验,继续前进。在研究处理走私问题的政策时,任仲夷坚持实事求是,主张划清政策界限。中央表示同意。在回到广东传达中央精神的领导干部会上,他开场就鼓励大家说:这不是一次杀气腾腾的会，而是热气腾腾的会。对于广东工作中出现的问题，自己作为省委第一书记，要承担领导责任。他反而强调，工作上允许犯错误，果断提出两个不动摇：打击经济犯罪不动摇，改革开放不动摇；尤其强调"排污不排外"。

特区初创，出现了"特区除了国旗是红色的以外，已经没有社会主义的味道了"的说法。任仲夷和省委一班人则利用各种机会和方式为特区正名。1982年，由香港著名实业家霍英东投资的中国第一家国际酒店——广州白天鹅宾馆部分试营业。霍英东请了任仲夷出席开业典礼，但心里没底。结果，任仲夷到场，并应要求题词：两岸猿声啼不住，轻舟已过万重山。

1982年，华南师范大学的在读研究生郑炎潮，就广东家庭作坊和私营工厂普遍存在大量雇工的性质问题，提出了"社会主义初级阶段的私营经济"的概念。对于这个颇有创新性的提法，任仲夷给予大力支持，打电话约见郑炎潮，并促膝长谈。这实在是中国改革史上的一段佳话，任仲夷无愧是改革开放的先驱人物之一。

中共浙江省委很早就提出了"五不"，即不争论、不动摇、不张扬、不攀比、不气馁。多任温州市委书记坚持发展个体私营经济，顶住了来自各方面的压力，从不动摇，开拓前进，尽管有的领导个人仕途受到影响，但为温州的经济奇迹做出重要贡献。

1980年，温州民营经济正处于蓬勃发展阶段，家庭手工作坊纷纷扩大规模，提升档次，但由于信用社存贷利率偏低，自主存款有限，民营企业要从银行贷款很困难。苍南县金乡镇信用社的全部信贷资金只有40万元，存贷矛盾极为突出。金乡信用社率先突破禁区，试行"议价存贷款利率"的浮动利率改革。这迅速使金乡信用社扭转了局面，存、贷款数量剧增。一年多以后，当时的温州市委主要负责同志在有关的上报材料上批示说："有独创精神，可在较大范围内试点。"到1986年，温州市有88％的农村信用社实行了利率浮动，这在一定历史时期为温州经济社会发展提供了强有力的资本支持。1989年，温州市被批准成为全国唯一的利率改革试点城市。2012年3月，温州又被确定为全国唯一的金融改革综合试验区，在地方金融组织体系、金融服务体系、民间资本市场体系、金融风险防范体系等方面先行试验。这是温州体制内创新与体制外创新良性互动的一个成功范例。

还有"挂户经营"问题。1987年8月，温州市委、市政府尊重农民的首创精神，颁布文件，规定城乡从事家庭工业、手工业和专业购销的人，可以在所在地辖区内的集体企业办理挂户登记，即"挂户经营"。这在当时有效解决了不具备合法经营权利的个体私营业主的市场准入问题,并使温州家庭企业得以突破旧体制的束缚并迅速发展。到了 90 年代,私营企业的合法地位得到确立,许多挂靠企业才开始"摘帽"。

温州改革开放以来最重大的理论创新是"股份合作制"。1987 年 11 月,关于"姓社姓资"争论还没有休止。当时温州的经济格局已悄然发生变化,"挂户经营"使得农民联户、合股等多种形式企业悄然兴起。温州人认识到,如果这类企业算姓私,民营经济就超过了温州经济总量的半壁江山。为此,温州官方提出了股份合作制理论。当年 11 月,温州市颁发了全国第一个关于股份合作制的地方法规,将按劳分配和按资分配两种色彩糅在了股份合作制一张画纸上。理论迷局的解除,迅速释放了民营经济积聚的巨大能量,千家万户的小企业的生产规模几十倍地扩大起来。曾任浙江省委书记的张德江同志上任之初来到温州,对温州二十年来放手发展多种所有制经济和温州人的精神给予了高度评价,他说,浙江人的精神就是中国人的精神,而温州人是浙江人的典型代表。

2013 年 11 月,习近平在《关于〈中共中央关于全面深化改革若干重大问题的决定〉的说明》中指出:"冲破思想观念的障碍、突破利益固化的藩篱,解放思想是首要的。在深化改革问题上,一些思想观念障碍往往不是来自体制外而是来自体制内。思想不解放,我们就很难看清各种利益固化的症结所在,很难找准突破的方向和着力点,很难拿出创造性的改革举措。因此,一定要有自我革新的勇气和胸怀,跳出条条框框限制,克服部门利益掣肘,以积极主动精神研究和提出改革举措。"

能不能尊重广大公民、基层的首创精神,尊重他们的创新成果,能不能因时、因势利导,把民间创新、基层创新成果进行升华,形成整体性创新,这不仅是对领导干部领导能力和水平的考验,也是对其党性修养和执政理念的考验。

(四)西部地区基于统筹和扁平化理念的体制创新的启示

改革开放以来,尤其是实施西部大开发战略以来,西部地区结合自身条件,解放思想,锐意创新,取得了日新月异的辉煌成就,与中东部的发展差距大为缩小,为国家区域协调发展做出积极贡献。值得一提的是,西部地区学习借鉴中东部地区乃至国外先进的管理经验,解放思想,敢为人先,注重打造体制优势,将体制优势视为区域后发优势中的一项重要内容。而这些体制创新中,又多体现出统筹与扁平化并重的原则。

下面一些西部地区体制创新的案例，对于我们具有很大的启发意义。

一是成都城乡统筹模式——"六个一体化"。

成都市是全国较早地自觉进行统筹城乡实践的大城市之一，在 2003 年就已经开始；2007 年被明确为全国统筹城乡综合改革实验区以后，成都广大干部群众普遍认识到，综合配套改革是一场涉及思想观念、体制机制、利益格局、方式方法的深刻变革。通过不懈努力，成都创造了城乡统筹的模式——"六个一体化"：

城乡规划一体化。成都率先实现城乡全域规划，将广大农村纳入城市总体规划、土地利用规划、产业发展等各项规划范畴，一张蓝图绘到底，形成城乡统筹、相互衔接、全面覆盖的"全域成都"规划体系和监督执行体系。成都改革城乡规划管理体制，将城市规划管理局调整为城乡规划管理局，将原成都市建设行政管理部门负责的村镇规划管理职能划转市规划局，并设置成都市规划执法监督局以及市政府派驻区（市）县城乡规划督察专员，负责全市城乡规划督察管理工作。2007 年，成都已经基本形成覆盖城乡的规划体系和"统一规划、属地管理、分级审查、强化监督"的城乡规划管理体系。

产业发展一体化。成都充分发挥中心城市对农村的辐射带动作用，并始终坚持"三个集中"、三化联动，建立城乡三次产业互补互动的发展机制。"三个集中"：一是工业向集中发展区集中。优化工业布局，将全市分散的 100 多个开发区整合为 20 多个工业集中发展区。二是农民向城镇和新型社区集中。成都规划了由 1 个特大中心城市、14 个中等城市、30 个小城市、156 个小城镇和数千个农村新型社区构成的城乡体系，梯度引导农民向城镇和新型社区集中。三是土地向适度规模经营集中。成都以稳定农村家庭承包经营为基础，按照依法、自愿、有偿的原则，稳步推进土地向农业龙头企业、农村集体经营组织、农民专业合作经济组织和种植大户集中，大力发展特色优势产业。

市场体制一体化。2008 年 1 月，成都率先按照"归属清晰、权责明确、保护严格、流转顺畅"的原则，启动以"还权赋能"为核心的农村产权制度改革，指向了统筹城乡改革的核心——农村财产权，开始在"三农"领域真正完善市场经济体制。通过对农村土地和房屋确权颁证，赋予其资本属性，助推农村市场化发展进程，加快城乡生产要素自由流动。同年 10 月，成都农村产权交易所依托原成都联合产权交易所成立，成为全国首家农村产权综合性市场平台，以此逐步建立城乡统一的建设用地市场，以公开规范的方式转让农村集体建设用地使用权。成都市还积极探索引导商业性银行和担保机构参与农村产权融资的措施和办法。另外,成都组建了市县两级现代农业发展投资公司、小城镇建设投资公司和市级现代农业物流业投资公司,建立起了政府引导、市场运作的投融资平台。

著名经济学家周其仁曾表示,成都农村土地产权制度改革是新形势下又一轮制度性变革,适应了城市化加速对农村资源大规模流转、积聚和集中的要求,为加快工业化、城市化和新农村建设奠定可靠的基础。

基础设施一体化。成都建立了对城乡基础设施统一规划、一体推进的机制,实施网络化城乡交通体系建设,推进市政公用设施向农村覆盖,推进城乡生态环境建设一体化、信息服务一体化。

公共服务一体化。成都建立了城乡一体的公共服务体制和经费筹集、财政投入机制,在就业、社保、教育、卫生、文化等方面推动城乡公共资源均衡配置。

管理体制一体化。成都建立了适应城乡一体化的大部门管理体制。2005 年 2 月,成都市撤销农牧局,设置农业委员会,把市委农工委、农机局、供销社也合并进来。同年 11 月,撤销水利局,组建水务局,将全市的防洪、水源、供水、用水、节水、排水、污水处理与回用,以及河道、农田水利、水土保持、农村水电等所有涉水事务实行城乡统一管理,结束了"多龙管水"的局面。成都率先开展城乡统一的户籍登记制度改革,在许多方面实现城乡一体化,被国内舆论普遍认为是"中国最彻底的户籍改革方案"。推行在"全域成都"统一城乡户籍、居民自由迁徙,彻底改变城乡二元结构,消除与户籍有关的身份差异和公民基本权利不平等现状,农民可带产权进城,不以放弃承包地、宅基地来获取就业、社保等。成都较早地形成了户口登记与实际居住地统一的户籍管理制度,统一城乡就业失业登记、就业援助,统一城乡社会保险制度,统一城乡住房保障体系,统一城乡"三无"人员供养标准和低保标准。2008 年,成都市将新农合、城镇居民基本医疗保险、市属高校大学生基本医疗保险并轨,将参保对象统一划分为城乡职工(有劳动就业合同者)、城乡居民(无劳动就业合同者)两大类,实现了城乡居民医疗保险制度一体化,做到筹资标准、参保补助、待遇水平等方面的城乡均等。

二是文化旅游产业的云南、陕西现象。

1997 年,云南在全国首先提出建设文化大省;而到 2003 年年初,全国也只有两个省份提出要建设文化强省,2005 年则达 16 个省。

2003 年,云南省委、省政府提出发展文化产业、繁荣民族文化、建设文化大省的任务,并确定了文化产业发展的"三年三步走"战略,即 2003 年为"统一思想年"、2004 年为"文艺繁荣年"、2005 年为"产业发展年"。同时，确定了发展文化产业的七大重点，即做大做强广播影视、新闻出版、文艺演出、文化娱乐、体育、会展和乡村特色文化产业。此外，云南在全国较早确定 6 个州市为文化改革试点，将 25 个县（市、区）列为文化建设特色县和文化建设试点县，以点带面，分类指导，逐步推进，全方位、多角度地探索改革发展之路，目的是要进一步探索文化产业发展之路，率先建设一批文化产业发展基地和文化产业骨干企业，以试点带动全省文化体制改革和文化产业的快速发展。

2003 年夏，云南籍舞蹈家杨丽萍创作的大型原生态歌舞集《云南映象》，在全国商业演出 150 场次，创造了中国舞台上阵容最大、巡演城市最多、上座率最高等多个第一。云南建立了全国第一个影视产业实验区——中国云南影视产业实验区，昆明市举办了首届中国西部文化产业博览会。

这些成就与当时云南省委、省政府的认识高度密不可分。时任省委副书记、云南文化发展和文化体制改革领导小组组长的丹增强调，云南文化资源的原始性、丰富性、厚重性在世界上都是非常罕见的，他说："云南是音乐舞蹈的海洋，是美术摄影的殿堂，是影视拍摄的基地，是文学创作的富矿，是民族文化的金矿，蕴藏着巨大的经济价值，到处涌动着商机。只要认识到位，着力挖掘和开发，资源优势便能够迅速转化为经济优势、产业优势。"民族文化的繁荣，能够为文化产业提供良好的发展基础；文化产业的发展又可以促进民族文化的繁荣，要像抓烟草产业一样抓文化产业，把云南省打造成为文化大省。时任云南省省长的徐荣凯在一次全省文化产业会议上说："丹增同志担任云南文化产业和文化事业的总导演、总领导，干得非常出色，我们要感谢丹增同志。"

丹增认为，在云南发展文化产业，感觉最大的障碍是思想认识问题，还有体制障碍；开展文化体制改革试点工作的目的之一，就是在体制改革上力求新突破。基本思路一是创新文化管理体制，切实转变政府管理文化的职能，该放的放，该管的管，做到政府管理不缺位、不越位、不错位；二是要坚持民族文化资源开发与保护并重的原则，坚持一手抓文化事业、一手抓文化产业的原则，推动文化建设事业的整体繁荣；三是加大文化企事业单位的改制力度，创新管理体制和运行机制，激活发展潜力；四是要积极构建多元化的文化产业投融资体制，把盘活国有存量文化资产和激活增量文化资本结合起来，优化文化投资环境，为文化企业的成长壮大营造良好的社会氛围。

2006 年年初，丹增在接受《21 世纪经济报道》记者采访时说，在现代经济发展中,一个特定的地区要在日益激烈的综合竞争中立于不败之地,唯一的办法是充分发挥自己的比较优势,做大做强优势产业。综合分析西部地区的各种资源,我们会发现,最独特、最具有比较优势的就是文化资源。尽管我国西部地区经济发展水平相对较低,但如果能顺应经济文化一体化的历史潮流,利用资源优势,把文化产业培育成新的经济增长点,这样就能谋求地区经济社会的超常规发展,从而走出一条独特的发展道路。我认为,这条路应成为广大西部地区未来经济社会发展的一条主线。

陕西在文化旅游产业发展方面,也有许多可圈可点之处。

曲江新区。

西安市注重体制创新,积极探索行政区与功能区融合发展的文化旅游产业发展之路。西安市雁塔区行政区域内,西有国家级西安高新技术产业开发区,东有曲江新区、浐灞生态区,形成一区多制的独特格局,快速成长为西安经济核心竞争力的重要组成部分、展示西安城市建设最新风貌的标志性区域和西安体制改革与对外开放的示范区。

曲江新区原名西安曲江旅游度假区,是省政府于1993年批准设立的省级旅游度假区,2003年更名为“曲江新区”。曲江新区管理委员会是市政府的派出机构,在辖区范围内履行市级管理权限。

曲江新区是以文化产业和旅游产业为主导的城市发展新区,核心区域面积40.97平方公里,同时辐射带动大明宫遗址保护区、法门寺文化景区、临潼国家旅游休闲度假区和楼观台道文化展示区等区域,发展区域总面积近150平方公里。共有“四个功能板块”,即唐风商业板块、旅游休闲板块、科教文化板块和会展商务板块。曲江新区先后建成大雁塔北广场、大唐芙蓉园、曲江国际会展中心、曲江池遗址公园、大唐不夜城等一批重大文化项目,组建了曲江文化产业投资集团、曲江影视集团、曲江会展集团、曲江演出集团、曲江文化旅游集团、大明宫投资集团等六大产业集团,形成了以文化旅游、会展创意、影视演艺、出版传媒等产业为主导的文化产业体系,跃升为西部最重要的文化、旅游集散地,成为陕西文化、旅游产业发展的标志性区域,成为我国最大的文化产业投资类企业之一,并跻身西部文化产业“巨无霸”行列。曲江新区的发展目标是打造文化产业门类最齐全、规模最大、效能最优的国家级文化产业示范区,成为中国文化产业发展第一极。

陕西文化产业投资控股(集团)有限公司。

2009年6月,陕西文化产业投资控股公司成立。这是由省政府、西安市、延安市、榆林市政府和省投资集团共同出资,按照现代企业制度组建的集重大文化产业项目战略投资、融资和风险投资及新兴文化业态风险投资等为一体的国有控股大型文化企业，注册资本 22 亿元，是当时全国最大的文化产业投资公司。2010 年更名为陕西文化产业投资控股（集团）有限公司。这是推进文化体制改革、加快文化产业发展、建设文化强省的重大举措。公司通过整合资源、融通资本、投资重大文化项目等运作方式手段，使公司真正成为聚集社会资本的平台、整合配置资源的载体、文化企业的孵化器和文化产业发展的助推器。

根据规划，陕西文化产业投资控股（集团）有限公司整合陕西优质文化资源，打破地缘与行政界限，依托西安市、陕西省的优势文化资源，实现省市联动，跨层次地主导文化产业发展趋向；市际携手，跨地域地打通文化产业的经络。公司依托陕西大文化、大旅游、大文物优势，实施大产业布局、大项目带动、大资源整合、大资本运作的发展战略，以机制创新为动力，以资源整合为手段，以重大项目为带动，形成以曲江新区为核心板块的陕西文化产业投资运营巨擘，全力打造陕西文化产业发展的航母。

不久，公司共拥有了 13 家全资、控股、参股企业。3 家全资企业为：陕西文物复仿制品开发有限公司、陕西文化产业投资管理有限公司、陕西文投影业投资管理有限公司；7 家控股企业为：陕西文化产业（西安）投资有限公司、陕西文化产业（韩城）投资有限公司、陕西文化产业（安塞）投资有限公司、陕西文化产业（影视）投资有限公司、陕西书画艺术品交易中心有限公司、西安电视剧版权交易中心有限公司、陕西西部广告传媒有限责任公司；3 家参股企业为：陕西法门寺文化景区建设有限公司、西安曲江临潼旅游投资（集团）公司、陕西声媒视听节目制作有限责任公司。

三是西部乡镇的基层民主实践。

现行的乡镇党委书记的产生，多数是由上级党委提出候选人，乡镇党代会选举产生；现行的乡镇长的产生，多数是由上级党委提出候选人，乡镇人代会选举产生。而不经上级党委推荐提名，主要采取由乡镇党代会甚至全体党员直接选举产生乡镇书记，由乡镇人代会甚至全体居民直接选举产生乡镇长这样的方式，则称为"乡镇（党委书记、乡镇长）直选"。

四川省情况。

1998 年 4 月，四川省遂宁市市中区保石镇实行镇长公选，600 多名人大代表、村干部、村民代表投票产生正式候选人，再经乡镇人代会投票决定最终镇长人选，四川电视台的《共产党人》栏目赞誉其为四川省第一次乡镇公选试验；事实上，这在全国也属于较早的改革。时任市中区区委书记的张锦明说:"民主选举,在上层可能是一种复杂的制度设计,在地方是一个并不复杂的组织问题,而在广大的选民那里则是一个简单的操作技术。"1998年年底,遂宁市安居区步云乡也产生了直选乡长候选人。同一时期,四川省巴中、南充市也推出了乡镇长的"量化淘汰"公选。

1998年年底四川省青神县南城乡用公推直选方式产生乡党委书记,则是四川甚至全国率先探索公推直选乡党委书记的案例。

2001年9月,四川省委组织部下文,要求除少数民族地区外,至少1/3的乡镇在当年换届选举中要采取"公选"的方式。这是较早的从省级高度统一部署开展乡镇公选工作的重要举措。到2002年,四川全省乡镇干部换届一半以上的职位实现公推直选,共计公选乡镇领导干部近5500名。

这一时期,全国也有一些地方进行这样的试点,如2002年湖北荆门杨集镇进行了"两推一选"乡镇党委书记。

2002年11月,党的十六大召开,明确提出要进一步扩大县(市)党代会常任制试点。年底,四川省雅安市雨城区进行了全国首次县级党代表的直选,拥有11440名党员的雨城区就有1380人报名,其中自荐764人,选举产生159名区党代表。2003年,成都市新都区木兰镇党委书记实现直选。2004年,四川省的成都、德阳、遂宁等10个市州的30个县(市、区)共计45个乡镇开展"公推直选"乡镇党委书记。到2005年3月,成都市新都区11个建制镇实现乡镇书记全部直选产生。到2008年12月,成都市已实现新任乡镇党委书记全部实行"公推直选"。

云南省情况。

2004年2月,云南省红河哈尼族彝族自治州部署石屏县7个乡镇直选乡镇长,4月完成。过程是:由30人以上的选民联名推荐或自我推荐,推举乡镇长初步候选人,即"直推";候选人在乡镇联席会上经过施政演说、辩论,以无记名投票方式,确定2名正式候选人;然后候选人到各选区同选民见面、进行竞选演讲的基础上,由有选举权的选民正式参加选举产生,即"直选"。共有10万余名有选举权的选民参加了选举,参选率达到97.1%。

2004年,红河州泸西县试点公推直选乡镇党委班子。全县共设7镇3乡。2004年8月,泸西县6700余名中共党员在10个乡镇先后直接选举产生乡镇党委班子。具体过程为双推直选:党内推荐和党外群众30人以上联名推荐,然后党群联席会上推选正式候选人,再由党员大会进行直选。这次直选,从178名正式候选人中选举产生了全县10个乡镇的党委书记、副书记、委员,纪委书记、纪委委员共148名。

2006 年年初,红河州在全州 2 市 10 县范围内进行了乡镇党委领导班子换届直选活动,这是在当时全国地市级中第一个全部实现乡镇党委领导班子换届直选,是对党的十六大提出的建设社会主义政治文明、完善人民代表大会制度和扩大基层民主的一次积极而勇敢的尝试。

红河州直选试点工作遵循"五个坚持":坚持党的领导与充分发动群众相结合的原则,坚持人民代表大会制度与依法行使民主权利相结合的原则,坚持公开、公平、公正、竞争的原则,坚持依法、按程序进行的原则,坚持以人为本、尊重选民权利的原则。

西部其他地区也有类似改革。如早在 2003 年,重庆市城口县坪坝镇进行党委书记直选;2005 年,陕西省南郑县湘水镇党委书记进行直选。

截至 2005 年 10 月,全国共有 13 个省的 217 个乡镇开展了"公推直选"的试点。如 2005 年,江苏沭阳县 13 个乡镇党委书记实现直选。

近年来,乡镇直选出现了一些反复。2008 年 1 月,时任中央编译局副局长、现任北京大学政府管理学院院长的俞可平教授在第四届地方政府创新奖评选之后介绍,作为基层民主重要创新的"公推公选",在一些地方试行一段时间后便停了下来,至今在全国也只有近 300 个乡镇在时断时续地推行,还不到全国 4 万多个乡镇的 1%。如四川省步云乡开始的乡长直选,在经过十多年坎坷之路后,已经不见踪迹。红河州待到下次换届,便重回旧路。但是,这样的探索毕竟具有重大意义,也提示我们,在进一步完善制度设计,把这样的改革成果保护、继承、推广好方面,还要进行许多努力。

(五)对一份县委书记调查问卷的统计分析

2007—2008 年,中共中央党校"县委书记、县长'建设社会主义新农村'专题培训班"课题组,组织对 800 名县委书记进行调查问卷,并做统计分析。[①] 问卷共设 60 题、305 个问项,先后在 8 期学员中发放问卷 1400 多份,回收 802 份。填写问卷的东部地区的书记学员占 8%,中部地区占 27%,西部地区占 55.6%,东北地区占 9.4%。虽然时间已经过去近十年,但仍可从中看出基层干部对于行政管理体制存在问题的认识深度,以及进行体制创新的迫切要求和路径思考,而且对今天我们思考行政体制改革问题仍有益处。

---

① 课题组组长:李兴山;副组长、主持人、总撰稿人:曾业松;主要成员:李怀义、林梅、肖立辉、刘德喜、王道勇等。

调查统计的概况。

关于怎样发展农村经济合作组织,问卷列出 7 种看法供选择。89.7% 的人认同"农村既要发展专业协会,还要发展社区合作组织及其他农民互助组织和农村中介组织"。82.6% 的人认同"社区合作组织应是社团性群众组织,不是传统的集体组织,应实行一人一票,具有民主性、灵活性和服务性"。75.3% 的人认同"专业技术协会可农民自办,或企业领办,谁都可以办"。74.2% 的人认同"社区合作组织还应是经济组织,和传统集体组织有区别,承认私人产权,实行公司制,按企业机制运行"。

此外,认同"不论何种合作经济组织都是弱势群体组织,政府应从财政、税收、信贷等方面给予扶持"说法的有 46.7%。认同"农民互助组织难以引导,农村中介组织难以管理规范"说法的只有 32.2%。认同"专业技术协会应官民'合办',主要职务由乡镇干部担任"说法的只有 14.8%,不认同这一观点者则占 80% 以上。

问到影响农村科技发展的主要因素是什么时,82.7% 的人认为是投入,67.9% 的人认为是农民素质,57.6% 的人认为是体制。

关于我国现行的农村工作管理体制问题在哪里,规定限选两项,按统计数多少排列。占前两位的是:"从中央到地方农村工作领导体制至今没有理顺"(62.6%)、"中央和国务院缺乏统一的农村工作领导和协调机构"(41.2%)。

关于国家涉农项目资金应怎样使用,反映强烈的,一是配套资金问题,二是资金和项目"多头管理"。从中央来看,直接分配与管理支农投资的有十六七个部委。有的部委把新农村建设项目资金直接安排"进村""进户",实际上他们没有能力把支农资金直接发到全国上千万农户。涉农项目分散,很多项目资金指定了用途,这和基层实际情况很不符合,且造成大量的浪费;这是对基层政府不信任,强烈要求将各地新农村建设资金一揽子拨付到县级政府统一使用,以降低成本,提高资金使用效率。

在项目投入的途径上,89.5% 的人认同"国家财政对涉农项目的投入应该下拨到县,由县统一支配"。43% 的人认同"国家财政对涉农项目的投入应该下拨到省,由省向下分配"。而认同"国家财政投入通过有关部委下拨地方,由各地(相关)部门落实"的只占 24.6%。认同"国家财政涉农项目投入应通过有关部委直接下拨农户,防止地方截流"的更少,只占 16.9%,反对的人却达 76.2%,未填写的占 6.9%。

关于省市县乡行政管理体制改革,普遍存在两个呼吁:一是强烈要求调整条条块块的关系,强力推进"强县扩权"的改革举措,赋予县级政府完整的功能,解决"权责不对称"问题。二是减少行政管理层级。认为目前我国省市县乡四个管理层级,是历史上管理层次最多的时代。层级多,行政管理成本高,工作效率低,要求加快省管县试点步伐。

关于县级政府权力缺失的问题,问卷列出 5 种有关县级政府权力缺失的说法供选择。92.7%的人认为"有钱有权的部门都上收了,花钱的难办的事都下放了"。91.9%的人认为"目前地方政府,特别是县乡政府承担的事权与财权不对等"。91.7%的人认为"县乡政府承担了无限责任,但只拥有有限权力"。91.6%的人认为"从中央到乡镇行政管理层级太多,应该减少"。78.5%的人认为"县乡政府是一个功能不完全的残缺政府"。

关于如何处理条块之间关系,问卷列出 7 种有关条块之间关系的说法供选择。88.6%的人认为"应该条块结合,逐步扩大块块管理范围和协调作用"。87.7%的人认为"垂直管理部门应改为双重管理,加强块块对条条监督"。87.1%的人认为"以块管理为主、极少部门(司法等)可实行垂直管理"。另有 74.9%的人认为"中央要放权给地方,把有权有钱的部门都交地方管理"。74.3%的人认为"强化部门管理,是对地方不信任,不利于调动地方积极性"。对"中央要加大条条管理力度,保证中央意图的贯彻落实"的看法只有 35.9%的人认同,不赞同的达 55.9%,其余的未填。对"强化部门管理,有助于树立中央权威,维护国家统一"的说法仅有 26.2%的人认同,不赞同的高达 65.8%,其余的未填。

关于怎样减少行政管理层级,问目前应减哪一级为好。93.9%的人主张减"地市"。

关于怎样看待乡村管理体制改革问题,列出 8 种意见供选择。86.3%的人主张"党支部书记竞选村委会主任,实行一肩挑"。77.%的人主张"党支部书记由党员选举,村委会主任由村民选举,村委会主任服从支部书记领导"。69.1%的人主张"党支部推荐合适党员竞选村委会主任,接受支部领导"。63.4%的人认同"村民自治,就是村民选村干部,大事由村民代表大会决定"。另有 37.4%的人认同"党支部加协会,党支部联系指导协会,协会管理村事务"。22.9%认同"乡镇自治,村干部由乡镇派出,对乡镇政府负责"。只有 7.3%的人认同"村委会对村民负责,不应强调必须接受支部领导",不赞同的达 83.1%,其余的未填。

关于怎样处理党政关系,37.8%的人认为"应明确界定党政组织的权力边界,尤其是党委书记和行政首长的权力边界"。36.8%的人认为"党委书记应兼任行政首长，党政一把手'一肩挑'，以此解决党政矛盾"。14.4％的人认为"应强化人大地位，党委书记兼任人大常委会主任，以此监督政府"。

关于当前应如何健全和完善党内选举制度，23.7％的人认为"应改革和完善候选人提名制度"。23.6％的人认为"应改革和完善差额选举制度"。17.6％的人认为"应实行党内竞选制度"。9.7％的人认为"应改进党代表产生制度"。其余的人没有回答。

对调查统计的分析。

一是普遍关注体制改革问题的重要性。

如问到影响农村科技发展的主要因素是什么时，多数人认为是体制。对于当时的农村工作管理体制的问题，大家认为最突出的一是从中央到地方农村工作领导体制至今没有理顺，二是中央和国务院缺乏统一的农村工作领导和协调机构。对于国家涉农项目资金问题，大家多数认为资金和项目"多头管理"，从中央来看直接分配与管理支农投资的有十六七个部委。很多人认识到在党政关系方面，最主要的应明确界定党政组织的权力边界，尤其是党委书记和行政首长的权力边界等等。

二是对问题的认识普遍符合科学发展观，领会到了科学发展观包括统筹、以人为本等在内的核心理念精髓，同时也反映出他们善于学习借鉴外地先进的管理经验。

如在农村经济合作组织问题方面，绝大多数人认为农村既要发展专业协会，还要发展社区合作组织及其他农民互助组织和农村中介组织；认同社区合作组织应是社团性群众组织，不是传统的集体组织，应实行一人一票，具有民主性、灵活性和服务性；不认同专业技术协会应官民合办、主要职务由乡镇干部担任。对于地方行政管理体制改革问题，多数人认为层级太多，要求加快省管县试点步伐；目前地方政府特别是县乡政府承担的事权与财权不对等；县乡政府是一个功能不完全的残缺政府。在垂直管理问题上，大多数认为应该条块结合，逐步扩大块块管理范围和协调作用；多数人对于进一步加大条条管理力度表示不赞同。在乡镇管理体制改革方面，大多数的人主张村党支部书记竞选村委会主任，实行"一肩挑"。

尤其是在基层党政正职设置方面，有近40％的人认为地方党委书记应兼任行政首长，党政一把手"一肩挑"。应该说，这是一个值得高度关注的现象。近十几年来，乡镇党政正职合一是不少地方的一个积极探索，这有利于减少管理层次、减少工作摩擦、提高工作效率，也符合扁平化的原则。

2003年，湖北省咸宁市咸安区横沟桥镇实行党政"正职合一"、党政交叉任职,这在全国是较早的有益试点。具体情况是:设书记兼镇长 1 人;副书记 3 人,其中 1 名兼常务副镇长,1 名兼人大主席团主席和纪委书记,1 名兼政协工作委员会主任;副镇长 3 人,由党委委员兼任。党政领导班子成员的产生是"两票推选、竞争择优",即党员、群众代表推荐党政班子成员,党代会选举党委班子成员,人代会选举政府班子成员。改革前横沟桥镇党政领导班子有 18 名成员,改革后为 11 人。不久,改革推广到整个咸安区,后来全区各乡镇领导职数控制在 9 名以内。

2004—2012 年开展的新一轮乡镇机构改革,是农村税费改革的配套改革和农村综合改革的关键。这轮改革在精减人员的同时,还积极探索扩大党政交叉任职,一些地方还实行党政正职合一。湖北省积极推行咸安经验,到 2005 年 10 月前,有 60% 以上的乡镇实行了党政"正职合一",即"一肩挑",领导干部职数由 10543 人减到 6204 人。2006 年山西省长治市全市 132 个乡镇全部实现了党政正职合一,成为当时全国唯一全面铺开此项改革的地级市。至 2007 年年底,吉林全省 624 个乡镇中 558 个实现党政正职合一,比例为 89.46%。到 2006 年安徽省县乡两级党委换届结束时,全省共有 441 个乡镇实行乡镇党政正职合一,比例为 31.2%,换届后全省共有 3150 名乡镇政府领导成员进入党委,比例为 74.4%。如休宁县岭南乡换届后,领导由 9 个减为 5 个:乡长、书记合一,一名副书记兼任人大主席团主席和纪委书记,一名党委委员兼任武装部长,另两名党委委员兼任副乡长。

总的来看,虽然少数问卷调查的答案是偏重从本职岗位而非更大的视野回答的,但这份问卷调查整体上还是反映出基层领导干部普遍具备思想解放、敢于进取、勇于创新的可贵精神,具备较高的认识水平和地方领导工作素质、能力。这正是进一步推进体制机制创新的良好基础。

二、对宁波行政体制创新的总体思考

本节重点论述统筹和扁平化理念视角下包括政府层级管理体制(行政审批制度、垂直管理体制、扩权强县强镇)、社会管理体制、区划体制与区域协作体制、行政三权制约体制在内的行政体制创新的主要内容,对宁波行政体制创新提出一些思考。

(一)把握精髓,提高认识

统筹理念是科学发展观和国家治理理论的核心精髓之一,统筹兼顾是一种科学有效的工作方法。目前,建设中国特色社会主义需要对待许多重大关系,如经济建设与政治建设、文化建设、社会建设,党的自身建设与总揽全局,经济基础变革与上层建筑改革,政府与市场、社会,人与自然,城市发展、城镇发展与乡村发展,上级与下级,个人与集体,局部与整体,眼前与长远,国内与国外,等等;处理好这些关系,都需要运用统筹的理念。

古今中外的许多统筹体制,证明了统筹作为一种管理理念具有普适性。跨部门的统筹协调机构的存在,是行政运作的惯性所致。宏观地讲,统筹体制是对一般行政部门官僚化、部门利益化的矫正;在当今的知识经济时代、信息时代,这种体制历久弥新,仍然具有生命力;它是建立现代公共服务型政府的必需,尤其是可以缓解以部门为主导的公共政策制定过程所导致的权力部门化、部门利益化、利益法定化,以及政府在公共政策制定中被部门"俘获"等问题。

以人为本理念启示我们,要尊重人民主体地位,发挥人民首创精神。由此延伸的,就是要积极发挥基层民主,推进民主自治,发挥基层党员、干部,社会组织,基层自治组织,以及基层政府这四者的积极性、创造性。要转变政府职能,调整不同政府层级之间,以及政府与社会、市场之间的权责配置,实施必要的权力统筹与权力削减下放这两者的辩证统一,减少管理层级,实行扁平化管理,让基层党员和干部、社会组织、基层自治组织、基层政府的主体地位受到尊重,首创精神得到发扬。而这与学习型组织、扁平化组织、网络组织、有机—适应性组织、倒金字塔组织理论等新型组织理论以扁平化组织代替传统等级制科层组织的普遍主张是高度吻合的;扁平化、放权、弹性、柔性、尊重个体、尊重个性、团队、学习、核心组织、沟通、协作、和谐、愿景等是这些新型组织理论的一些核心理念。

体制问题至关重要,带有根本性、全局性、长远性。当前,我国社会主义市场经济体制初步建立,同时影响发展的体制机制障碍依然存在,改革攻坚面临深层次矛盾和问题。以行政体制而言,主要表现为:政府职能转变还不到位,对微观经济运行干预过多,社会管理和公共服务比较薄弱;部门职责交叉、权责脱节和效率不高的问题仍比较突出;政府机构设置不尽合理,行政运行和管理制度不够健全;对行政权力的监督制约机制还不完善。

为此,我们要积极推进包括行政体制在内的各个方面的体制改革。只有推进各方面体制改革创新,加快重要领域和关键环节改革步伐,全面提高开放水平,着力构建充满活力、富有效率、更加开放、有利于科学发展的体制机制,才能为发展中国特色社会主义提供强大动力和体制保障。

（二）行政体制创新的主要内容

行政管理体制包括很多方面，既包括本专著所主要研究的上下级政府之间权责配置视角下的政府层级管理体制（包括行政审批制度改革、垂直管理体制、扩权强县强镇等）、政府、社会、市场之间权责配置视角下的社会管理体制、资源和权责统筹配置视角下的区划体制与区域协作体制，以及行政机构内部权责配置视角下的行政权三分体制；包括党政权责关系视角下的地方党政领导体制、党政权责关系和正副职关系视角下的政府部门领导体制；以及文化、旅游等部门的管理体制等。①

政府层级管理体制：充分认识当代交通、科技、信息等技术高度发展的情况下我国地方政府层级偏多问题的客观存在，以及政府层级管理体制改革的必要性。

深化行政审批制度改革。积极推进扩权强县强镇和省直管县改革。构建适宜的地方行政层级结构，减少层级，提高效率。

----

① 作者的有关观点简介如下：一、地方党政领导体制：合理组织省市县乡四级地方党委、政府领导权力配置和运行的结构，即党委常委、政府正副职领导配置与分工结构。完善党委常委分工负责制，加大党政交叉任职力度，实现党委副职与常委之间，党委、常委与政府副职之间，政府副职之间工作内容没有重叠，形成分工明确、权责明晰的工作体制。在乡镇一级，探索推行党政正职合一，提高工作效率。探索公安部门首长进入党政班子后公检法工作关系的科学模式。发挥基层民主、尊重基层的积极性，加大地方党代会常任制试点力度，加强地方全委会职能。充分认识湖北省罗田县以县委委员制代替常委制模式的积极意义，这是减少领导职数、党政领导分工明晰、统筹原则与扁平化原则并重的积极探索，对于我们考虑县级乃至市级地方党政领导体制问题，都有很大的启发。完善纪检监察领导体制。二、政府部门党政领导体制——党组制度与行政首长负责制：按照地方党委"总揽全局、协调各方"与政府"独立负责、协调一致"两者并重的原则，坚持民主集中制的基本原则，正确处理地方党委与政府部门党组的关系，政府部门党组与行政机关的关系，政府部门行政正职与副职的关系，全面、深刻理解行政机关"行政首长负责制"的含义。既要保障地方党委对政府工作的有效领导，同时要保障政府行政效率和独立自主开展工作；既要坚持民主集中制，发挥党组织集体领导的优势，发挥领导班子个人分工负责的优势，充分调动副职工作积极性和主动性，达成权力制衡和监督，同时要保持部门正职的权威和行政效率。政府部门应该主要实行"党组集体领导下的行政正职主责制"或"党组集体领导下的行政分工负责制"。减少政府部门党组书记与行政正职分设的情况。有关论文包括：《关于我国行政机关的"行政首长负责制"》《政府部门党组制度与行政首长负责制》（《经济社会体制比较》）、《试论地方党政领导职数与分工问题》（《中国行政管理》）、《新型组织理论与组织、体制创新研究》、《地方党政领导体制创新初探》（《中共青岛市委党校学报》，其中后者又被人大书报复印资料《中国政治》转载）。

合理划分上下级权限,按照功能互补、互惠合作的原则,实现中央与地方之间、各级地方之间权限划分的具体化、法制化,构建和谐、良性的府际关系,调动两个积极性。设置合理的垂直管理体系,针对不同工作领域合理确定是否实行垂直管理以及垂直管理的具体力度、方式等,切实做到有收有放、收放有度。地方党委、政府在充分支持垂直部门工作的同时,要加大对垂直部门的协调力度,使地方政府尤其是县乡基层政府权责一致。

社会治理体制:社会治理的主体,是公民个体、公民自治组织、社会组织与公权力等几者之间的良性互动结构。要强化政府的社会治理职能,引导各类社会组织增强服务社会的能力,发挥公民和公民自治组织参与社会治理的重要作用。

改革各类社会组织登记管理制度,积极探索推进直接登记。加大对社会组织的扶持力度,建立政府职能转移和购买服务制度。借鉴贵阳、黄石、铜陵、嘉峪关、大庆等市经验,按照统筹与扁平化并重的原则,稳步推进探索撤销街道、充实和加强社区职能的改革。公共服务资源整合下沉到社区,强化街道的社会治理、公共服务职能。

区划体制与区域协作体制:本着提高行政效率、降低行政成本、利于资源整合等原则,推进行政区划体制改革。推进撤县(市)设区,以实现中心城市扩展,增强其带动力、辐射力。合理撤并乡镇,做大中心城区、中心镇。理顺市、区之间财政关系,适当提高市本级的财政统筹力。借鉴北京、上海、天津、重庆、广州等地经验,按照统筹资源的原则,撤并、整合行政区。加强区域协作中统筹、协调机构的权威,解决重架叠构、运行不畅等问题,必要时则进行实质性的行政区划调整。

行政三权协调体制:继续完善大部门制。充分借鉴深圳"委厅—局办模式",富阳专门委员会模式,佛山大部门制、党政机构统筹设置、地方领导兼任部门首长、垂直部门属地化的经验,在区(县市)级乃至市级机构改革中积极探索,大胆创新。同时,充分发挥好市委全面深化改革领导小组的综合统筹作用。

(三)高端设计、系统思考与稳健推进

高端设计即立意高远。《易经》说:"取法乎上,仅得其中;取法乎中,仅得其下。"所以,体制改革的设计者要高度重视行政体制创新,遵循统筹与扁平化并重的原则,学习借鉴国内其他地区乃至国外先进的管理经验,解放思想,敢为人先,向某一工作领域的国内外其他具备体制优势的地方看齐、

超越。

2002 年 8 月,浙江省将 313 项审批权下放给绍兴县、温岭市等 17 个经济强县(市)以及杭州市萧山区、余杭区和宁波市鄞州区时,杭州、宁波、嘉兴、衢州、丽水这几个市主动参照省里的扩权政策,给没有进入省里扩权名单的所辖、所代管的县市放权。五市这种立意高远、务实大度的做法,很有启发意义。2008 年年底,浙江出台全国首部推进"扩权强县"的省级政府规章——《浙江省加强县级人民政府行政管理职能若干规定》,这也是高端设计的一个典范。①

系统思考,指站在全局的高度系统性地思考问题,思考问题的方式是整体的而非零碎的,是有机的而非机械的,是动态的而非静滞的,是互动的而非单向的。行政体制包括的内容十分丰富,许多内容是上下、左右关联,为此要注意改革的关联性、系统性、连贯性,加大权责、利益的统筹力度。只有这样才能体现出稳妥性,避免孤军深入,避免没有策应联动而遭受挫折。

无论是行政体制改革中的扩权强县强镇、撤乡设区,撤县设区,还是省直管县、垂直管理、行政三权协调等,因为涉及利益调整,都需要中央和各级地方加大统筹,把改革的力度与承受的程度结合起来,采取适宜的变通方式取得各方面的理解和支持,既要积极稳妥,又要避免激化矛盾,这就是稳健性推进。

目前,我国多层次改革试点格局基本形成,包括国家综合配套改革试点、国家重大专项改革试点、发展改革委改革工作联系点、各地自主开展的省级综合配套改革试点四个层面,形成东中西互动、多层次推进的综合配套改革试点格局。其中国家级综合配套改革试验区有上海浦东新区,天津滨海新区,成都市、重庆市(城乡统筹),武汉城市圈、长株潭城市群(两型社

---

① 《规定》指出,省、设区的市人民政府通过明确管理权限、简化管理程序和依法下放权力等方式,加强县级人民政府的行政管理职能。依法由省人民政府或者其工作部门审批的有关事项,县级人民政府或者其工作部门可以直接报省人民政府或者其工作部门审批。依法由上级人民政府或者其工作部门管理的有关事项,上级人民政府或者其工作部门可以通过法定委托、授权等形式交由县级人民政府或者其工作部门办理。省人民政府按照上述原则和方式,制订和公布县级人民政府或者其工作部门管理的具体事项目录。目录的建议方案,由省发展改革部门按照省人民政府的要求,会同省有关部门并商设区的市人民政府提出。省、设区的市人民政府或者其工作部门制定规章、规范性文件或者提出地方性法规草案时,应当按照属地管理、减少层级、简化程序、提高效能的要求,加强县级人民政府的行政管理职能。

会），深圳经济特区，沈阳经济区（新型工业化），以及山西省（资源型经济转型）、厦门市（深化两岸交流合作）等。

截止到 2015 年 12 月底，由国务院批准设立、承担国家重大发展和改革开放战略任务的综合功能区即"国家新区"共有 16 个：上海浦东新区、天津滨海新区、重庆两江新区、浙江舟山群岛新区、兰州新区、广州南沙新区、陕西西咸新区、贵州贵安新区、青岛西海岸新区、大连金普新区、四川天府新区、湖南湘江新区、南京江北新区、福建福州新区、云南滇中新区和哈尔滨新区。另外还有苏南现代化建设示范区这样的综合性规划等。

而在自主改革方面，各省、市、县的空间还很大。如云南在全国较早确定了 6 个州市为文化改革试点，将 25 个县（市、区）列为文化建设特色县和文化建设试点县；浙江也是如此，2008 年，浙江决定在杭州、嘉兴、义乌、温州、台州等地加快建立省级综合配套改革试点区，重点开展综合配套改革试点（杭州）、统筹城乡发展综合配套改革试点（嘉兴、义乌）、民营经济创新发展综合配套改革试点（温州、台州）。当时，上海浦东、天津滨海、重庆、成都、武汉等先后获批为国家级"新特区"，身为经济大省的浙江虽没有名列其中，但这种主动进行探索试验的做法是很值得称道的。尤其是浙江省在全国最早从全省的高度，主动地、系统性地推进小城市试点工作，取得了显著成绩，为全国全面推进新型城镇化提供了宝贵的经验，是值得大书特书的。

所以，各级领导干部要积极开展行政体制创新，把体制创新纳入各级考评，让创新成为广大干部的自觉，让创新成为单位文化、区域文化的重要因子，让创新弥漫于社会气氛之中。

参考文献

[1] 《推进国家治理体系和治理能力现代化》编写组. 推进国家治理体系和治理能力现代化. 北京:国家行政学院出版社,2014.

[2] 高猛,陈炳. 走向社会建构的公共行政. 杭州:浙江大学出版社,2013.

[3] 许海清. 国家治理体系和治理能力现代化. 北京:中共中央党校出版社,2013.

[4] 宁骚. 公共政策学. 北京:高等教育出版社,2011.

[5] 周志忍. 政府管理的行与知. 北京:北京大学出版社,2008.

[6] 谢庆奎. 民生视阈中的政府治理. 北京:北京大学出版社,2013.

[7] 张康之. 行政伦理的观念与视野. 北京:中国人民大学出版社,2008.

[8] 王名,等. 社会组织与社会治理. 北京:社会科学文献出版社,2014.

[9] 陈家刚. 协商民主与国家治理:中国深化改革的新路向新解读. 北京:中央编译出版社,2014.

[10] 俞可平. 治理与善治. 北京:社会科学文献出版社,2000.

[11] 俞可平. 中国公民社会的兴起与治理的变迁. 北京:社会科学文献出版社,2002.

[12] 俞可平. 论国家治理现代化. 北京:社会科学文献出版社,2014.

[13] 许耀桐. 中国基本政治制度. 北京:国家行政学院出版社,2013.

[14] 杨雪冬,赖海榕. 地方的复兴:地方治理改革 30 年. 北京:社会科学文献出版社,2009.

[15] 杨雪冬,陈雪莲. 政府创新与政治发展. 北京:社会科学文献出版社,2011.

[16] 陈利权,赵全军.公平正义激发活力——宁波政府管理体制改革三十年.杭州:浙江人民出版社,2008.

[17] 陈方勋.农村改革的战略问题.北京:中共中央党校出版社,2012.

[18] 周亚越,等.社会管理创新:宁波的探索与实践研究.杭州:浙江大学出版社,2013.

[19] 郁建兴,徐越倩.服务型政府.北京:中国人民大学出版社,2012.

[20] 郁建兴,陈奕君.让社会运转起来:宁波市海曙区社会建设研究.北京:中国人民大学出版社,2012.

[21] 王振海,等.城市化与市民公共利益保护.青岛:中国海洋大学出版社,2005.

[22] 谢永康,林崇建,等.科学发展共建和谐:宁波改革开放三十年.杭州:浙江人民出版社,2008.

[23] 俞海山,林崇建.市域经济理论与实践研究.北京:经济科学出版社,2009.

[24] 史斌.不再沉默的"城市他者":新生代农民工社会距离研究.杭州:浙江大学出版社,2014.

[25] 王浦劬,等.政治学基础(第 3 版).北京:北京大学出版社,2014.

[26] 范柏乃,段忠贤.政府绩效评估.北京:中国人民大学出版社,2012.

[27] 王俊豪,等.中国城市公用事业民营化绩效评价与管制政策研究.北京:中国社会科学出版社,2013.

[28] 郎友兴,陈剩勇,等.非政府部门的发展与地方治理.杭州:浙江大学出版社,2008.

[29] 陈剩勇,等.政府改革论:行政体制改革与现代国家制度建设.北京:北京大学出版社,2014.

[30] 赵光勇.政府改革:制度创新与参与式治理:地方政府治道变革的杭州经验研究.杭州:浙江大学出版社,2013.

[31] 马斌.政府间关系:权力配置与地方治理——基于省、市、县政府间关系的研究.杭州:浙江大学出版社,2006.

[32] 陈国权,等.权力制约监督论.杭州:浙江大学出版社,2013.

[33] 伍彬,陈国权.创新型政府:杭州的探索与实践.杭州:浙江大学出版社,2014.

[34] 毛丹,等.村庄大转型:浙江乡村社会的发育.杭州:浙江大学出版社,2011.

[35] 龚虹波.政府改革政策的执行理论研究:以宁波市行政审批制度改革为例(1999—2013).北京:中国社会科学出版社,2014.

[36] 魏礼群.中国行政体制改革报告(2014—2015)No.4:行政审批制度改革与地方治理创新.北京:社会科学文献出版社,2015.

[37] 朱丘祥.从行政分权到法律分权:转型时期调整垂直管理机关与地方政府关系的法治对策研究.北京:中国政法大学出版社,2013.

[38] 黄晶,贾新锋.重塑街道:中心城区街道边缘的碎片化整合.北京:中国建筑工业出版社,2014.

[39] 何逢阳.扩权改革中县级政府财政收支策略研究.上海:上海人民出版社,2011.

[40] 胡税根,余潇枫,许法根,等.扩权强镇与权力规制创新研究——以绍兴市为例.杭州:浙江大学出版社,2011.

[41] 朱光磊.当代中国政府过程.天津:天津人民出版社,2008.

[42] 朱光磊.中国政府发展研究报告(第3辑):地方政府发展与府际关系.北京:中国人民大学出版社,2013.

[43] 王邦佐,等.居委会与社区治理:城市社区居民委员会组织研究.上海:上海人民出版社,2003.

[44] 黄晓勇.中国民间组织报告(2011—2012).北京:社会科学文献出版社,2012.

[45] 袁浩,刘绪海.社会组织治理的公共政策分析.桂林:广西师范大学出版社,2013.

[46] 夏建中.中国城市社区治理结构研究.北京:中国人民大学出版社,2012.

[47] 冯仕政.当代中国的社会治理与政治秩序.北京:中国人民大学出版社,2013.

[48] 马力宏.中国行政管理中的条块关系.杭州:杭州大学出版社,1993.

[49] 田穗生,等.中国行政区划概论.北京:北京大学出版社,2005.

[50] 谢岳.当代中国政治沟通.上海:上海人民出版社,2006.

[51] 徐勇,等.地方政府学.北京:高等教育出版社,2005.

[52] 徐湘林.渐进政治改革中的政党、政府与社会.北京:中信出版社,2004.

[53] 熊文钊.大国地方——中国中央与地方关系宪政研究.北京:北京大学出版社,2005.

[54] 曾伟,等.地方政府管理学.北京:北京大学出版社,2006.

[55] 周振超.当代中国政府"条块关系"研究.天津:天津人民出版社,2009.

[56] 张志红.当代中国政府间纵向关系研究.天津:天津人民出版社,2005.

[57] 张紧跟.当代中国地方政府间横向关系协调研究.北京:中国社会科学出版社,2006.

[58] 张晓冰.农村乡镇发展的体制性困境与出路.武汉:华中师范大学出版社,2006.

[59] 张可云.区域大战与区域关系.北京:民主建设出版社,2001.

[60] 马俊.中国公共预算改革:理性化与民主化.北京:中央编译出版社,2005.

[61] 沈荣华.中国地方政府学.北京:社会科学文献出版社,2006.

[62] 吴知论.中国地方政府管理创新.北京:人民出版社,2004.

[63] 李培林.社会改革与社会治理.北京:社会科学文献出版社,2014.

[64] 李强,等.城市化进程中的重大社会问题及其对策研究.北京:经济科学出版社,2009.

[65] 汪玉凯.如何建设一个公平正义廉洁有为的政府.北京:人民出版社,2014.

[66] 竹立家.直面风险社会:中国改革形势与走向.北京:电子工业出版社,2013.

[67] 陈明明.转型危机与国家治理.上海:上海人民出版社,2011.

[68] 刘君德,等.中外行政区划比较研究.武汉:华中师范大学出版社,2002.

[69] 刘亚平.当代中国地方政府间竞争.北京:社会科学文献出版社,2007.

[70] 丁开杰.社会排斥与体面劳动问题研究.北京:中国社会出版社,2012.

[71] 暴景升.当代中国县政改革研究.天津:天津人民出版社,2007.

[72] 浦善新.中国行政区划改革研究.北京:商务印书馆,2006.

[73] B.盖伊·彼得斯.政府未来的治理模式.吴爱明,夏宏图,译,张成福,校.北京:中国人民大学出版社,2014.

[74] 理查德·C.博克斯.公民治理:引领21世纪的美国社区.孙柏瑛,等,译.北京:中国人民大学出版社,2014.

[75] 约翰·克莱顿·托马斯.公共决策中的公民参与.孙柏瑛,等,译.北京:中国人民大学出版社,2014.

[76] 戴维·奥斯本,彼得·普拉斯特里克.再造政府:政府改革的五项战略.谭功荣,刘霞,译.北京:中国人民大学出版社,2014.

[77] 拉塞尔·M.林登.无缝隙政府:公共部门再造指南.汪大海,吴群芳,

译.北京:中国人民大学出版社,2014.

[78] 让·皮埃尔·戈丹.何谓治理.钟震宇,译.北京:社会科学文献出版社,2012.

[79] 托马斯·海贝勒,舒耕德,杨雪冬."主动的"地方政治:作为战略群体的县乡干部.北京:中央编译出版社,2013.

[80] 王浦劬,莱斯特·M.萨拉蒙,等.政府向社会组织购买公共服务研究:中国与全球经验分析.北京:北京大学出版社,2010.

[81] 孙琼欢.派系政治:村庄治理的隐形机制.北京:中国社会科学出版社,2012.

[82] O'Brien, Kevin J. and Lianjiang Li. Selective Policy Implementation in Rural China. Comparative Politics, 1999,31(2).

[83] Lieberthal, Kenneth G. and David M. Lampton (eds.). Bureaucracy, Politics, and Decision Making in Post-Mao China. Berkeley: University of California Press,1992.

[84] Naughton, Barry J. and Dali L. Yang(eds.). Holding China Together, Diversity and National Integration in the Post-Deng Era. Cambridge: Cambridge University Press,2004.

附　　录

附录 1

关于深化行政管理体制改革的意见(节选)

(2008 年 2 月 27 日中国共产党第十七届中央委员会和经二次全体会议通过)

"深化行政管理体制改革的指导思想、基本原则和总体目标"部分：

深化行政管理体制改革,要高举中国特色社会主义伟大旗帜,以邓小平理论和"三个代表"重要思想为指导,深入贯彻落实科学发展观,按照建设服务政府、责任政府、法治政府和廉洁政府的要求,着力转变职能、理顺关系、优化结构、提高效能,做到权责一致、分工合理、决策科学、执行顺畅、监督有力,为全面建设小康社会提供体制保障。

"加快政府职能转变"部分：

深化行政管理体制改革要以政府职能转变为核心。加快推进政企分开、政资分开、政事分开、政府与市场中介组织分开,把不该由政府管理的事项转移出去,把该由政府管理的事项切实管好,从制度上更好地发挥市场在资源配置中的基础性作用,更好地发挥公民和社会组织在社会公共事务管理中的作用,更加有效地提供公共产品。

要全面正确履行政府职能。改善经济调节,更多地运用经济手段、法律手段并辅之以必要的行政手段调节经济活动,增强宏观调控的科学性、预见性和有效性,促进国民经济又好又快发展。严格市场监管,推进公平准入,规范市场执法,加强对涉及人民生命财产安全领域的监管。加强社会管理,强化政府促进就业和调节收入分配职能,完善社会保障体系,健全基层社会管理体制,维护社会稳定。更加注重公共服务,着力促进教育、卫生、文化等社会事业健康发展,建立健全公平公正、惠及全民、水平适度、可持续发展的公共服务体系,推进基本公共服务均等化。

各级政府要按照加快职能转变的要求,结合实际,突出管理和服务重点。中央政府要加强经济社会事务的宏观管理,进一步减少和下放具体管理事项,把更多的精力转到制定战略规划、政策法规和标准规范上,维护国家法制统一、政令统一和市场统一。地方政府要确保中央方针政策和国家法律法规的有效实施,加强对本地区经济社会事务的统筹协调,强化执行和执法监管职责,做好面向基层和群众的服务与管理,维护市场秩序和社会安定,促进经济和社会事业发展。按照财力与事权相匹配的原则,科学配置各级政府的财力,增强地方特别是基层政府提供公共服务的能力。

合理界定政府部门职能,明确部门责任,确保权责一致。理顺部门职责分工,坚持一件事情原则上由一个部门负责,确需多个部门管理的事项,要明确牵头部门,分清主次责任。健全部门间协调配合机制。

"推进政府机构改革"部分:

按照精简统一效能的原则和决策权、执行权、监督权既相互制约又相互协调的要求,紧紧围绕职能转变和理顺职责关系,进一步优化政府组织结构,规范机构设置,探索实行职能有机统一的大部门体制,完善行政运行机制。

深化国务院机构改革。合理配置宏观调控部门的职能,做好发展规划和计划、财税政策、货币政策的统筹协调,形成科学权威高效的宏观调控体系。整合完善行业管理体制,注重发挥行业管理部门在制定和组织实施产业政策、行业规划、国家标准等方面的作用。完善能源资源和环境管理体制,促进可持续发展。理顺市场监管体制,整合执法监管力量,解决多头执法、重复执法问题。加强社会管理和公共服务部门建设,健全管理体制,强化服务功能,保障和改善民生。

推进地方政府机构改革。根据各层级政府的职责重点,合理调整地方政府机构设置。在中央确定的限额内,需要统一设置的机构应当上下对口,其他机构因地制宜设置。调整和完善垂直管理体制,进一步理顺和明确权责关系。深化乡镇机构改革,加强基层政权建设。

精简和规范各类议事协调机构及其办事机构,不再保留的,任务交由职能部门承担。今后要严格控制议事协调机构设置,涉及跨部门的事项,由主办部门牵头协调。确需设立的,要严格按规定程序审批,一般不设实体性办事机构。

推进事业单位分类改革。按照政事分开、事企分开和管办分离的原则,对现有事业单位分三类进行改革。主要承担行政职能的,逐步转为行政机构或将行政职能划归行政机构;主要从事生产经营活动的,逐步转为企业;主要从事公益服务的,强化公益属性,整合资源,完善法人治理结构,加强政府监管。推进事业单位养老保险制度和人事制度改革,完善相关财政政策。

认真执行政府组织法律法规和机构编制管理规定,严格控制编制,严禁超编进人,对违反规定的限期予以纠正。建立健全机构编制管理与财政预算、组织人事管理的配合制约机制,加强对机构编制执行情况的监督检查,加快推进机构编制管理的法制化进程。

附录 2

国务院机构改革和职能转变方案(节选)
(2013 年 3 月第十二届全国人大第一次会议通过)

"关于国务院机构职能转变"部分:

政府职能转变是深化行政体制改革的核心。转变国务院机构职能,必须处理好政府与市场、政府与社会、中央与地方的关系,深化行政审批制度改革,减少微观事务管理,该取消的取消、该下放的下放、该整合的整合,以充分发挥市场在资源配置中的基础性作用、更好发挥社会力量在管理社会事务中的作用、充分发挥中央和地方两个积极性,同时该加强的加强,改善和加强宏观管理,注重完善制度机制,加快形成权界清晰、分工合理、权责一致、运转高效、法治保障的国务院机构职能体系,真正做到该管的管住管好,不该管的不管不干预,切实提高政府管理科学化水平。

(一)减少和下放投资审批事项。除涉及国家安全、公共安全等重大项目外,按照"谁投资、谁决策、谁收益、谁承担风险"的原则,最大限度地缩小审批、核准、备案范围,切实落实企业和个人投资自主权。抓紧修订政府核准投资项目目录。对确需审批、核准、备案的项目,要简化程序、限时办结。

对已列入国家有关规划需要审批的项目,除涉及其他地区、需要全国统筹安排或需要总量控制的项目以及需要实行国家安全审查的外资项目外,在按行政审批制度改革原则减少审批后,一律由地方政府审批。对国家采用补助、贴息等方式扶持地方的点多、面广、量大、单项资金少的项目,国务院部门确定投资方向、原则和标准,具体由地方政府安排,相应加强对地方政府使用扶持资金的监督检查。

加强对投资活动的土地使用、能源消耗、污染排放等管理,发挥法律法规、发展规划、产业政策的约束和引导作用。

(二)减少和下放生产经营活动审批事项。按照市场主体能够自主决定、市场机制能够有效调节、行业组织能够自律管理、行政机关采用事后监督能够解决的事项不设立审批的原则,最大限度地减少对生产经营活动和产品物品的许可,最大限度地减少对各类机构及其活动的认定等非许可审批。

依法需要实施的生产经营活动审批,凡直接面向基层、量大面广或由地方实施更方便有效的,一律下放地方。

(三)减少资质资格许可和认定。除依照行政许可法要求具备特殊信誉、特殊条件或特殊技能的职业、行业需要设立的资质资格许可外,其他资质资格许可一律予以取消。按规定需要对企业事业单位和个人进行水平评价的,国务院部门依法制定职业标准或评价规范,由有关行业协会、学会具体认定。

除法律、行政法规或国务院有明确规定的外,其他达标、评比、评估和相关检查活动一律予以取消。

(四)减少专项转移支付和收费。完善财政转移支付制度,大幅度减少、合并中央对地方专项转移支付项目,增加一般性转移支付规模和比例。将适合地方管理的专项转移支付项目审批和资金分配工作下放地方政府,相应加强财政、审计监督。

取消不合法不合理的行政事业性收费和政府性基金项目,降低收费标准。建立健全政府非税收入管理制度。

(五)减少部门职责交叉和分散。最大限度地整合分散在国务院不同部门相同或相似的职责,理顺部门职责关系。房屋登记、林地登记、草原登记、土地登记的职责,城镇职工基本医疗保险、城镇居民基本医疗保险、新型农村合作医疗的职责等,分别整合由一个部门承担。

整合工程建设项目招标投标、土地使用权和矿业权出让、国有产权交易、政府采购等平台,建立统一规范的公共资源交易平台,有关部门在职责范围内加强监督管理。整合业务相同或相近的检验、检测、认证机构。推动建立统一的信用信息平台,逐步纳入金融、工商登记、税收缴纳、社保缴费、交通违章等信用信息。

(六)改革工商登记制度。对按照法律、行政法规和国务院决定需要取得前置许可的事项,除涉及国家安全、公民生命财产安全等外,不再实行先主管部门审批、再工商登记的制度,商事主体向工商部门申请登记,取得营业执照后即可从事一般生产经营活动;对从事需要许可的生产经营活动,持营业执照和有关材料向主管部门申请许可。将注册资本实缴登记制改为认缴登记制,并放宽工商登记其他条件。

推进商务诚信建设,加强对市场主体、市场活动监督管理,落实监管责任,切实维护市场秩序。

(七)改革社会组织管理制度。加快形成政社分开、权责明确、依法自治的现代社会组织体制。逐步推进行业协会商会与行政机关脱钩,强化行业自律,使其真正成为提供服务、反映诉求、规范行为的主体。探索一业多会,引入竞争机制。

重点培育、优先发展行业协会商会类、科技类、公益慈善类、城乡社区服务类社会组织。成立这些社会组织,直接向民政部门依法申请登记,不再需要业务主管单位审查同意。民政部门要依法加强登记审查和监督管理,切实履行责任。

坚持积极引导发展、严格依法管理的原则,促进社会组织健康有序发展。完善相关法律法规,建立健全统一登记、各司其职、协调配合、分级负责、依法监管的社会组织管理体制,健全社会组织管理制度,推动社会组织完善内部治理结构。

(八)改善和加强宏观管理。强化发展规划制订、经济发展趋势研判、制度机制设计、全局性事项统筹管理、体制改革统筹协调等职能。完善宏观调控体系,强化宏观调控措施的权威性和有效性,维护法制统一、政令畅通。消除地区封锁,打破行业垄断,维护全国市场的统一开放、公平诚信、竞争有序。加强社会管理能力建设,创新社会管理方式。公平对待社会力量提供医疗卫生、教育、文化、群众健身、社区服务等公共服务,加大政府购买服务力度。国务院各部门必须加强自身改革,大力推进本系统改革。

(九)加强基础性制度建设。推进国务院组织机构、职能配置、运行方式法治化。加强政务诚信制度建设。建立以公民身份证号码和组织机构代码为基础的统一社会信用代码制度。建立不动产统一登记制度。加强技术标准体系建设。完善信息网络、金融账户等实名登记制度和现金管理制度。完善各类国有资产管理制度和体制。

（十）加强依法行政。加快法治政府建设。完善依法行政的制度,提高制度质量。健全科学民主依法决策机制,建立决策后评估和纠错制度。严格依照法定权限和程序履行职责,确保法律、行政法规有效执行。深化政务公开,推进行政权力行使依据、过程、结果公开。建立健全各项监督制度,让人民监督权力。强化行政问责,严格责任追究。

附录3

国务院决定取消和下放管理层级的行政审批项目简明目录,决定取消的评比、达标、表彰项目目录和决定取消的行政事业性收费项目目录(国发〔2013〕19号)

决定取消和下放管理层级的行政审批项目简明目录(共 91 项,取消 71 项、下放 20 项)

序号	项目名称	实施机关	处理决定	备注
1	企业投资扩建民用机场项目核准	国家发展改革委	取消	投资主管部门备案
2	企业投资城市轨道交通车辆、信号系统和牵引传动控制系统制造项目核准	国家发展改革委	取消	投资主管部门备案
3	企业投资纸浆项目核准	国家发展改革委	取消	投资主管部门备案
4	企业投资日产 300 吨及以上聚酯项目核准	国家发展改革委	取消	投资主管部门备案
5	企业投资日处理糖料 1500 吨及以上项目核准	国家发展改革委	取消	投资主管部门备案
6	企业投资年产 100 万吨及以上新油田开发项目核准	国家发展改革委	取消	投资主管部门备案
7	企业投资年产 20 亿立方米及以上新气田开发项目核准	国家发展改革委	取消	投资主管部门备案
8	企业投资冷轧项目核准	国家发展改革委	取消	投资主管部门备案

序号	项目名称	实施机关	处理决定	备注
9	企业投资乙烯改扩建项目核准	国家发展改革委	取消	投资主管部门备案
10	企业投资医学城、大学城及其他园区性建设项目核准	国家发展改革委	取消	投资主管部门备案
11	企业投资精对苯二甲酸（PTA）、甲苯二异氰酸酯（TDI）项目及对二甲苯（PX）改扩建项目核准	国家发展改革委	取消	投资主管部门备案
12	企业投资卫星电视接收机及关键件、国家特殊规定的移动通信系统及终端等生产项目核准	国家发展改革委	取消	投资主管部门备案
13	企业投资 F1 赛车场项目核准	国家发展改革委	取消	投资主管部门备案
14	价格评估人员执业资格认定	国家发展改革委	取消	
15	电力用户向发电企业直接购电试点	国家能源局	取消	
16	电力市场份额核定	国家能源局	取消	
17	卫星地面接收设施生产企业指定	工业和信息化部	取消	
18	电信业务经营者拍卖码号审批	工业和信息化部	取消	
19	通信信息网络系统集成企业资质认定	工业和信息化部	取消	
20	通信用户管线建设企业资质认定	工业和信息化部	取消	
21	通信建设工程概预算人员资格认定	工业和信息化部	取消	
22	通信建设监理企业资质认证和监理工程师资格认定	工业和信息化部	取消	
23	举办全国性人才交流会审批	人力资源和社会保障部	取消	
24	安全培训机构资格认可	安全监管总局	取消	
25	只读类光盘生产设备引进、增加与更新审批	新闻出版广电总局	取消	
26	设立出版物全国连锁经营单位审批	新闻出版广电总局	取消	
27	举办全国性出版物订货、展销活动审批	新闻出版广电总局	取消	

续表

序号	项目名称	实施机关	处理决定	备注
28	在境外展示、展销国内出版物审批	新闻出版广电总局	取消	
29	国际船舶运输经营者之间兼并、收购审核	交通运输部	取消	
30	承担船舶油污损害民事责任保险的商业性保险机构和互助性保险机构的确定	交通运输部	取消	
31	国际船舶代理业务审批	交通运输部	取消	
32	船舶修造、水上拆解地点确定	交通运输部直属海事局	取消	
33	从事内河船舶船员服务业务审批	省级地方海事机构	取消	
34	企业铁路专用线与国铁接轨审批	原铁道部	取消	
35	企业自备车辆参加铁路运输审批	原铁道部	取消	
36	水利工程开工审批	水利部	取消	
37	水文监测资料使用审查	水利部	取消	
38	大中型水利工程移民安置监督评估单位资质认定	水利部	取消	
39	农作物种子质量检验机构考评员的考核评定	农业部	取消	
40	渔业船舶设计、修造单位资格认定	农业部	取消	
41	渔业污染事故调查鉴定机构资格认定	农业部	取消	
42	远洋渔业船舶、渔业科研船和教学实习船的船名核定	农业部	取消	
43	石油、天然气、煤层气对外合作合同审批	商务部	取消	
44	境内单位或者个人从事境外商品期货交易品种核准	商务部	取消	
45	"中国服务外包基地城市"认定	商务部、工业和信息化部、科技部、财政部	取消	
46	对纳税人申报方式的核准	税务机关	取消	
47	印制有本单位名称发票的审批	税务总局	取消	

序号	项目名称	实施机关	处理决定	备注
48	中外合作办学机构以及内地与香港特别行政区、澳门特别行政区、台湾地区合作办学机构聘任校长或者主要行政负责人核准	教育部	取消	
49	高等学校部分特殊专业及特殊需要的应届毕业生就业计划审批	教育部	取消	
50	非营利性科研机构认定	科技部、财政部、税务总局	取消	
51	社会力量设立的面向全国、跨国境和跨省区域的科学技术奖登记	科技部	取消	
52	国家级示范生产力促进中心认定	科技部	取消	
53	中外合资经营、中外合作经营的演出经纪机构名称、住所、法定代表人或者主要负责人、营业性演出经营项目变更审批	文化部	取消	
54	香港特别行政区、澳门特别行政区投资者在内地投资设立合资、合作、独资经营的演出经纪机构名称、住所、法定代表人或者主要负责人、营业性演出经营项目变更审批	文化部	取消	
55	台湾投资者在大陆投资设立合资、合作经营的演出经纪机构名称、住所、法定代表人或者主要负责人、营业性演出经营项目变更审批	文化部	取消	
56	世界博览会标志使用许可合同备案	工商总局	取消	
57	外国人乘自备交通工具在华旅游审批	公安部	取消	
58	专项海洋环境预报服务资格认定	国家海洋局	取消	
59	建立国家级苗木花卉市场审批	国家林业局	取消	
60	全国经济林、花木之乡命名	国家林业局	取消	
61	主办全国性经济林产品节(会)活动审批	国家林业局	取消	
62	全国经济林、花卉示范基地命名	国家林业局	取消	

续表

序号	项目名称	实施机关	处理决定	备注
63	国家林业局重点开放性实验室命名	国家林业局	取消	
64	林业科技示范县审批	国家林业局	取消	
65	天保工程示范点建设单位审批	国家林业局	取消	
66	天保工程森工企业职工"四险补助"和混岗职工安置办法、安置标准审批	国家林业局	取消	
67	天保工程森工企业下岗职工一次性安置审批	国家林业局	取消	
68	开办烟草专卖品交易市场审批	国家烟草局	取消	
69	烟草基因工程事项审批	国家烟草局	取消	
70	厂办大集体改革试点审批	国务院国资委	取消	
71	出入境检验检疫报检员从业注册	出入境检验检疫机构	取消	
72	企业投资在非主要河流上建设的水电站项目核准	国家发展改革委	下放地方政府投资主管部门	
73	企业投资分布式燃气发电项目核准	国家发展改革委	下放省级投资主管部门	
74	企业投资燃煤背压热电项目核准	国家发展改革委	下放省级投资主管部门	
75	企业投资风电站项目核准	国家发展改革委	下放地方政府投资主管部门	
76	企业投资330千伏及以下电压等级的交流电网工程项目，列入国家规划的非跨境、跨省（区、市）500千伏电压等级的交流电网工程项目核准	国家发展改革委	下放地方政府投资主管部门	
77	企业投资钾矿肥、磷矿肥项目核准	国家发展改革委	下放省级投资主管部门	
78	企业投资国家规划矿区内新增年生产能力低于120万吨的煤矿开发项目核准	国家发展改革委	下放省级投资主管部门	
79	企业投资非跨境、跨省（区、市）的油气输送管网项目核准	国家发展改革委	下放省级投资主管部门	

续表

序号	项目名称	实施机关	处理决定	备注
80	企业投资除稀土矿山开发项目和已探明工业储量 5000 万吨及以上规模的铁矿开发项目外的其他矿山开发项目(不含煤矿、铀矿)核准	国家发展改革委	下放省级投资主管部门	
81	企业投资稀土深加工项目核准	国家发展改革委	下放省级投资主管部门	
82	企业投资城市快速轨道交通项目按照国家批准的规划核准	国家发展改革委	下放省级投资主管部门	
83	企业投资国家重点风景名胜区、国家自然保护区、全国重点文物保护单位区域内总投资 5000 万元以上的旅游开发和资源保护项目,世界自然和文化遗产保护区内总投资 3000 万元及以上的项目核准	国家发展改革委	下放省级投资主管部门	
84	外国企业常驻代表机构登记	工商总局	下放省级工商行政管理部门	
85	外国(地区)企业在中国境内从事生产经营活动核准	工商总局	下放省级工商行政管理部门	
86	外国文艺表演团体、个人来华在非歌舞娱乐场所进行营业性演出审批	文化部	下放省级文化行政部门	
87	中央管理的建筑施工企业安全生产许可	住房和城乡建设部	下放省级住房城乡建设行政部门	
88	实验动物出口审批	科技部	下放省级科技行政管理部门	
89	实验动物工作单位从国外进口实验动物原种登记单位指定	科技部	下放省级科技行政管理部门	
90	加工利用国家限制进口、可用作原料的废五金电器、废电线电缆、废电机等企业认定	环境保护部	下放省级环境保护行政部门	
91	经营高危险性体育项目许可	体育总局	下放省级以下体育行政主管部门	

决定取消的评比、达标、表彰项目目录（共 10 项）

序号	项目名称	主办单位	处理决定
1	部级电子工程设计奖评选	工业和信息化部	取消
2	中国工艺美术大师评选	工业和信息化部	取消部门评选，转由中国轻工业联合会举办
3	民爆行业企业信息化和工业化融合评估	工业和信息化部	取消
4	全国居民家庭经济状况核对示范单位命名	民政部	取消
5	全国财政协作研究课题评比	财政部	取消部门评比，转由中国财政学会举办
6	全国农村优秀人才评选	人力资源和社会保障部	并入全国杰出创业技术人才评选
7	留学人员创业园评估	人力资源和社会保障部	取消
8	劳动保障监察"两网化"管理标准执行情况评估	人力资源和社会保障部	取消
9	城镇房屋拆迁管理规范化考核	住房和城乡建设部	取消
10	全路节能环保绿化先进集体、先进个人评选	原铁道部	取消

决定取消的行政事业性收费项目目录（共 3 项）

序号	项目	收费部门	处理决定
1	电子工程概预算人员培训费	工业和信息化部门	取消
2	烟草制品及原辅材料检验费	烟草部门	取消
3	保密证表包装材料费	保密部门	取消

附录 4

浙江省强镇扩权改革的指导意见

（2014 年 6 月浙江省人民政府办公厅印发）

为贯彻落实党的十八届三中全会精神，深入推进强镇扩权改革，制定本指导意见。

一、总体要求

（一）指导思想。以党的十八届三中全会和省委十三届四次全会精神为指导，按照加强基层政府公共服务、市场监管、社会管理、环境保护等职责的改革要求，理顺强镇管理体制，赋予与强镇人口和经济规模相适应的县级管理权限，提高强镇集聚人口、经济发展、公共服务、社会治理的能力，建立适应强镇发展需求的"小政府、大服务"行政管理体制和运行机制，推进小城镇和大中小城市协调发展，加快新型城市化进程。

（二）扩权原则。坚持权责统一、依法下放、能放则放的原则。对于涉及行政许可、行政处罚等事项，没有法律、法规或规章依据明确由镇行使的，按照程序依法采取委托方式下放；其他行政管理事项，除法律、法规或规章有明确规定外，采取直接下放方式，赋予强镇相关管理权限。

二、扩权对象

省级中心镇，重点是小城市培育试点镇。

三、主要内容

（一）扩大管理权限。围绕激发发展活力、方便群众办事、源头执法治理等三大重点，赋予强镇相应的经济发展、便民服务、综合执法等方面的管理权限，增强强镇经济社会发展能力，推进管理和服务重心下移。

1. 扩大激发发展活力的经济管理权。赋予强镇有关企业（贸易）主体、个体工商户和社区社会组织备案登记权、鼓励和允许类企业投资项目备案权、镇域范围内民资进入基础设施和社会公益类项目审批权、建设工程管理权、村庄和建设项目规划管理权、城市绿化管理权、涉路施工活动许可权等经济管理权限。具体放权事项、内容以及形式由各县（市、区）政府根据强镇实际需求和承接能力予以明确。

2. 下放方便群众办事的社会管理权。下放居民身份证、居住证、居民户口簿、计划生育证明、房产证、土地证、老年人优待证、残疾证、就业失业登记证、房屋他项权证、社保卡、驾驶证等证照的办理权，以及社会救助、民政优抚、农民个人建房审批等权限。对已经下放的权限，有关县（市、区）要完善运行机制，提高办理效率；对尚未下放的权限，有关县（市、区）要积极创造条件予以下放，切实方便群众办事。

3. 赋予违法行为查处的综合执法权。在总结嘉兴市、舟山市全面开展综合行政执法试点工作的基础上，率先在强镇探索推进综合行政执法工作，设立综合行政执法部门的派出机构，集中行使与人民群众生产生活关系密切、多头重复交叉执法和多层执法问题比较突出领域的法律、法规、规章规定的全部或部分行政处罚(限制人身自由的除外)及相关行政监督检查、行政强制职权。

(二)创新户籍管理制度。围绕优化人口结构,着力推进本地农民就地城镇化、外来人口按积分市民化,加快新型城市化进程。

1. 放开本地农民落户。全面放开强镇落户的限制,允许在强镇有合法稳定职业或住所的本省进城农民落户,继续保留土(林)地承包权、宅基地用益物权、农村集体资产股权等权益,享受城镇居民同等的就业、养老、医疗、教育等公共服务,加快本地农民市民化。鼓励进城落户农民宅基地自愿有偿退出。

2. 优化流动人口结构。建立以流动人口的年龄、文化程度、职称、技术等级、居住年限、社会保险缴费年限、遵纪守法、投资纳税、社会服务、表彰奖励等为主要内容的积分落户制度,根据积分高低差别化享受当地城镇居民公共服务,进一步优化人口结构。

(三)完善行政管理体制。围绕转变政府职能、激发内生活力、提升服务管理水平,完善强镇的行政管理体制。

1. 优化机构设置。构建精简统一高效的基层政府架构,完善基层公共服务体系。要根据强镇的人口、经济规模及建设管理任务,加大县级机构延伸力度。支持整合职能相近的县级派驻机构及强镇相关职能机构,统筹设置综合性办公室,并以权力清单制度的形式明确管理职能。

2. 理顺条块关系。加强强镇对派驻机构和干部的管理,县(市、区)有关部门派驻强镇站所干部的日常管理原则上以镇为主,派驻强镇站所负责人的调动、任免,应事先征求强镇党委意见,其年度考核由县(市、区)有关部门会同强镇进行。探索建立小城市培育试点镇公安、综合行政执法派驻机构主要负责人由县(市、区)相应部门负责人或试点镇党政领导兼任的交叉任职制度。

3. 建立事权与支出责任相适应的财政体制。要根据省对市、县(市)财政体制,进一步完善强镇财政体制,在划分收入的基础上,明确事权及相应的支出责任,调动强镇发展积极性。对承担超镇域范围提供服务的重大基础设施、社会事业项目,建立县镇两级财政共担机制。

4. 合理配置人员编制。县(市、区)要根据强镇实际,在本区域乡镇编制总额不突破的前提下,通过统筹调剂适当增加强镇的编制数量。县(市、区)可根据强镇发展需要,制订统一的优惠政策引进特殊专业技术人员,促进强镇优化干部队伍结构,提高管理服务水平。

四、保障举措

（一）加强组织领导。省中心镇发展改革和小城市培育试点领导小组负责对强镇扩权改革的组织协调，领导小组办公室做好具体指导和综合推进。省级有关部门和各地政府要把强镇扩权改革放到重要议事日程，完善工作机制，认真组织实施，加强督促检查，确保改革顺利推进。

（二）明确工作职责。县（市、区）政府是强镇扩权改革的主体，要切实承担起主体责任。省市有关部门要加强对强镇扩权改革的协调推进和具体指导，提出下放权限、延伸机构、理顺体制的政策措施，并做好权限下放后的监管工作，及时解决改革中出现的问题。强镇要针对扩权改革的新情况，做好承接扩权的各项准备工作。

（三）加快改革进程。县（市、区）政府要根据本指导意见，于2014年底前制订出台切实可行的实施方案，研究提出扩权目录，扎实推进改革。强镇要进一步完善行政审批服务平台功能，加强规范化建设，有条件的市县要将政务服务网延伸到强镇，实现数据交换和信息共享。各地要制订便捷高效的运作机制、规范严格的管理机制、有责可查的责任机制，形成分工明确、责任落实的扩权改革推进机制，确保扩权事项规范高效运行。

附录 5

关于社区减负的调研问卷

（宁波工程学院人文学院2014年暑假社会实践学生"宁波社区减负调查"团队用）

尊敬的受访者：

您好！我们正在做一项关于社区减负的社会调研。十分感谢您抽出宝贵时间配合我们完成问卷调查工作。本问卷采取匿名形式，所得到的信息都将进行严格保密。如果您需要，我们将乐意为您提供调查结果的概要。

1. 社区工作基本分为两大类：一是协助街道、区直部门工作；二是回归居民自治、互助的职责。您觉得目前社区这两项工作分量的比例是

　　A. 3∶1　　　　　B. 2∶1　　　　　C. 1∶1　　　　　D. 1∶2

2. 近年来开展社区减负和实施事项准入制度后，社区承担区里部门的工作中长期项目减少

　　A. 30%以下　　　B. 30%～50%　　C. 50%～80%　　D. 80%以上

3.开展社区减负和实施事项准入制度后,社区承担区里部门的工作中年度创建、评比类项目减少

A.30％以下　　　B.30％～50％　　　C.50％～80％　　　D.80％以上

4.开展社区减负和实施事项准入制度后,社区承担区里部门的工作中统计类减少

A.30％以下　　　B.30％～50％　　　C.50％～80％　　　D.80％以上

5.开展社区减负和实施事项准入制度后,社区承担街道布置工作的内容

A.基本没有减少或反而增加　　　　　B.减少 30％以下

C.减少 30％～50％　　　　　　　　D.减少 50％以上

6.您认为目前哪些内容社区负担得最大?

A.区直部门的长期事项　　　　　　　B.区直部门的统计类事项

C.区直部门的年度创建　　　　　　　D.街道布置任务

7.您如何评价近年来开展社区减负的实际效果?

A.效果很好　　　B.效果一般　　　C.没有任何实效

8.您认为影响社区减负的主要原因是什么?（多选）

A.区里部门认识不到位,仍把大量工作放在社区

B.街道认识不到位,仍把大量工作放在社区

C.区、街、社区三者职责划分不清

9.请列举三个目前对社区形成较大工作压力的区直部门及其任务事项:

A.　　　　　　　　　　　　B.　　　　　　　　C.

10.您觉得目前社区工作哪些方面压力大?（多选）

A.台账　　　　　B.普查调查　　　C.创建活动

D.各种考核评比　　　　　　　　　　E.拆迁、维稳等区里中心工作

11.江东区由“两代表一委员”投票商议区直部门进社区的事项申报,您对这一制度是否了解,如何评价?

A.不了解　　　　B.了解,效果很好　C.了解,效果一般

12.目前一些地方探索扁平化管理,由“市—区—街道—社区”这样的“两级政府四级管理”转变为“市—区—大社区”这样的“两级政府三级管理”,取消街道,小的社区整合为大社区,区直部门派人驻社区提供公共服务。您如何评价这种改革?

A.积极而有益　　　B.不好说　　　C.杂乱无章

13. 您认为社工人员的基本素质特征主要有:

A. _____　　B. _____　　C. _____

14. 您认为哪些本科专业的毕业生最适合应聘社工人员?

A. 中文　　　　　　　　　　　　B. 行政管理

C. 社会管理(社会工作)　　　　　　D. 其他

15. 对于社区减负与转型,您还有什么想法和意见?

_____。

16. 请提供一份社区承担的区直部门事项名录,包括长期项目、年度创建、统计几类。

_____。

17. 请提供一份社区去年工作总结和今年计划。

_____。

本次问卷到此结束,再次衷心感谢您的支持与合作,祝您生活愉快!

附录6

顺德区深化综合改革规划纲要(2013—2015 年)

(中共顺德区委 顺德区人民政府印发)

为贯彻落实党的十八大精神,进一步转变政府职能,打造科学发展体制机制新优势,构建地区核心竞争力,促进顺德经济社会综合转型升级,制定本规划纲要。

一、重大意义、指导思想和总体目标

1. 重大意义。顺德作为全省综合改革试验区,近年来大力推进大部门体制、简政强镇、行政审批制度、社会体制、基层治理体制(农村综合体制)等改革,在加快转变政府职能、理顺区镇权责关系、完善行政运行机制、创新社会治理和服务方式、探索社会主义民主法治的有效形式等重点领域和关键环节迈出新步伐,取得新成果,为顺德经济社会发展增强了体制优势,提供了强大动力,全区综合实力得到提升。但与此同时,必须清醒地看到,我区改革与建立完善的社会主义市场经济体制和民主政治的目标相比,与根本解决制约我区经济社会发展的长期性、结构性、体制性矛盾要求相比,与落实"城市升级引领转型发展,共建共享幸福顺德"战略任务相比,还有不少差

距。主要表现在:对改革是发展最大红利、先进的治理体制是地区核心竞争力的共识不够广泛和统一;政府职能转变尚未到位,政府职能越位、缺位和错位的问题还一定程度存在,特别是政府行政运作效率效能、社会治理和公共服务能力还需提高;公共决策的民主化水平不高,公共事务的社会参与度较低,对公共权力的制约和监督有待加强;管理和服务层次仍偏多,区、镇(街道)、村(社区)之间责权利不平衡、不对等问题仍存在,等等。顺德综合改革进入攻坚阶段,需要在思想观念、权力结构、运行机制和管理方式等多方面继续进行调整和完善。

未来三年,是顺德实施"城市升级引领转型发展,共建共享幸福顺德"战略的重要时期,进入双转型①的关键阶段,行政管理和社会治理的体制机制、方式手段必须与时俱进,增强改革是发展最大红利、体制机制是地区核心竞争力的共识,在改革方向已经明晰的基础上,以更大的勇气和智慧全面深化改革,并在重点领域和关键环节进行突破,全力推进顺德综合转型升级和科学发展。

2.指导思想和总体目标。深入贯彻落实党的十八大精神,坚持社会主义市场经济、民主政治和法治政府的改革方向,导入并扩展专业、开放、透明、参与、问责、回应、协同等良治核心价值,坚定不移沿着"大部制—小政府—大社会—好市场"的改革路径,以行政体制改革为龙头,厘清政府职能界限,提高行政效能和治理能力,促进发展方式转变;以社会体制改革为重点,提升社会活力和改善公共服务,推动政社协同共治;以城乡基层治理体制改革为基础,统筹城乡发展,夯实社会和谐发展的制度根基;以社会主义民主建设为保障,促进竞争机会平等、基本公共服务均等和社会参与公平。通过系统深化综合改革,到2015年底,基本构建起有效支撑经济社会综合转型升级的公共治理和服务体制,探索和实践经济建设、政治建设、文化建设、社会建设和生态文明建设五位一体科学发展的路子,共建共享幸福顺德、文明顺德。

二、深化行政体制改革,建设公共服务型政府

基本思路:

以转变政府职能为核心,以行政审批制度改革为突破口和抓手,简政放权,完善优化政府职能配置、行政运行和权力监督机制,创新治理方式,推动政府职能向创造良好发展环境、提供优质公共服务、维护社会公平正义转

---

① 双转型:经济从初中级工业化向以高技术工业和高附加值服务业为主的城市经济转型,社会从实现小康向现代化转型。

变,建设职能科学、结构优化、高效廉洁、人民满意的公共服务型政府。

改革重点:

3.完善大部制改革。根据决策权、执行权、监督权既相互制约又相互协调的原则,优化党政组织架构和运行机制,构建决策民主科学、执行专业高效、监督完善到位的行政管理体制。

进一步理顺和细化区委区政府与区属大部门、区属大部门之间的权责划分,完善大部门工作关系和流程,实现职能、机构与人员的科学合理设置。

建立目标导向的大部门首长负责制,向大部门充分赋权,强化决策职能,增强大部门自主性和行政权威。完善大部门工作分类评议、社会评议机制,强化绩效考评的结果运用,增强政府施政对市民的回应和责任。完善政府工作的部门主办制和牵头部门负责制,增强大部制的协调性。

根据“城市升级引领转型发展,共建共享幸福顺德”的战略目标和责权利统一的原则,完善简政强镇事权改革,探索区、镇(街道)政府职责异构,充分发挥各自优势,强化区级对经济社会发展规划、战略资源和重大基础设施建设的统筹调控能力,加强区级决策与镇(街道)执行的工作联动,增强镇(街道)管理和服务经济社会的能力和活力。

4.深化行政审批制度改革。按照“减、转、放、优、强”的思路,深入推进行政审批制度改革,构建“宽进严管”的市场准入和监管体系。

压减企业投资、生产经营活动、资质资格许可认定等行政审批事项,实行标准化审批,规范审批自由裁量权,全面精简审批流程、压缩审批时限,实现阳光审批。

加大向市场和社会放权赋能力度,加快和规范政府职能转移,出台深化行政审批制度改革事项目录,完善以项目为导向的政府购买社会服务制度,强化服务绩效评价监督。

加强行政审批信息化建设,加快扩展网上办事服务,构建“实体大厅”与“虚拟大厅”相结合的政务服务体系。

完善商事登记制度改革,加快商事主体信息公示平台和市场安全综合监管信息平台建设,健全后续监管执法体系。推进企业投资管理体制改革,完善并联审批,改善企业投资环境。推进社会信用体系建设,建立失信惩戒和守信激励机制,实行土地、产业、金融等政策扶持与企业信用挂钩制度,打造“诚信顺德”。

推进行政执法流程网上管理,建立执法投诉和执法结果公开制度。

5.建立公共服务型财政体制。按照加快转变政府职能和实现基本公共服务均等化的要求，推进财政预算、执行和绩效管理体制改革，建立预算科学、支出合理、公开透明、监督到位的现代公共财政管理体制。

建设阳光财政，完善封套预算、透明预算和精细预算制度，赋予区属大部门更大的自主权和管理责任。在镇（街道）、区属大部门逐步推行参与式预算，积极推进预算、决算公开，促进依法高效理财。

深化对各预算单位的财政监督，促进绩效管理从监督项目资金使用、财务状况管理向监督项目绩效目标的合理性和完成情况转变，切实提高财政资金使用效率和降低行政成本。

进一步规范和理顺区、镇（街道）两级财政分配关系，构建与简政强镇事权改革相适应的财力分配机制。

6.完善干部人事管理改革。加强干部队伍使命、专业化和创新能力建设，提升政府服务企业、服务市民的能力和水平。

探索公务员分类管理，优化职务职级设置，拓宽职业发展空间。完善政府雇员聘用管理制度，进一步调动雇员队伍的积极性。

完善公务员考核、嘉奖、惩处等制度，建立能上能下、优进劣汰的新陈代谢机制。

探索职业年金制度，创新退休（离职）保障机制，促进政府与市场、社会之间人才流动。

三、加强社会领域改革，建设"大社会"、"好社会"

基本思路：

以激发和调动社会能动性和创造力为切入点，健全党委领导、政府负责、社会协同、公众参与、法治保障的社会治理体制，加强社会建设和治理创新，提升公共服务水平，促进政社协同共治，建设"大社会"、"好社会"。

改革重点：

7.完善法定机构运作和事业单位改革。完善和发挥法定机构组织形式和制度优势，拓展和强化其在公共服务和社会管理的作用。提升法定机构独立开展业务、对外联系协调的能力，与政府、商界、社会建立更广泛的合作伙伴关系。制订法定机构发展规划，在条件成熟的领域组建更多法定机构。

按照管办分离和社会参与的原则，推进事业单位分类改革。全面清理规范现有事业单位，优化行政类事业单位职能配置，重组职能相同或相近的公益类事业单位。

建立和完善事业单位法人治理结构，厘清其与行政业务主管部门的责权关系，赋予充分自主权，提高公共服务的专业性、有效性和开放性。

8.拓宽群团组织社会职能。适应经济社会发展需求,进一步明确新时期群团组织角色定位,重点强化其思想引领、社会管理、公共服务和权益维护等职能,提升联结党委政府与服务对象的桥梁和纽带作用。

创新群团组织决策机制和运作方式,扩大社会参与,提升群团组织的发展活力。

增强群团组织枢纽功能,充分发挥对社会组织和社会企业孵化培育、人才培养、资源筹措、制度建设和信息交流等方面的引领和服务功能。

9.加快社会组织和社会企业培育发展。充分发挥社会组织和市民参与社会治理的基础作用,加快形成政社分开、权责明确、依法自治的现代社会组织体制。

加快培育和发展社会组织。制订政府向社会购买服务项目目录,为社会组织发展创造良好条件。重点培育工商经济类、公益慈善类、社会服务类、群众生活类等社会组织,扶持有条件的社会组织发挥枢纽作用。加大社会领域的对外开放,积极引进优质社会组织和中介机构,培育一批具有规模和示范效应的样板社会组织。

加强社会组织能力建设,增强社会组织项目策划实施能力和可持续发展能力。鼓励社会组织成立联合会,提升社会组织自我管理和服务水平。制定社会组织分类指导和资质评定管理规定,加强信息公开,引导社会组织健康有序发展。

制定社会企业标准和扶持政策,积极培育社会创业家、企业家,引导社会资本创办社会企业,推动商业运作解决社会问题。

10.推进民生重点领域改革。以社会需求为导向,加强社会政策制订和实施,推进社会建设十项行动计划,在加大财政向民生领域投入的同时,引导支持社会资本参与公共服务,建立健全与经济发展相适应、适度超前、可持续渐进式的民生保障体系。

深化教育管理体制改革,规范和提升民办教育,扩大公办学校办学自主权和社会参与度,建立现代学校制度。完善教育规划,优化公办学校布局,推动公办学校教师交流,建立优质均衡的现代教育体系。

深化医药卫生体制改革,逐步加大医疗卫生事业的财政投入,健全基层社区医疗卫生服务体系,创新公立医院管理机制,探索医疗服务第三方评价机制,提升医疗服务质量。

推进职业教育创新,完善职业院校管理体制,推进校企融合,建立职业院校承接职业培训激励机制,提高职业培训覆盖范围和水平。

加强养老服务体系建设,完善居家养老配套服务。探索多种形式的养老服务供给,鼓励支持社会力量创办公益性养老机构,提供专业化服务、多元化供给。

推进镇(街道)职工服务中心和四大工程①建设,完善对异地务工人员的管理服务,推动异地务工人员市民化,增强其对顺德的归属感和幸福感。

11. 完善社会工作体系。加快建立社会工作人才培养发展体系,统筹规划社会工作专业教育和培训督导,推进社会工作队伍职业化建设。在学校、医院、大型企业等社会领域推进专业社会工作,满足不同群体的服务需要。建立社会工作服务标准和职业水平评价制度,积极引进优秀社会工作人才、机构、项目和管理模式,提升社会服务专业化水平。

倡导"助人自助"理念,以社会组织为枢纽,推动公职人员和社会各方积极参与社会服务,强化志愿服务的专业性,培养社会责任和公民精神。建立社会服务联盟,促进服务与社会需求对接,实现服务资源的有效配置。

探索慈善福利事业社会化、专业化和透明化改革,完善慈善捐助配套制度,发挥宗教组织在基础教育、公益慈善事业等领域的积极作用。

加强政、商、研、社的联动合作,整合社会资本打造一批具有公信力的慈善福利机构,逐步实现"社会福利社会化"。

建立政府、社会与企业的社会服务合作伙伴关系,探索企业履行社会责任的新方式,启动商界展关怀项目,推动企业参与社会公益事业。

12. 构筑共同精神文化家园。加强文化引领和公益宣传,弘扬顺德精神,探索建立文化发展与改革创新的互促共进机制,为经济社会发展提供充满时代活力、凝聚力和创造力的文化土壤和核心价值支撑。

设立顺德特色文化发展扶持资金,传承和创新顺德文化,构建顺德文化共同体。

广泛开展社会诚信、公民道德、公共参与意识和能力等方面的公民教育和培训,培育健康向上的社会心态,筑牢共同精神家园的思想文化基础。

实施社会荣誉制度,表彰在社会服务方面有突出贡献的机构和人士。

加强公共空间②规划,建立公共空间管理制度,拓展社会活动空间,为市民公共生活和文化生活提供更多平台,促进不同阶层群体之间的交流融合。

---

① 四大工程:异地务工人员公共服务均等化工程、"第二故乡"工程、"价值实现"工程、"人文关怀"工程。

② 公共空间:一般社会成员均可自由进入并不受约束地进行正常活动的地方场所。

四、推进基层治理体制改革,夯实社会和谐发展基础

基本思路:

以理顺基层各组织关系、逐步解决历史遗留问题为重点,突出社区自治与群众权益保障,统筹城乡发展,构建党领导下的社区发展格局,夯实基层和谐发展的制度基础。

改革重点:

13. 健全党领导下的社区协同共治机制。按照政社既相对分离又相互协作的原则,完善基层治理体制机制,进一步理顺村(社区)基层党组织、自治组织、集体经济组织的职能定位。

加强政府统筹社区行政事务力度,研究建立行政管理事项社区准入制度。继续探索村(社区)行政服务站的职能定位,优化布局设置,理顺运行机制,在完善基本行政服务的基础上拓展社会服务。

改进村(社区)党组织领导方式,加强自身建设,以党代表工作室和行政服务站为抓手,提升领导力、协同力和服务力,夯实党务,做好政务,强化服务,履行好监督职责,更好发挥统揽全局、协同各方的作用。

完善村(社区)自治,推进村(居)委会"去行政化",逐步扩大非专职、不受薪委员比例,设立村(社区)理事会吸纳社区精英议事,扩大社区事务的社会参与。探索村(居)民小组、业主委员会等基层组织的自治互助有效形式,重构社会治理的利益共同体,提升基层民主自治水平。

14. 提高农村经济管理和发展水平。完善农村集体资产管理,探索农村集体经济组织改制改造路径,推动集体经济发展转型升级。

继续完善农村集体资产交易平台、财务网上监控平台建设,探索建立股份社股权流转平台,促进生产要素在城乡之间自由流动。

组建区农业促进联合会,发展农民专业合作社、农业专业协会和现代农业园区,提升农业产业化和现代化水平。

加大力度解决征地留用地和农民宅基地问题,探索建立农民宅基地退出和补偿机制。

15. 加强社区建设。研究制定村(社区)发展规划蓝图,分类开展村庄改造提升,加强社区营造,建设管理有序、服务完善、多方参与、文明祥和的社会生活共同体,彰显各村(社区)的特色和内涵。

拓展社区社会组织、互助组织和社工机构等基层网络,丰富"两社三

工"①社会服务内涵,完善社区服务功能,推动社区公益事业发展。加强社区骨干人员专业培训,推动社会服务延伸覆盖至村(社区),促进社区服务需求与市场供给对接。

整合政府和社会资源,设立党群共建社区发展资金,支持社会学术团体参与乡村建设试验,开展机关、企业与村(社区)共建共享实践,联动各方力量共同推进城乡社区发展。

五、加强社会主义民主建设,维护社会公平正义

基本思路:

以构建公开透明为主要特征的权力监督体系为核心,重点规范权力行使,理顺效率与公平关系,实现公民有序政治参与,使政府施政更加科学、民主、开放,增进社会公平正义。

改革重点:

16.健全党内民主制度。强化区委全委会决策和监督作用,完善常委会议事规则和程序设置。

试行党代表公推直选,强化党代表培训,提高党代表参与决策、监督和议事能力。探索党代表任期交替制。加强党代表工作室的制度化、规范化、常态化建设,健全督导制度,增强党代表工作室在密切党群关系、解决民生问题的实效作用。

扩大党内基层民主,完善党员定期评议基层党组织领导班子制度,探索党员(党代表)旁听(列席)同级党委有关会议,增强党内生活透明度。

17.充分发挥人大、政协的功能作用。进一步落实人大常委会讨论决定重大事项规定,完善协商民主制度和工作机制,充分发挥人大、政协在决策和监督方面的制度功能。

试点推动人大常委会工作会议向社会现场公开,接受人民监督。

推动人大、政协常委驻镇(街道)下村(社区),健全人大代表、政协委员联系群众制度,增强依法履职能力。

完善人大代表公开直选制度,切实提高基层人大代表特别是一线工人、农民群众、基层工作者等代表比例,拓展社区代表人士参政议政渠道。建立健全人大代表、政协委员履职评价制度和议案提案公开制度,增强履职使命感和责任感。

优化人大、政协机关的机构设置,完善党委、人大、政府、政协之间干部

---

① 两社是指社区和社会组织,三工是指社工、义工和优秀异地务工人员。

交流制度,推进人员队伍年轻化和专业化建设。

18.完善公共决策公众参与制度。推进公共决策公众参与并强化制度化、程序化建设,在公共决策中导入社会智慧和民意压力。

完善公共决策咨询体系,推进决策咨询制度化、常态化建设,提高公共决策科学化、民主化水平。

拓宽社会参与公共事务的渠道和方式,在区属部门开展"阳光决策"改革试点,试行重大事项决策社会代表和媒体列席、旁听制度及社会听证制度,保障市民的知情权、参与权、表达权和监督权。

19.建立健全权力运行监督体系。严格落实党风廉政建设责任制,健全教育、制度、监督并重的预防和惩治腐败体系,强化公开透明、公众参与,增强纪检、监察、审计工作独立性。

强化党内监督,健全下一级党委和同级党政部门主要负责人向纪委全会述职述德述廉并接受评议制度。

完善纪检监察派驻机构的管理体制机制,强化审计监督,重点加强对领导干部和部门行政审批首席代表的权力监督。

健全廉政风险防控机制,探索建立由专家和社会代表参与的防腐倡廉教育委员会。完善领导干部报告重大事项制度。扩大社会监督,办好政风行风热线,规范和保障媒体舆论监督。

完善政府信息公开制度和平台建设,建立区属部门和镇(街道)工作年报及其公开制度。编制公布行政职权目录,推动部门服务承诺,构建全区统一的政务咨询和行政投诉平台,提高政府工作透明度和公信力。

六、加强组织领导,确保各项改革措施落实到位

20.加强组织领导和统筹协调。本纲要在区委、区政府统一领导下实施,各镇(街道)、各部门要切实加强改革工作的组织领导,制定改革年度工作计划和实施方案,细化改革具体措施。三大改革工作委员会要加强改革的联动和配合,处理好各项改革之间的关系,充分调动社会参与改革的热情,及时总结、反馈和研究解决改革中遇到的问题。

21.完善改革考评机制。将本纲要的重点工作纳入全区绩效考评。建立由专家、"两代表两委员"[①]和社会人士参与的改革绩效评估机制,定期开展镇(街道)、区属大部门改革创新能力和社会发展活力指数调查测评,扩大社会参与和监督。

---

　①　两代表是指人大代表和党代表,两委员是指政协委员和区决策咨询委员会委员。

索　引